ECKHARD HORN

Verbotsirrtum und Vorwerfbarkeit

Strafrechtliche Abhandlungen · Neue Folge

Herausgegeben von Dr. Eberhard Schmidhäuser
ord. Professor der Rechte an der Universität Hamburg
in Zusammenarbeit mit den Strafrechtslehrern der deutschen Universitäten

Band 5

Verbotsirrtum und Vorwerfbarkeit

Eine systematische Grundlagenanalyse der Schuldtheorie

Von

Dr. Eckhard Horn

DUNCKER & HUMBLOT / BERLIN

Zur Aufnahme empfohlen von Professor Dr. Armin Kaufmann, Bonn

Gedruckt mit Unterstützung der Deutschen Forschungsgemeinschaft

Gedruckt 1969 bei Berliner Buchdruckerei Union GmbH., Berlin 61
Printed in Germany

Meinem Lehrer

Professor Dr. Armin Kaufmann
in Verehrung und Dankbarkeit gewidmet

Vorwort

Die in der Wissenschaft heute herrschende und vom Bundesgerichtshof — vor allem dank der Arbeiten *Welzels* — rezipierte sog. Schuldtheorie nimmt Schuld (Vorwerfbarkeit) auch dann an, wenn dem Täter zwar das Unrechtsbewußtsein fehlte, er es aber hätte erlangen können. So sehr diese These vom „vermeidbaren Verbotsirrtum" inzwischen auch anerkannt ist, so wenig hat man sich Gedanken darüber gemacht, unter welchen Voraussetzungen diese Vermeidbarkeit angenommen werden kann[1].

Die vorliegende Arbeit will diese Lücke schließen. Sie kommt zu dem psychologisch und dogmatisch begründeten Ergebnis, daß — wenn von „Fähigkeit zur Unrechtseinsicht" die Rede sein soll — der Täter sich bewußt gewesen sein muß, daß sein Verhaltensprojekt möglicherweise rechtswidrig sei.

Aber die Arbeit läßt es nicht bei der Antwort auf die Frage bewenden, *wann* ein Irrtum vermeidbar ist. Sie stellt sich zugleich dem Problem, *ob* es auf die Vermeidbarkeit des Irrtums, auf die „Fähigkeit zur Unrechtseinsicht", bei der Schuldfeststellung überhaupt ankommen kann.

Diese Frage wird verneint.

Was bleibt — und zwar als spezifisch „schuldtheoretische " Aussage —, ist die These, daß Schuld gefunden werden kann in der *Fähigkeit, das Unrechtsprojekt zu unterlassen*. Die Voraussetzungen dieser Fähigkeit werden (beschränkt auf den intellektuellen Aspekt) analysiert.

Es wäre deshalb ein Mißverständnis, hielte man diese Untersuchung für eine Verteidigung der Vorsatztheorie. Die Schuldtheorie wird vielmehr auf ihre eigenen Prämissen zurückgeführt, von denen sie sich, wie ich meine, gelegentlich entfernt hat. Sie wird ferner gereinigt von der ehrwürdigen Patina der „normativen Schuldlehre". Diese hat dahin geführt, daß der Schuldbegriff heute zunehmend als ein Instrument der Kriminalpolitik mißbraucht wird: sei es, daß man das Vorhandensein fehlender Verhaltensnormen einfach unterstellt, sei es, daß man das Fehlen der Normen nicht bemerkt oder — auch aus kriminalpolitischen Gründen — nicht bemerken will (vgl. insbesondere

[1] Darauf weist eindringlich *Jescheck* in seinem jüngst erschienenen Lehrbuch, S. 302, hin, das leider nur noch sporadisch eingearbeitet werden konnte.

die Ausführungen zum „Lebensführungsunrecht“ im 4. Abschnitt unter VI.).

Die Schuldtheorie wird also nicht bekämpft, die Vorsatztheorie nicht gerechtfertigt. Die Arbeit ist nur ein Versuch, die Schuldtheorie wieder richtigzustellen. Dabei ist mit „richtig“ allein der intrasystematische Aspekt gemeint. Das Verhältnis der Schuld zur Strafe und zu den Zwecken des Strafens ist nicht angerührt worden. Vielleicht ergeben sich aus Verschiebungen in diesem Bereich Gesichtspunkte, die geeignet sind, meine systematischen Bedenken gegenstandslos zu machen.

Wenn die Schuldtheorie überhaupt nur eine „Theorie über die Schuld“ wäre — was sie *nicht nur* ist —, so folgte daraus geradezu die Pflicht, ununterbrochen ihre eigene Richtigkeit zu kontrollieren.

Diese Pflicht zu erfüllen habe ich versucht.

Inhalt

1. Abschnitt

Einleitung und Problem

1. Täterschuld bei der (unbewußten) Fahrlässigkeit 13
2. Täterschuld beim Verbotsirrtum? 13
3. Prämissen und Anlage der Arbeit 16

2. Abschnitt

Das Unrechtsbewußtsein

I. Der Gegenstand des Unrechtsbewußtseins 18
1. Koinzidenzbewußtsein 18
2. Problematische Fälle 20
3. Lösungsvorschläge 21
a) Allgemeine Stimmen zum Problem 21
aa) Schröder 21
bb) Maurach 23
cc) Schneider 24
dd) Welzel 24
b) Lösung der problematischen Fälle 25

II. Das Unrechtsbewußtsein 33
1. Darstellung der zu prüfenden Probleme 33
2. Kenntnis — Zweifel 34
3. Aktualität des Unrechtsbewußtseins 38
a) Platzgummer 38
b) Schewe 39
c) Schmidhäuser 41
d) Stellungnahme 43
4. Zweifelsfragen 44
a) dolus subsequens 45
b) „Rückwirkender" Wegfall von Vorsatz und Unrechtsbewußtsein? 46
c) actio libera in causa 48
5. Schlußbemerkung 53

3. Abschnitt

Die Vermeidbarkeit des Verbotsirrtums

I. Entwurf des Problems 55
1. Begriffsklärung 55
2. Schuldgegenstand 56
a) Unrecht 56
b) Irrtum 57
aa) Ältere Schuldtheorie 57
bb) Vorsatztheorie 58
cc) Rechtsprechung 59
dd) Entwürfe 60

II. Die Pflicht 60
1. Begriffsklärung 61
2. Erkenntnis- und Sorgfaltspflicht 62
3. Herkunft dieser Pflichten 63

III. Pflicht in der Schuld 65
1. Vertreter 65
a) Goldschmidt 65
b) Eberhard Schmidt 66
c) Vorsatztheorie und Rechtsprechung 68
2. Einwände 69
a) Pflichtenturmbau 69
b) Entbehrlichkeit der Pflicht 70

IV. Pflicht im Unrecht 70
1. Vertreter 70
a) Engisch 70
b) Hardwig 72
c) Armin Kaufmann („Normentheorie“) 73
2. Exkurs: Sorgfalt und Unrecht 74
a) Armin Kaufmann („Wiener Vortrag“) 74
b) Sorgfalts- und Erkundigungspflichten 76

V. Das Erkennenkönnen 77
1. Dogmengeschichte und neuere Lehren 78
a) objektive Theorie 78
b) Engisch 80
c) Arthur Kaufmann 83
d) Maurach 83
2. Der „Anlaß“ 84
3. Ansatz bei der Handlungsfähigkeit 87
a) Erkenntnis als Handlung 88
b) Handlungsmöglichkeit 89
c) Handlungs- und Motivationsfähigkeit 93
d) Die Handlungsfähigkeit im einzelnen 94

aa) Armin Kaufmann 95
bb) Dogmengeschichte 97
α) v. Almendingen 97
β) Kohlrausch 98
γ) Engelmann 99
4. Ansatz bei der Motivationsfähigkeit 99
a) Psychische Befunde 100
b) Juristische Stimmen 103
5. Ergebnisse im Vergleich mit der Schuldtheorie 106

4. Abschnitt

Die Stellung der „Fähigkeit zur Unrechtseinsicht" im System der „Schuldtheorie"

I. Fähigkeit zur Unrechtseinsicht und Fähigkeit zur Pflichtbefolgung 107
II. Die Erkenntnisfähigkeit 108
1. Fähigkeit zum Bewirken eines Erfolges? 108
2. Fähigkeit zur sorgfältigen Erkundung? 110
a) Subjektive Sorgfalt 111
b) Objektive Sorgfalt 111
aa) Erkennbarkeit des Verwirklichungsweges 111
bb) Endziel- und Mittelhandlungen? 112
cc) Unterscheidung von Erkennbarkeit 115
3. Bestimmung der Handlungsfähigkeit vom Erfolg her 117
4. Zusammenfassung 117
III. Die „Motivationsfähigkeit" 118
1. Motivation „wozu" 118
2. Appell zur Erkundung? 119
3. Motivation zum Unterlassen der rechtswidrigen Handlung 120
a) Kritik 120
b) Alternative 121
c) Konsequenzen 121
IV. Die „Beziehung" als Problem 123
1. Armin Kaufmann 123
2. Welzel 125
3. Arthur Kaufmann 127
4. Engisch 129
5. Schmidhäuser 133
6. Ergebnis 134
V. Die neuere Entwicklung der normativen Schuldlehre im Rahmen der Schuldtheorie 135
1. Das Mißverständnis 135
2. Korrekturen durch Armin Kaufmann 136
a) Keine Pflichten 137

b) Kein originärer Wertbezug ... 137
c) Neue dogmatische Situation ... 139
d) Psychische Sachverhalte ... 140

VI. Exkurs: Die Lebensführungsschuld ... 141
1. Die Auffassung Welzels ... 141
2. Das Verhältnis der Täterschuld zur Tatschuld ... 142
a) Nachweisbarkeit der Täterschuld ... 144
b) Das Täterunrecht ... 144
c) Die „Schuld“ hinsichtlich des Täterunrechts ... 146

VII. Die Zwischenergebnisse ... 149

5. Abschnitt

Noch einmal: Die Motivationsfähigkeit

I. Das „ob“ der Schuld ... 152
1. Fallkonstellationen ... 152
2. Lösung nach der Schuldtheorie ... 152
3. Lösung mit der Motivationsfähigkeit ... 153
4. Einwände ... 154
a) Wahndelikt? ... 155
b) versari in re illicita? ... 155

II. Das „wie“ der Schuld ... 159
1. „Schuldquantitäten“? ... 159
2. Feststellung nach der Schuldtheorie ... 160
3. Feststellung mit der Motivationsfähigkeit ... 161

6. Abschnitt

Zusammenfassung und Ergebnisse 166

Literaturverzeichnis ... 170

1. Abschnitt

Einleitung und Problem

1. Täterschuld bei der (unbewußten) Fahrlässigkeit

Die Diskussion um die Frage, ob zur vollen Ausschöpfung des den Täter treffenden Vorwurfs die „Einzeltatschuld" ausreicht oder ob daneben oder damit zusammen auch ein am „Täter", und zwar nicht nur an dessen augenblicklicher Motivationslage, sondern an dessen „Lebensführung" oder „Charakter" ausgerichteter Schuldbegriff herangezogen werden muß, ist nie ganz verstummt.

Allerdings wird, so meint *Maurach*, „die Notwendigkeit einer Täterschuld ... von ihren Anhängern nur für begrenzte Ausnahmefälle in Anspruch genommen, so vor allem für den gefährlichen Gewohnheitsverbrecher des § 20 a, für den verringert zurechnungsfähigen Täter des § 51 II, für den Zuhälter (§ 181 a), den Landstreicher (§ 361 Ziff. 3) und für den gewerbsmäßig handelnden Verbrecher (z. B. in § 260 StGB)"[1].

Demgegenüber findet sich unausgesprochen in fast jeder Gerichtsentscheidung, ausdrücklich, aber trotz eingehender Begründung erstaunlicherweise recht wenig beachtet, nur bei *Welzel* die These von der Täterschuld für einen, und wahrscheinlich den größten, Teil aller Rechtsbrecher: den der sog. *unbewußt fahrlässig Handelnden*[2].

Der Kreis der Fälle, der der Heranziehung von Gedanken der „Täterschuld" bedürfen soll, ist aber auch nicht mehr nur auf die (unbewußte) Fahrlässigkeit beschränkt; er ist anläßlich einer neueren Arbeit von *Armin Kaufmann* so groß geworden, daß die Statistik den Ausdruck „Ausnahme" ad absurdum führen muß.

2. Täterschuld beim Verbotsirrtum?

In seinem „Wiener Vortrag" hat *Armin Kaufmann* die Gesamtdogmatik des Fahrlässigkeitsdelikts neu geordnet. Damit ist einer der „methodischen Ausgangspunkte" *Engischs* endgültig ausgeschieden; es stimmt heute nicht mehr, wenn *Engisch* sagt: „Die Fahrlässigkeit muß zu tatbestandsmäßigem Unrecht hinzutreten, damit ein Vorwurf gegen

---

[1] Allg. Teil S. 348.
[2] Lehrbuch S. 145 f.

den Täter wegen seines Verhaltens als begründet erscheint[3]." „Fahrlässigkeit" ist nicht mehr „Schuldart" oder „Schuldform", die zu einem bereits vorweg begründeten Unrecht hinzutreten müßte, sondern eine besondere Art der Tatbestandsverwirklichung (oder die Verwirklichung einer besonderen Art von Tatbeständen), also jedenfalls *des Unrechts.* Die „fahrlässige Handlung" ist eine finale Handlung, die ihre Rechtswidrigkeit aus der Sorgfaltswidrigkeit hinsichtlich eines Erfolges bezieht.

Eine spezifische „Fahrlässigkeits-*Schuld*" gibt es nicht mehr. Strafrechtliche Schuld ist immer und in allen Fällen, in denen „Vorsatz"- oder „Fahrlässigkeits-*Unrecht*" festgestellt ist, als Fähigkeit zu verstehen, das Handlungsprojekt aus Einsicht in dieses Unrecht zu unterlassen.

Damit ist die Problematik der „unbewußten Fahrlässigkeit" aus ihrer Sonderstellung herausgelöst und dezidiert in die allgemeine Frage der *Vermeidbarkeit des Verbotsirrtums* versetzt worden.

Nach *Kaufmann* unterscheiden sich bewußte und unbewußte Fahrlässigkeit nur danach, ob der Täter die Rechtswidrigkeit bzw. das (Fahrlässigkeits-)Unrecht seiner Handlung erkannt hat (dann: bewußte Fahrlässigkeit) oder wenigstens erkennen *konnte* (dann: unbewußte Fahrlässigkeit)[4].

Kaufmann folgt insoweit *Engisch*, der unbewußte Fahrlässigkeit immer dann annimmt, „wenn irgendein Tatumstand überhaupt nicht gewußt ist," ferner „dann, wenn das Bewußtsein des Täters, er könne unerlaubterweise einen gesetzlichen Tatbestand verwirklichen, eine so entfernte Möglichkeit zum Gegenstand hat, daß dieses Bewußtsein für sich nicht zu einem anderen Verhalten Veranlassung zu geben brauchte, also auch nicht die Verantwortlichmachung wegen Fahrlässigkeit zu tragen vermag"[5]. „Von bewußter Fahrlässigkeit (kann man) sprechen, ... soweit Fahrlässigkeit gefunden werden kann in einem nicht vorsätzlichen Verhalten trotz des mahnenden Charakters der beim Täter vorhandenen, alle wesentliche Momente umfassenden Vorstellungen[6]."

Das bedeutet: Wenn der Täter eine Handlung vornimmt, die eine bestimmte Situation (den tatbestandsmäßigen Erfolg) zu bewirken droht und sorgfaltswidrig (und deshalb verboten) ist, dann muß — wenn von bewußter Fahrlässigkeit die Rede sein soll — der Täter einmal Kenntnis haben von der Tatsache, daß eine bestimmte Situation (der tatbestandsmäßige Erfolg) verwirklicht zu werden droht, denn

---

[3] Untersuchungen S. 241.
[4] Wiener Vortrag S. 52.
[5] Untersuchungen S. 389.
[6] Untersuchungen S. 389.

„die Sorgfaltswidrigkeit (ist) bezogen ... auf den möglichen Erfolgseintritt“[7]; zum andern aber muß sich der Täter zumindest der Möglichkeit aktuell bewußt sein, daß die diesen „Erfolg“ bewirkende Handlung als sorgfaltswidrige verboten ist.

Das Bewußtsein der Möglichkeit des Erfolgseintritts steht also bei der „bewußten Fahrlässigkeit“ nicht allein, sondern ist immer gekoppelt mit der Vorstellung des Täters, daß seine insofern „gefährliche Handlung“ verboten sein könnte.

In diesem Sinne geht aus einer anderen Stelle bei *Engisch*[8] hervor, daß unbewußte Fahrlässigkeit nicht notwendig bedeutet Nichtkenntnis der die Rechtswidrigkeit der Handlung begründenden *Umstände,* sondern jedenfalls Unkenntnis des *spezifischen Verbotenseins* und nur möglicherweise mit dieser zusammen Unkenntnis bestimmter konkreter Sachverhaltsumstände. Es scheint sich also — so hat auch *Kaufmann Engisch* verstanden — sagen zu lassen, daß „bewußte und unbewußte Fahrlässigkeit“ nur Ausdrücke sind für unterschiedliche Schuld hinsichtlich des Fahrlässigkeitsunrechts: daß m. a. W. „bewußte Fahrlässigkeit“ für „Bewußtsein der Sorgfaltswidrigkeit der Handlung“, „unbewußte Fahrlässigkeit“ für „Fähigkeit zur Erkenntnis der Sorgfaltswidrigkeit der Handlung“ steht.

Auch *Armin Kaufmann* sieht „bewußte Fahrlässigkeit“ nicht schon darin, daß sich der Täter der Möglichkeit bewußt ist, für ein bestimmtes Ereignis kausal zu werden; vielmehr scheidet *Kaufmann* das „bewußte“ vom „unbewußten Fahrlässigkeitsdelikt“ derart ab, „daß bewußte Fahrlässigkeit immer dann und nur dann vorliegt, wenn bewußt sorgfaltswidrig gehandelt wird“. „Unbewußte Fahrlässigkeit liegt vor, wenn der Täter nicht weiß, daß er sorgfaltswidrig handelt, dies aber erkennen könnte[9].“

Demnach entsprechen die Begriffe „Kenntnis“ und „Erkennbarkeit der Sorgfaltswidrigkeit“ den Begriffen „Kenntnis“ und „Erkennbarkeit der Rechtswidrigkeit“, und „bewußte“ und „unbewußte Fahrlässigkeit“ sind nur Spezialausdrücke für „Unrechtsbewußtsein“ und „vermeidbarer Verbotsirrtum“ bei der Fahrlässigkeit.

Ist das richtig, so gibt in besonderer Weise zu denken, daß *Welzel* die „unbewußte Fahrlässigkeit“ nur mit Hilfe der „Täterschuld“ zu lösen vermochte. Nunmehr kann der Zweifel am Vorhandensein von „Einzeltatschuld“ (der *Welzel* zur Heranziehung der Täterschuld geführt hat) nicht auf die Fälle der sog. unbewußten Fahrlässigkeit beschränkt bleiben. Er dehnt sich aus auf das ganze Gebiet des Verbotsirrtums überhaupt.

---

[7] Wiener Vortrag S. 52.
[8] Untersuchungen S. 400.
[9] Wiener Vortrag S. 52.

Umgekehrt muß die Frage, worin die Schuld desjenigen gefunden werden könne, der *nicht* das Bewußtsein gehabt hat, Unrecht zu tun, für den rechtswidrig und im Verbotsirrtum Handelnden ohne Rücksicht darauf beantwortet werden können, ob er den Tatbestand vorsätzlich oder fahrlässig verwirklicht hat. Sollte also auch bei „vermeidbarem" oder „entschuldbarem" Verbotsirrtum die Schuld nur als Täterschuld und *nicht* als Tatschuld begründet werden können? *So* hat doch die Schuldtheorie noch niemals argumentiert!

3. Prämissen und Anlage der Arbeit

In der vorliegenden Arbeit geht es nicht erst um die Frage, ob bei vermeidbarem Verbotsirrtum die Schuld nur als Lebensführungs- oder Charakterschuld begründet werden kann. Vielmehr ist schon ganz allgemein zu überprüfen, wann die Voraussetzungen vorliegen, unter denen wir eine rechtswidrige Handlung „schuldhaft" nennen. Die Arbeit hat dabei insbesondere die *moderne* Entwicklung des Schuldbegriffs im Auge. Auf dogmengeschichtliche Hinweise wird nur Bezug genommen, soweit dies zum Verständnis der heutigen Schuldsituation notwendig erschien.

Dabei steht eine Erörterung der Thesen der modernen Schuldtheorie[10] im Vordergrund. Einmal hat vor allem diese Theorie jedenfalls auf dem Gebiete des Verbotsirrtums Fruchtbares geleistet. Zum anderen wird die Schuldtheorie auch von den meisten Finalisten vertreten; und von der Richtigkeit der finalen Handlungs- und personalen Unrechtslehre, wie sie vor allem von *Welzel* und *Armin Kaufmann* geprägt worden sind, wird hier ausgegangen, ohne daß gegenläufige Positionen erörtert würden.

Die Kernthese aller Schuldtheorien geht dahin, daß „die Schuld" nicht schon mit dem Unrechtsbewußtsein entfalle. Die tatbestandsmäßig-rechtswidrige Handlung könne vielmehr auch dann „schuldhaft" sein, wenn der Täter im Verbotsirrtum handle. Entscheidend sei in diesem Falle, ob der Täter den Verbotsirrtum hat „vermeiden" können, ob der Verbotsirrtum „unentschuldbar" gewesen ist. Unentschuldbar bzw. vermeidbar sei aber der Verbotsirrtum, wenn der Täter das Unrecht der Tat habe erkennen „sollen und können".

Die vorliegende Erörterung geht so vor, daß zuerst nach dem Sollen, dem Gegenstand dieses Sollens und seiner Stellung im Verbrechens-

[10] Natürlich kann man in diesem Zusammenhang nicht mehr von „der" Schuldtheorie sprechen. Die Schuldtheorie vereinigt heute die verschiedensten Ausgangspunkte nur unter dem Dach einer Antithese zur Vorsatztheorie. Ihr gemeinsamer Nenner ist wohl die Bestrafung auch desjenigen aus dem Strafrahmen des Vorsatzdelikts, der kein Unrechtsbewußtsein hatte, aber fähig war zur Unrechtseinsicht. *Diese These* aber wird in der vorliegenden Arbeit überprüft.

aufbau gefragt wird. Danach ist das „Erkennen*können*“ zu analysieren, und zwar hinsichtlich der psychischen Voraussetzungen dieses Könnens[11].

Die Ergebnisse dieser Analyse werden daraufhin in Beziehung gesetzt zum System der Schuldtheorie und dabei entsprechende Friktionen aufgedeckt[12], die durch einen *intrasystematisch beschränkten* Lösungsvorschlag behoben werden könnten[13].

Vor die Diskussion der spezifischen Verbotsirrtumsprobleme ist die Untersuchung einzelner Fragen zum Unrechtsbewußtsein gezogen worden.

Diese Teilung ist von einem schuldtheoretischen System her, das die „Schuld“ als „Fähigkeit zur Pflichtbefolgung“[14] definiert und für das das „Unrechtsbewußtsein“ dann nur als ein Sonderfall dieser Fähigkeit erscheint, nicht gerechtfertigt. Sie ist aber phänomenologisch begründbar (hier: Kenntnis, da: Erkennbarkeit) und sie ist zweckmäßig: Einmal können bei der Frage nach dem Unrechtsbewußtsein auch Vorschläge und Thesen, die von den Vertretern der Vorsatztheorie gemacht worden sind, unbesehen mitbehandelt werden; zum andern läßt sich hier am deutlichsten klären, welches der *Gegenstand* der Kenntnis — und dann auch der Erkennbarkeit — ist. Und schließlich muß festgestellt werden, wo noch „Unrechtsbewußtsein“ vorhanden ist, damit die Erkennbarkeitsfrage (als Problem des *fehlenden* Unrechtsbewußtseins) davon entlastet ist und präziser gestellt werden kann.

Der Begriff „Unrechtsbewußtsein“ kann doppelt akzentuiert werden: Es geht zunächst um das *Unrechts*bewußtsein, also um die Frage nach dem *Gegenstand* des Bewußtseins; danach soll das *Bewußtsein* des Unrechts einer Prüfung unterzogen werden.

---

[11] 3. Abschnitt.
[12] 4. Abschnitt.
[13] 5. Abschnitt.
[14] *Armin Kaufmann* Normentheorie S. 160 ff.

2. Abschnitt

Das Unrechtbewußtsein

I. Der Gegenstand des Unrechtsbewußtseins

1. Koinzidenzbewußtsein

Das Wissen um das Handlungsprojekt und den Sachverhalt, in den dieses einwirken soll, ist bereits vom Vorsatzbegriff gedeckt.

Unrechtsbewußtsein ist gegenständlich auf das Unrecht bezogenes Bewußtsein. Unrecht ist die spezifisch rechtswidrige Handlung. Es kann sich mithin nicht um die Kenntnis der „blanken" Norm handeln.

Vielmehr ist Unrechtsbewußtsein das im aktuellen Bewußtsein des Täters als zumindest möglich auftauchende Aufeinanderbezogensein eines bestimmten Sachverhalts und einer bestimmten Rechtsnorm. Unrechtsbewußtsein folgt aus der Koinzidenz von Unrecht und Geschehen im Bewußtsein des einzelnen. Es ist das „Beziehen der Norm auf den möglichen Akt"[1].

Auch *Mattil*[2] geht davon aus, daß es kein abstraktes, von jedem gegenständlichen Bezogensein losgelöstes Unrechtsbewußtsein gibt, kommt aber dann zu dem Ergebnis, daß „Bewußtsein des Verbots (im engeren Sinne) und Bewußtsein der begriffserfüllenden Tatumstände ..., wenn beide gegeben sind, aneinander und an die zugrunde liegenden Tatumstände gebundene Syndrome" seien; „sie können nicht selbständig nebeneinander vorkommen"[3].

Wenn *Mattil* — jedenfalls *auch* — so verstanden werden will, daß sich aus der Feststellung der Tatbestandskenntnis schon immer zugleich die Verbotskenntnis ergäbe oder daß mit der Verbotskenntnis auch die Sachverhaltskenntnis entfalle — einige Formulierungen lassen eine solche Deutung zu[4] —, so kann dem — vom Boden der Schuld-

---

[1] *Armin Kaufmann* Normentheorie S. 162.

[2] ZStW 74, 201 ff.

[3] S. 231 ff.

[4] „Selbständig ist die Verbotskenntnis schon deshalb nicht, weil sie unabdingbar an dieselben Tatumstände gebunden ist, auf welche § 59 StGB Anwendung findet" (S. 231); „Bewußtsein des Verbots (in engerem Sinne) und Bewußtsein der begriffserfüllenden Tatumstände ... können nicht selbständig nebeneinander vorkommen" (S. 232); „die Trennung von Verbotskenntnis und Bewußtsein der begriffserfüllenden Tatumstände (ist) mit

theorie aus — nicht entschieden genug widersprochen werden. Für die Schuldtheorie ist die These von der „Appellfunktion des Tat(bestands-)Vorsatzes"[5] inakzeptabel. Der Gegenstand des Vorsatzes ist nicht auf eine Appellfunktion hin, sondern nach anderen Kriterien zu bestimmen[6].

Es scheint aber, daß *Mattil* letztlich nichts anderes meint als das, was oben im Text bereits ausgeführt worden ist: daß nämlich Unrechtsbewußtsein „Koinzidenz-Bewußtsein" sei, also die *Bezogenheit* von Sachverhalt und Norm zum Gegenstand habe und dementsprechend auch die Kenntnis der beiden Bezugspole „Sachverhalt" und „Norm" voraussetze. Stellt man die Frage nach dem Gegenstand der Unrechtskenntnis, so sind die Thesen *Mattils* wieder richtig: Bei der Feststellung der „Untrennbarkeit" beider Bewußtseinsinhalte setzt er regelmäßig voraus, daß „beide gegeben sind"[7]. Es geht ihm also dabei nicht um die Frage, *ob* das eine mit dem anderen notwendig gegeben ist, sondern nur darum, daß „die Verbotskenntnis ..., *wenn* sie gegeben ist, als im Geiste vollzogene Beurteilung der begriffserfüllenden Tatumstände mit diesen und dem Bewußtsein der rechtlichen Bedeutung dieser Tatumstände integriert"[8] ist.

Dementsprechend bedeutet „Verbotsirrtum" zunächst und jedenfalls, daß der Täter dieses „Koinzidenz-Bewußtsein" nicht gehabt hat. Dabei ist aber noch nichts darüber gesagt, ob dem Täter nur eben das Bewußtsein der *Pflichtverletzung* gefehlt hat oder bereits und mit ihm zusammen die richtige Vorstellung derjenigen *Umstände*, aus denen die Rechtsordnung die konkrete Unterlassungs- oder Handlungspflicht bzw. deren Verletzung ableitet.

Daraus folgt zunächst eine — nicht umkehrbare — These: Bei sog. unbewußter Fahrlässigkeit ist niemals Unrechtsbewußtsein vorhanden, gleichgültig, ob man den Bewußtseinsmangel auf die Sorgfaltswidrigkeit (= spezifische Rechtswidrigkeit) der Handlung (dann: ohnehin

---

Recht beanstandet oder ihre Trennbarkeit in Zweifel gezogen worden" (S. 233).

[5] Vgl. dazu *Naka* JZ 1961, 210 f.; *Arthur Kaufmann* JZ 1963, 504; *Platzgummer* Bewußtseinsform S. 63.

[6] Deshalb kann auch *M. E. Mayer* nicht gefolgt werden, der meint, wir seien „daran interessiert ..., ob der Täter den Erfolg vorausgesehen hat ..., weil mit der Feststellung, daß er ihn gekannt hat, die Wahrscheinlichkeit, daß er sich der Verletzung des Verbotes bewußt war, groß, und die Wahrscheinlichkeit, daß er sich ihrer hätte bewußt werden können, noch größer ist ... Nicht um ihrer selbst willen fordern wir die Erfolgsvorstellung, sondern weil sich mit ihr das Bewußtsein der Pflichtwidrigkeit eingestellt hätte; nicht um ihrer selbst willen prüfen wir die Möglichkeit, den Erfolg vorauszusehen, sondern weil sie die Bedingung ist, ohne die sich das Bewußtsein der Pflichtwidrigkeit nicht einstellen kann" (Allg. Teil, S. 247 f.).

[7] ZStW 74, 232.

[8] S. 231.

Verbotsirrtum) oder aber auf den Erfolgseintritt oder sonstige — für das Sorgfaltswidrigkeitsurteil relevante — Tatumstände bezieht. Fehlt es an der Vorstellung solcher Tatumstände, so fehlt es an dem Bezugsobjekt einer etwaigen Pflichtvorstellung, und es fehlt zwangsläufig am „Koinzidenz-Bewußtsein". Die Fälle der „unbewußten Fahrlässigkeit" sind ausnahmslos solche des Verbotsirrtums[9].

2. Problematische Fälle

Gegenstand des Unrechtsbewußtseins ist das Unrecht. Das bedeutet — wenn einmal unbefangen an die Sache herangegangen wird —, daß der Dieb wissen muß, er übertrete mit seiner Handlung das Verbot des Stehlens, der Mörder, er dürfe nicht töten, der Ehebrecher, er dürfe nicht „ehebrechen".

Häufiger aber, als die Praxis dies ausdrücklich vermerkt, lassen sich Fälle feststellen, die eine eingehendere Prüfung dessen fordern, worauf sich das Unrechtsbewußtsein beziehen soll. Wie unklar ist, was unter „Unrecht" als dem Gegenstand des Unrechtsbewußtseins zu verstehen ist, zeigt sich insbesondere dann, wenn mehrere Normen verletzt werden, oder wenn es sich um Nebenstrafrechts- oder „Sorgfaltsnormen" handelt.

Dabei sind im wesentlichen folgende Varianten denkbar:

a) Der Täter kennt von zwei Normen, die er mit einer Handlung übertritt, die eine, nicht aber auch die andere, noch deren gesetzgeberischen Grund.

Der verheiratete A, der weiß, daß er mit seiner Schwiegertochter geschlechtlich verkehrt, ist sich bewußt, daß sein konkreter Akt „als Blutschande" verboten ist. Er weiß aber nicht, daß er auch verbotenen Ehebruch begeht.

Hat er trotzdem auch insoweit Unrechtsbewußtsein?

b) Der Täter kennt zwar die richtigen materialen Gründe, die zum Erlaß der Norm geführt haben, nicht aber auch die Norm selbst.

Der Ausländer X, der die deutsche Regel „In geschlossenen Ortschaften 50 km/h Höchstgeschwindigkeit" (§ 9 IV Ziff. 1 StVO) nicht kennt, sondern gewohnt ist, die Geschwindigkeit der konkreten Situationsgefährlichkeit anpassen zu müssen, jagt mit 100 km/h durch eine belebte Ortschaft. Er erkennt, daß seine Geschwindigkeit den Umständen nach zu hoch ist, auch hat er Zweifel, ob es in Deutschland nicht eine Regel gibt, die gebietet, die Geschwindigkeit in solchen Fällen herabzumindern. Diese Regel, deren Bestehen er für möglich hält, ist nicht die des generellen „Nicht-über-50-km/h-Verbots". Vielmehr hätte er sie direkt aus § 222 oder § 230 StGB abgeleitet. Das aber sind — trotz des letztlich gleichen Setzungsgrundes — Normen verschiedenen Inhalts. Befragt, wie er die Unrechtsqualität einschätze, würde er antworten: „Ich darf hier und heute nicht 100 km/h fahren, weil ich Menschen in Lebensgefahr bringen könnte."

[9] Vgl. *Armin Kaufmann* Unterlassungsdelikte S. 179 Anm. 231.

Hat er das Unrechtsbewußtsein im Sinne des Verbots der Geschwindigkeitsüberschreitung?

c) Der Täter kennt weder die materialen Gründe für den Erlaß der Norm noch könnte er die Norm selbst exakt wiedergeben. Er weiß nur, *daß* sein Handlungsprojekt verboten ist.

Dem A, der gerade auf ein Wildschwein anlegt, wird von B zugerufen: „Halt! Das ist verboten!" A schießt trotzdem. Er weiß nicht, daß das Wildschwein in Wahrheit das Kräuterweib ist. Aber er weiß, seine Handlung ist „irgendwie" verboten.

Es kommt dabei vielleicht darauf an, daß die positiven Rechtswidrigkeitsvorstellungen „*ganz* richtig" sind. Deshalb sind unter den Varianten b) und c) auch solche Fälle zu prüfen, in denen der Täter positiven Fehlvorstellungen über die spezifische Norm erliegt:

Er glaubt, er dürfe nicht mit 100 km/h fahren, das Verbot gehe auf das Fahren mit 100 km/h (mit 90 km/h dürfe er!). — Er glaubt, man dürfe nicht mit *geisteskranken* Geschwistern geschlechtlich verkehren (seine Schwester ist geisteskrank). (zu Fälle b))

B hatte den A auf das Verbotensein des „Wildschweinschusses" deshalb hingewiesen, weil er erkannt hatte, daß sich hinter dem vermeintlichen Wildschwein das Kräuterweib verbarg. A indessen war überzeugt davon, der B wolle ihn auf die Schonzeit aufmerksam machen. (zu Fälle c))

3. Lösungsvorschläge

In der Literatur[10] sind über den Gegenstand des Unrechtsbewußtseins nur allgemeine Hinweise, nicht aber konkrete Anhaltspunkte zu finden.

a) Allgemeine Stimmen zum Problem

Man ist sich heute darüber einig, daß das Bewußtsein, Unrecht zu tun, positiv bedeutet, daß der Täter sich „des Widerspruchs seines Handelns oder Unterlassens zum Wohl der Allgemeinheit, zu den Normen, die für das Zusammenleben unentbehrlich sind, bewußt ist"[11].

Die Probleme und Divergenzen beginnen nun aber dort, wo nach der Verwertbarkeit dieser Formel für die Entscheidung des konkreten Falles gefragt wird[12]. Die Lehre hat sich deshalb um eine gewisse Konkretisierung dieser Definition bemüht.

aa) Schröder[13]

hält es für sicher, daß es „kein (oder jedenfalls kein rechtlich beachtliches) generelles, *abstraktes Unrechtsbewußtsein* gibt, das von der

---

[10] Eine sehr informative Zusammenstellung der älteren dogmatischen Literatur findet sich bei *Arthur Kaufmann* Unrechtsbewußtsein S. 30 f.

[11] *Schönke-Schröder* § 59 Rdn. 116.

[12] Eine Übersicht über die Rechtsprechung gibt *Schneider* Vermeidbarkeit S. 7 ff.

konkreten Schutzfunktion des einzelnen Tatbestandes absehen würde, sondern nur ein materielles und konkretes, den einzelnen Geboten und Verboten des Strafrechts zugewendetes" Unrechtsbewußtsein; es „muß sich auf die *Qualität*[14] des begangenen Unrechts beziehen; es genügt nicht, daß der Täter unter irgendeinem Gesichtspunkt ein schlechtes Gewissen hat". Unrechtsbewußtsein ist nicht gleichbedeutend mit dem „Bewußtsein der Gesetzwidrigkeit".

Andererseits soll aber genügen „das Bewußtsein, gegen ein Gesetz zu verstoßen ..., denn dann lehnt sich der Täter bewußt gegen den erklärten Willen der Allgemeinheit auf"[15], ferner das „Bewußtsein, die ‚Handlung verstoße möglicherweise gegen irgendwelche, wenn auch im einzelnen nicht klar vorgestellte gesetzliche Bestimmungen'"[16].

Diese letztere Formel mag praktisch einigermaßen unproblematisch sein, solange die Handlung nur *einen* Straftatbestand verwirklicht, denn dann kann man sagen, der Täter habe „das" Unrechtsbewußtsein (und zwar eben das des spezifischen Unrechts) gehabt.

Aber einmal ist sie wohl schon sachlich schwerlich vereinbar mit der Forderung, das Unrechtsbewußtsein müsse sich auf die *Qualität* des begangenen Unrechts beziehen. Zum anderen versagt diese Formel, wo die Handlung *mehrere* Strafgesetze verwirklicht.

Wenn der verheiratete Täter, der mit seiner Schwiegertochter geschlechtlich verkehrt, sich nur vorstellt, diese Handlung sei „irgendwie" rechtlich verboten[17], so fragt sich eben, *welches* Unrechtsbewußtsein (Ehebruch? Blutschande?) er gehabt habe. In diesem Falle steht man vor der Alternative, Unrechtsbewußtsein entweder hinsichtlich *beider* Verbote oder hinsichtlich *keines von beiden* Verboten annehmen zu müssen. Geht man davon aus, daß Kenntnis der Unrechts*qualität* zu verlangen sei, so scheidet die erste Alternative aus — und die Vorsatztheorie müßte mangels Fahrlässigkeitsstrafbarkeit freisprechen. Die Schuldtheorie könnte wenigstens immer noch nach der Vermeidbarkeit beider Verbotsirrtümer fragen.

---

[13] *Schönke-Schröder* § 59 Rdn. 119.

[14] Vgl. auch *Engisch* Untersuchungen S. 237: „Wertbedeutung"; *Schmidhäuser* Mayer-Festschrift S. 329: „bedeutender Wertverstoß"; *Mezger* Lehrbuch S. 357: „Charakter der Pflicht."

[15] *Schönke-Schröder* § 59 Rdn. 116.

[16] *Schönke-Schröder* § 59 Rdn. 117 im Anschluß an RGSt 70, 142, wo es allerdings — die Entscheidung betraf ein Devisenvergehen — um eine Nuance spezieller heißt: „... irgendwelche ... Bestimmungen der Devisengesetze." Daß diese Nuance allerdings bedeutsam ist, wird später begründet werden.

[17] Wobei zunächst offen bleiben soll, ob es dieses Phänomen tatsächlich gibt; vgl. dazu unten S. 164 ff.

bb) Maurach

stellt ausdrücklich fest, „daß der Täter, der mit der gleichen Handlung mehrere verschiedene Tatbestände verwirklicht, hinsichtlich eines jeden der von ihm verwirklichten Tatbestände mit Unrechtsbewußtsein handeln muß“[18].

Aber auch bei *Maurach* taucht die Diskrepanz auf, die wir schon bei *Schröder* gefunden haben: Zwar genügt nicht „das allgemeine Bewußtsein, Unrecht zu tun“, aber es genügt „auch die laienhafte Wertung, daß das Tun nach dem Willen der Rechtsordnung ‚nicht sein darf‘“[19].

Abgesehen von den Fällen der Idealkonkurrenz muß das Unrechtsbewußtsein „in dem Sinne ‚tatbestandsbezogen‘ sein, daß der Täter die von dem in Betracht kommenden Straftatbestand umfaßte Rechtsgutsverletzung als Unrecht zu erkennen in der Lage ist“[20].

Wie es dann aber um das Unrechtsbewußtsein in den Fällen bestellt sein soll, in denen sich gar die Gelehrten um das geschützte Rechtsgut streiten (z. B. §§ 172, 175 StGB), oder in den Fällen des sog. Ordnungs- oder Nebenstrafrechts, die weithin auch als abstrakte Gefährdungsdelikte gefaßt sind, ist zweifelhaft. Denn dort sind ja die geschützten Rechtsgüter weithin in den gesetzgeberischen Materialien vergraben. Es bleibt — bei den sog. abstrakten Gefährdungsdelikten — natürlich immer der Rekurs auf das Rechtsgut der „Ordnung“ als eines Gemeinschaftswertes. Aber das ist die konkrete Wertverbrämung eines lediglich abstrakt rechtsgutsbezogenen Verbotes. Gehen wir davon aus, daß das „Ordnungswertwidrige“ der Tat nichts anderes ist als der Verstoß gegen das rechtliche Verbotensein, als die Relation „Rechtswidrigkeit“ (entweder ohne das dahinterstehende geschützte Rechtsgut, oder mit dem in die Relation eingegangenen und in dieser sich ausprägenden Rechtsgut begriffen), so ist fraglich, wie der einzelne, der nur weiß: Meine so konkret geplante Handlung verstößt gegen das Gesetz, das gerade so konkrete Handlungen verbietet[21], ein rechtsgutsbezogenes Unrechtsbewußtsein haben soll, *ohne* daß er *mehr*, etwa den gesetzgeberischen Grund für den Erlaß des Verbotes, kennen müßte.

---

[18] Lehrbuch A. T. S. 410 f.; ebenso *Engisch* ZStW 70, 569 f.; *Baumann* JZ 1961, 564.

[19] *Maurach* AT S. 403.

[20] *Maurach* AT S. 403; in der von *Maurach* angezogenen Entscheidung BGHSt 15, 377 ff., 383 hat der Bundesgerichtshof genauer formuliert: „. . . wenn der Täter die von dem in Betracht kommenden Tatbestand umfaßte *spezifische* Rechtsgutsverletzung als Unrecht *erkennt*“ (Hervorhebungen von mir); ähnlich wie *Maurach* *Kohlrausch-Lange* S. 219; BGHSt 10, 35 ff., 39; OLG Stuttgart NJW 1964, 413; *Bindokat* JZ 1953, 749 f.

[21] Oder gegen eine „verpflichtende staatliche Anordnung“, wie *Schmidhäuser* Mayer-Festschrift S. 329 es formuliert.

cc) Schneider[22]

hat sich gegen die Tatbestandsbezogenheit des Unrechtsbewußtseins gewandt.

Wenn er — im Anschluß an die Normentheorie *Armin Kaufmanns* — meint, der Täter müsse — um Unrechtsbewußtsein zu haben — „nur wissen..., daß die von ihm geplante Handlung unter einen Normbefehl fällt, der gerade diese Handlung erfaßt“[23], so führt dies auch nicht weiter, wie die Beispiele aus dem Bereich des Fahrlässigkeitsunrechts zeigen. Wenn der Täter im Falle c)[24] nichts weiter kennt als das Verbotensein seiner konkret geplanten Handlung („Ich darf hier und jetzt nicht auf die schwarzen Flecken im Unterholz, die ich für das Fell eines Wildschweines halte, schießen“), so erfüllt er die Voraussetzungen, die *Schneider* aufstellt. Daß er aber mit dem Unrechtsbewußtsein der fahrlässigen Tötung schießt, wird auch *Schneider* gleichwohl nicht behaupten wollen.

Schneider hält denn auch seinen Ansatz nicht durch. Seine Ausführungen zielen letztlich doch über das Bewußtsein des konkreten Verbotenseins des Handlungsprojekts hinaus auf das Miterfassen der Normqualität, des durch die Norm geschützten Rechtsguts. Zunächst sagt *Schneider* nämlich, der Täter müsse auch jeweils die Norm gekannt haben, „wegen deren Übertretung er bestraft werden soll“; die Normen seien aus den Tatbeständen zu erschließen. Und dann zeigt er, daß auf das Rechtsgut, auf das die Norm bezogen ist, nicht verzichtet werden kann: Man muß das „Werturteil“ zu erfahren suchen, „das der Norm voraufgegangen ist“: „Ebensowenig hat derjenige, der — in Kenntnis des Verbotes in § 367 Nr. 7 StGB — an Menschen zugänglichem Ort auf Rebhühner schießt, auch schon eo ipso das Bewußtsein, Wilderei zu begehen.“ Unrechtsbewußtsein der Wilderei ist vielmehr nur vorhanden, wenn der Täter erkannt hat, „daß seine Handlung — das Schießen auf Rebhühner — nicht nur wegen der Gefährlichkeit des Schießens, sondern auch als Wilderei verboten ist“[25]. *Schneider* führt damit nicht über *Maurach* hinaus.

dd) Welzel

Nach *Welzel* muß sich der Täter „desjenigen Widerspruchs seines Verhaltens zur Gemeinschaftsordnung bewußt werden können“ (das gilt für die Schuld allgemein, also incl. Verbotsirrtum; für das Unrechtsbewußtsein müßte gesagt werden: bewußt geworden sein), „auf

---

[22] Die Vermeidbarkeit des Verbotsirrtums.
[23] S. 14.
[24] s. o. S. 21.
[25] S. 15.

dem das strafrechtliche Verbot beruht und das dieses zum Ausdruck bringt"[26].

Welzel grenzt das Wissen um die „Rechtswidrigkeit des (geplanten) Verhaltens" nicht so sehr ab gegen das Wissen um das spezifische Unrecht der Verbotsübertretung (hier sagt er nur, das Strafgesetz brauche der Täter nicht zu kennen), sondern er behandelt insbesondere die (hier aus der Diskussion auszuklammernde) Frage der Abgrenzung der Kenntnis sittlicher oder moralischer von den rechtlichen Normen.

Im übrigen ist auch die Formel *Welzels* nicht geeignet, die oben entstandenen und behandelten Zweifel aufzuklären oder zu beseitigen.

b) *Lösung der problematischen Fälle*

Problematisch sind insbesondere die Fälle, in denen sich positive Unrechtsvorstellung und objektiv verwirklichtes Unrecht nicht akkurat decken.

Aus den Lehren in der Literatur und Erkenntnissen der neueren Rechtsprechung läßt sich bislang nur für die Fälle a)[27] ein sicheres Ergebnis ableiten: Derjenige, der weiß, daß seine Handlung gegen *eine* Norm verstößt, hat *noch nicht schon damit* auch das Bewußtsein des Widerspruchs dieser Handlung *zu einer anderen Norm.*

Das gilt jedenfalls für Normen, die — vom geschützten Rechtsgut aus gesehen — *nebeneinander* stehen.

Maurach hat dazu kategorisch ausgeführt: „Läßt sich das Unrechtsbewußtsein hinsichtlich der übrigen Taten (gemeint ist: der ideal konkurrierenden Straftatbestände) nicht nachweisen, ist insoweit Schuld nicht festgestellt; die Lehre von der Unteilbarkeit des Unrechtsbewußtseins" stelle „einen Rückfall in den mittelalterlichen Rechtsgrundsatz des ‚versari in re illicita' dar: Erfolgshaftung schlechthin für alles, was der Täter — auch ohne Schuld — auf Grund einer schuldhaften Grundhandlung anrichtet"[28].

Die Fälle b) und c)[29] sind solche „hintereinander" stehender, also auf den Schutz des gleichen Rechtsguts bezogener Normen. Dabei ist zunächst vom Phänomen her zu unterscheiden:

Der Täter hat das Unrechtsbewußtsein des § 222 StGB und verwirklicht § 9 StVO (Fall b)). Oder der Täter hält seine konkrete Handlung (Das Fahren mit 100 km/h in einer Ortschaft) für irgendwie verboten, er verwirklicht § 222 StGB (Fall c)).

---

[26] Lehrbuch S. 165.
[27] s. o. S. 20.
[28] *Maurach* AT S. 411.
[29] s. o. S. 20 f.

Für die Lösung der Fälle b) und c) geben die Formeln der Wissenschaft in der Tat nicht viel her. Es scheint auch nicht, daß mit solchen Fällen die Rechtsprechung viel Federlesens mache; es handelt sich in beiden Fallgruppen nämlich nicht um einen Irrtum über die Unrechts*qualität,* sondern über das Unrechts*quantum.*

Was das heißen soll und wie sich beide Kategorien zueinander verhalten, kann vielleicht durch folgendes — sicherlich schon sehr altes — Bild anschaulich werden.

Der Gesetzgeber erachtet ein Gut als schutzwürdig. Es wird dadurch zum *Rechts*gut, daß er es mittels Aufstellung von (handlungsver- oder gebietenden) Normen gegen Angriffe zu schützen sucht. Die Normen werden durch den Bezug auf ein Rechtsgut qualifiziert. Alle Normen, die auf das gleiche Rechtsgut bezogen sind, haben die gleiche Qualität. Entsprechend haben Handlungen, die im Widerspruch zu Normen stehen, die auf den Schutz des gleichen Rechtsguts bezogen sind, die gleiche *Unrechtsqualität.*

So gesehen sind Normen Festungswälle in Form von konzentrischen Kreisen, die um das Rechtsgut als Zentrum herumgelegt sind.

Diese Kreise können Lücken aufweisen, z. B. dann, wenn das Rechtsgut nur gegen eine bestimmte Verletzungs*modalität* geschützt ist. Es können mehrere Wälle um das gleiche Rechtsgut gezogen sein. Sie sind dann in aller Regel verschieden tief gestaffelt (von „außen" nach „innen": abstrakte Gefährdungsdelikte, konkrete Gefährdungsdelikte, Verletzungsdelikte)[30].

Eine unmittelbare Bedrohung des Zentrums ist in doppelter Hinsicht möglich: einmal dadurch, daß erst ein Wall oder mehrere Wälle durchstoßen, überwunden werden, zum anderen dadurch, daß „Lücken" in der Armierung ausgenutzt werden.

Wenn äußere Wälle durchstoßen werden, ist das in aller Regel „noch nicht so schlimm", wie wenn das Zentrum direkter Gefahr ausgesetzt wird. Das Gewicht der Verletzung einer — vom Rechtsgut weiter entfernten — Norm ist nicht so schwer wie das einer rechtsguts-unmittelbaren Norm. Je nach „Entfernung" der Norm vom geschützten Rechtsgut erhöht oder vermindert sich das Unrechts*quantum* der Normverletzung.

Die Problematik des Irrtums über das Unrechtsquantum[31] (das Unrecht ist „auch jeweils vertikal nach seiner Schwere zu differenzieren"[32]) ist „in der Literatur bisher zu wenig beachtet worden". Auch einige Bemerkungen *Baumanns* dazu haben nichts Wesentliches erhellt.

[30] Vgl. dazu auch *Cramer* Vollrauschtatbestand S. 67 f.

[31] Vgl. *Hirsch* Die Lehre von den negativen Tatbestandsmerkmalen S. 232 und Anm. 35.

[32] *Baumann* JZ 1961, 564.

Baumann[33] hält die Entscheidung BGHSt 11 Seite 263 für richtig, in der der Täter irrig angenommen hatte, die Tat habe „bloßen Ungehorsamscharakter", und nicht wußte, daß sie „ethisch besonders zu mißbilligen ist" (BGH). Obwohl der BGH ausdrücklich vermerkte, daß davon die — irrelevante — Frage unterschieden werden müsse, „ob der Täter wissen mußte, daß seine Tat als Wirtschaftsstraftat oder als Ordnungswidrigkeit rechtlich einzuordnen sei", stützt *Baumann* seine Begründung darauf, daß der Täter „ja sogar die Ahndung", „nur nicht die Art der Ahndung" gekannt habe. „Art der Ahndung" kann aber doch nur bedeuten: „Einordnung als Wirtschaftsstraftat oder als Ordnungswidrigkeit." Ist nun *Baumanns* Befund: „... der Irrtum über die Unrechtsstufe (mündet) in den Rechtsfolgenirrtum" sicherlich richtig, so ist der Schluß, den *Baumann* daraus zieht, verfehlt: daß nämlich die Unbeachtlichkeit des Rechtsfolgenirrtums zur Unbeachtlichkeit des Irrtums über die „Unrechtsstufe" führe. So gesehen wäre nämlich jeglicher Verbotsirrtum unbeachtlich, denn jeder Verbotsirrtum ist die vom „Rechtsfolgenirrtum" (vom Befund her!) „nicht zu trennende Grundlage". Diese Konsequenz würde aber auch *Baumann* nicht ziehen — einfach schon deshalb nicht, weil er — systemgerecht — den (beachtlichen) Verbotsirrtum *vor* dem (unbeachtlichen) Rechtsfolgenirrtum feststellen würde.

Zunächst ist festzuhalten — das wird auch wohl von niemand bestritten[34] —, daß „das Unrecht" in verschiedenen „Quanten" vorkommt. Zwar korrespondiert die (Jagd-, Naturschutz-, Aktien-, Straßenverkehrs- usw.) Gesetzwidrigkeit in aller Regel mit einem Strafrahmen, der für ganze Materien eines bestimmten Verkehrskreises zusammengefaßt ist. Gleichwohl gibt es keine „Verbotsübertretung schlechthin". Denn eine solche müßte ja immer denselben Strafrahmen aufweisen. Daß aber auch konkret „entmaterialisierte", also „schlichte" Verbote eben doch durch ihren abstrakten Bezug auf bestimmte — wenn auch nicht aus ihnen selbst ersichtliche oder sonst notwendig erkennbare — Rechtsgüter ein unterschiedliches konkretes Wertgewicht haben[35] (dieses wird — wohlgemerkt — *nicht* aus dem *Ordnungswert* bezogen!),

---

[33] S. 565.

[34] *Kern* ZStW 64, 255 ff., 256 ff. m. w. N.

[35] *Kern* S. 260 meint, die „Rechtswidrigkeit einer Handlung" sei darüber hinaus „auch nach der Intensität des Angriffs verschieden groß". Er versucht ganz allgemein, „Grade der Rechtswidrigkeit im einzelnen nachzuweisen", und zwar auch *innerhalb derselben Normverletzung:* „Der Grad der Rechtswidrigkeit (ist) vom Angriffsobjekt (insbesondere von dessen Wert), von der Art der Angriffshandlung, von der Besonderheit der Lage, insbesondere vom Verhalten des Täters nach der Tat abhängig" (S. 276). Zu solchen Gradierungen im Rahmen der *konkreten* Normverletzung soll hier nicht Stellung genommen werden. Allerdings könnten — die Richtigkeit der Überlegungen *Kerns* unterstellt — auch hier Unrechtsbewußtseins-Probleme wenigstens theoretisch entstehen.

zeigt sich schon daran, daß *eine* Materie mehrerlei Strafrahmen oder mehrere Sanktionsmöglichkeiten (Strafe — Ordnungswidrigkeitsmaßnahme) und damit „mehrerlei Unrechtsquantum" enthalten kann. „Jagdgesetzwidrig" (§ 22 mit § 38 Abs. 1 BJagdG[36]) ist eben *nicht* gleich „jagdgesetzwidrig" (§ 15 Abs. 1 mit § 39 Abs. 1 Ziff. 9 BJagdG[37]).

Allerdings kann man nicht sagen, daß die Praxis[38] besonders differenzieren würde innerhalb des Bewußtseins der „Unrechtshöhe", des „Quantums" der einen oder anderen Normverletzung: Wußte der Täter, daß seine Handlung (jagd-)gesetzwidrig war, so hatte er das Unrechtsbewußtsein — gleichgültig, ob er die Normen verletzt hat, auf die sich § 38 oder diejenigen, auf die sich § 39 BJagdG bezieht, ob es sich also um „kriminelles Unrecht" oder um eine „Ordnungswidrigkeit" handelt.

Man könnte dieses Vorgehen vielleicht damit zu rechtfertigen versuchen, daß der *abstrakte* Bezug der Norm auf das geschützte Rechtsgut für die Feststellung des tatbestandsmäßigen Unrechts irrelevant ist. Das bedeutet etwa, daß eine tatsächliche Gefährdung des (abstrakt) geschützten Rechtsgutes nicht geprüft zu werden braucht (und das konkrete Ausbleiben einer solchen Gefährdung wohl auch nicht zu entlasten vermag[39]).

Ob der abstrakte Bezug auch für das Unrechts*bewußtsein* irrelevant ist, ist aber eine andere Frage[40]. An dem Beispiel mit dem Jagdgesetz zeigt sich nämlich, daß es in Wahrheit keine Norm mit dem Unrechtsquantum „gleich Null" gibt, keine Norm also, die schlechthin „Recht", keine Normverletzung, die schlechthin „Rechtswidrigkeit", ohne Bezug auf ein „Gut" wäre. Mögen die Bezüge so abstrakt, mag auch dann das Unrechtsquantum so leichtgewichtig sein, daß die Praxis etwa vorhandene Unterschiede vernachlässigen zu dürfen glaubt, so kann das doch nicht heißen, daß es sie nicht gibt.

---

[36] § 22 regelt Jagd- und Schonzeiten; die Verletzung dieser Bestimmung ist ein Vergehen (§ 38 Abs. 1).

[37] § 15 bestimmt u. a., daß der Jagdschein bei der Jagd mitgeführt und auf Verlangen vorgezeigt werden muß; eine entsprechende Zuwiderhandlung ist eine Ordnungswidrigkeit (§ 39 Abs. 1 Ziff. 9).

[38] Vgl. z. B. BGHSt 11, 263 ff., 266.

[39] Anders *Rabl* Gefährdungsvorsatz S. 21 und *Schönke-Schröder* Vorb. vor § 1 Rdn. 148 und *Schröder* JZ 1967, 522 ff., 525.

[40] Damit soll allerdings nicht der These *Arthur Kaufmanns* (Schuldprinzip S. 131 ff., 136 f.) und *Langes* (JZ 1956, 71 ff., 519 ff.; JZ 1957, 233 ff.) das Wort geredet werden, wonach ein „Kern-" von einem „Nebenstrafrecht" im Unrechtsbereich oder an einer sonstigen Stelle des Deliktaufbaus voneinander abscheidbar sein sollen. Richtig ist es vielmehr zu sagen, daß *alle* Normen da sind, um Rechtsgüter zu schützen, und zwar: *abstrakt* zu schützen. Auch wenn das Rechtsgut gelegentlich (wie etwa in § 212 StGB) in die Norm*materie* aufgenommen zu sein scheint, heißt das nicht, daß die Handlung ihren Unwert aus der konkreten Rechtsgutsverletzung oder aus dem (finalen) Rechtsgutsbezug herleite. Ich hoffe, zu dieser Frage eine gesonderte Untersuchung vorlegen zu können.

Geht man nun davon aus, daß bei Verletzung einer „äußeren" Norm deren Zentrierung, also die Unrechts*qualität*, bekannt ist (wer in der Stadt über 50 km/h fährt, weiß, daß dieses Verbot aufgestellt ist, um fremdes Leben zu schützen), und erscheint darüber hinaus der Entfernungsunterschied zwischen Normen gleichen Rechtsgutsbezuges minimal, so mag der Verzicht auf besondere Differenzierungen vertretbar sein. Das ist offenbar die Meinung der Rechtsprechung.

Damit wird die Forderung der heute wohl h. L., daß der Täter die Tatbestandsbezogenheit im Sinne von Rechtsgutsbezogenheit seiner Handlung kennen müsse, wenigstens in Form einer Vermutung erfüllt.

Wer weiß — so könnte man sagen —, daß seine Handlung „jagdgesetzwidrig" ist, weiß auch, daß das Jagdgesetz dem Schutze des Wildes dient (Unrechts*qualität*); vernachlässigt werden kann, ob der Täter weiß, daß die Norm den Schutz des Wildes mehr oder weniger *unmittelbar* im Auge hat, denn die Differenzen sind minimal (Unrechts*quantum*).

Die Quantendifferenzen können allerdings beträchtlich sein, wenn Vorstellungen und Wirklichkeit über eine geregelte Materie hinaus verbunden sind, wenn z. B. der Täter ein „abstraktes Gefährdungsdelikt" (*Engisch:* „Sondernorm") zu begehen meint, tatsächlich aber ein auf das gleiche Rechtsgut bezogenes Fahrlässigkeitsdelikt verwirklicht.

Zweifel an der Richtigkeit der These, „daß das, was durch Sondernorm als gefährlich verboten oder an Vorsichtsmaßregeln in Gefahr auferlegt ist, sich in concreto mit dem deckt, was Verletzungen verhütet oder wenigstens sorgfältig ist", hat insbesondere *Engisch*[41] erweckt. Ihm ist es auch zu verdanken, die Aufmerksamkeit auf Diskrepanzen geleitet zu haben, die uns heute zu der Prüfung unter dem Gesichtspunkt des „Rechtswidrigkeitszusammenhangs" nötigen.

„Es fährt ein Motorradfahrer mit Sozius in einem Ort mit höherer Geschwindigkeit, als verordnungsgemäß gestattet ist. Diese hohe Geschwindigkeit ist aber zugleich mangelnde Sorgfalt gegenüber dem Sozius, da ... an dem Rad etwas nicht in Ordnung ist ..."

Die Sorgfaltswidrigkeit — so müßte man *Engischs* Beispiel auf das hier anstehende Problem übersetzen — ist nicht „Verwirklichung derjenigen Gefahr", „die die Vorschrift, eine bestimmte Geschwindigkeit innerhalb des Ortes einzuhalten, verhüten wollte. Das Verhalten des Motorradfahrers wäre dem Sozius gegenüber auch auf offener Landstraße unvorsichtig gewesen"[42].

---

[41] Untersuchungen S. 362.

[42] Untersuchungen S. 362 f.

Das heißt aber, daß auch der Schluß von der Kenntnis der „Sondernorm" auf die Kenntnis des „Fahrlässigkeitsunrechts" nur mit ganz besonderer Vorsicht gezogen werden darf[43].

Schon dem Schluß von der Sondernorm auf die *Erkennbarkeit* des Fahrlässigkeitsunrechts gegenüber ist *Engisch* skeptisch. Wenn *Mezger* folgendes Beispiel bringt: „Der Weichenwärter hat es unterlassen, sich seine neuen Vorschriften einzuprägen; er gibt infolgedessen ein falsches Signal und verursacht die Entgleisung des Zuges. Er kann wegen seiner Fahrlässigkeit hierfür haftbar gemacht werden, denn er weiß, daß die Vorschriften seines Dienstes die Sicherheit des Verkehrs betreffen"[44], so lehnt *Engisch* „diese Gedankengänge" ab, „weil sie den Rahmen des berüchtigten versari in re illicita nicht sprengen. Falls der Weichenwärter zufällig mit gutem Recht glauben konnte, daß die unterlassene Kenntnisnahme von den neuen Signalvorschriften kein Unglück zur Folge haben werde, so fehlt es an der erforderlichen Erkennbarkeit des konkreten Erfolgseintritts ... Das Bewußtsein der Sondernorm kann nur einen Schluß zulassen auf die Erkennbarkeit des tatbestandsmäßigen Erfolges[45]."

Engisch hält des weiteren für richtig, „daß auch in den Fällen, in denen die Übertretung der Sondernorm zugleich mangelnde Sorgfalt im Hinblick auf einen bestimmten Erfolg bedeutet, zu jener Übertretung doch das in ihr noch nicht enthaltene Merkmal der Erkennbarkeit des schädlichen Erfolges hinzutreten muß, um den Fahrlässigkeitsvorwurf zu begründen"[46].

Also: Kenntnis der „Sondernormwidrigkeit" ist noch nicht gleich Kenntnis des Fahrlässigkeitsunrechts, und zwar auch dann nicht, wenn beide Normen ihre Qualität aus dem Schutz des gleichen Rechtsguts beziehen. Zum Unrechtsbewußtsein gehört vielmehr prinzipiell auch die Kenntnis des Unrechts*quantums* (d. h. der richtigen „Entfernung" der Norm vom geschützten Rechtsgut).

Damit sind die Voraussetzungen erarbeitet, um auch die Fälle b) und c) mit einer einigermaßen einleuchtenden Begründung lösen zu können.

Im Falle b)[47] kennt der Täter den abstrakten Bezug zwischen Norm und Rechtsgut, er kennt den Grund, der den Gesetzgeber zum Norm-

---

[43] Jedenfalls diese Fälle hat *Schneider* (Vermeidbarkeit S. 11) übersehen, wenn er anläßlich der Entscheidung BGHSt 11, 263 ff. (Irrtum darüber, daß die „Wirtschaftsstraftat" eine „Ordnungswidrigkeit" sei) den „Irrtum über die Unrechtshöhe" für „unbeachtlich" erklärt. Das ist in dieser Allgemeinheit unzutreffend.

[44] *Mezger* Gerichtssaal 89, 257.

[45] *Engisch* Untersuchungen S. 375; ebenso *Engelmann* Rechtsbeachtungspflicht S. 43 f.

[46] Untersuchung S. 364.

[47] s. o. S. 20.

erlaß veranlaßt hat, er kennt das hinter dem Normerlaß stehende Rechtsgut; er kennt aber nicht das Gesetz in seiner konkreten und exakten Fassung, er irrt sich über das *„Normquantum"*.

Es drängt sich auf, diesen in der Vorstellung des Täters vorhandenen Bezug seiner Tat auf das durch den Normerlaß geschützte Rechtsgut nicht ohne weiteres zu vernachlässigen.

Dabei kann als Argument nicht ausreichen, daß der Täter dann im Hinblick auf den Schutz des Rechtsguts die Tat unterlassen könnte. Die Schuldtheorie behauptet ja, diese „Fähigkeit zur Pflichtbefolgung" bestehe auch *ohne* Unrechtsbewußtsein; es genüge Fähigkeit zur Pflichterkenntnis. Dann kann mit der Feststellung dieser „Unterlassungsfähigkeit" nicht die Behauptung begründet werden, es liege hier *Unrechtsbewußtsein* vor.

Auch die Überlegung, dem Täter sei in diesem Falle nichts leichter, als sich die Norm aus der Norm*grund*kenntnis selbst abzuleiten, wäre einmal nicht ohne weiteres einleuchtend — vor allem, wenn es um komplizierte Normen des Nebenstrafrechts geht —, zum anderen stammte auch sie aus dem Arsenal der Vermeidbarkeitslehre im Rahmen des Verbotsirrtums — womit anerkannt würde, daß der Täter gerade *kein* Unrechtsbewußtsein hatte.

Weiter kann hier nur die Besinnung auf die Feststellung führen, daß es für das Unrechtsbewußtsein der Kenntnis der Unrechts*qualität* bedürfe, ferner der *Quantität*, soweit überhaupt relevante Diskrepanzen zwischen tatsächlicher und vorgestellter Unrechtshöhe bestehen.

Hat der Täter den § 9 StVO objektiv verwirklicht, subjektiv aber das Unrecht seiner Tat aus § 222 StGB abgeleitet, so ist am Vorhandensein des „Qualitätsbewußtseins" nicht zu zweifeln, denn § 9 StVO ist ebenfalls aufgestellt worden, um Menschenleben (und andere Rechtsgüter) zu schützen[48, 49].

Zwar ist eine Diskrepanz zwischen Vorstellung und Realität hinsichtlich der Unrechtshöhe vorhanden. Aber sie scheint nicht relevant in einem Fall wie diesem, in dem der Täter dem qualitativ richtig beurteilten Unrecht irrigerweise *mehr* an Quantum zuschreibt, als in Wahrheit vorhanden ist. Es ist also Unrechtsbewußtsein anzunehmen[50].

---

[48] Es wird hier mit *Armin Kaufmann* und *Welzel* davon ausgegangen, daß der konkrete Erfolgseintritt keine unrechtskonstituierende Funktion hat, jedenfalls nicht beim fahrlässigen Delikt (*Welzel* Lehrbuch S. 130 f.; *Armin Kaufmann* Wiener Vortrag S. 43 f.). Der konkrete Erfolgseintritt ist nur eine Art „objektive Strafbarkeitsbedingung".

[49] Vorsicht ist geboten bei Normen, die auf zwei oder mehrere verschiedene Rechtsgüter bezogen sind: z. B. Einbruchsdiebstahl. Diesem Komplex hat sich die Normenlehre aber noch nicht so eingehend gewidmet, daß daraus Konsequenzen für das Unrechtsbewußtsein gezogen werden könnten; vgl. dazu die Andeutungen bei *Armin Kaufmann* Normentheorie S. 197 f.

[50] Eine ähnliche Konstellation behandelt *Armin Kaufmann* (Unterlas-

Für den umgekehrten Fall c)[51] gilt entsprechendes: Der Täter kennt § 9 StVO, er weiß, daß er angesichts dieser Norm zu schnell fährt. Weiß er nun schon nicht (d. h.: macht er sich nicht aktuell bewußt[52]), daß diese Vorschrift den Lebensschutz bezweckt, so fehlt ihm — wenn er zugleich ein aus § 222 StGB abzuleitendes Verbot übertritt — das „Qualitäts"-Bewußtsein hinsichtlich der Fahrlässigkeitsnorm.

Aber selbst wenn er dieses Bewußtsein hätte, es aber nicht auf sein konkretes Handlungsprojekt bezöge (sich also nicht sagte: „Ich fahre hic et nunc hinsichtlich des Schutzes des Lebens anderer zu schnell"), würde das Qualitätsbewußtsein nicht ausreichen. Hier hätte er dem (qualitativ richtig beurteilten) Unrecht irrigerweise *zu wenig* an *Quantum* attachiert. In einem solchen Falle fehlt es dem Täter am Unrechtsbewußtsein.

Zu Einwänden hiergegen darf man sich wiederum nicht dadurch verleiten lassen, daß man erkennt, daß es für die intellektuelle Seite der Motivationsfähigkeit möglicherweise ausreichen würde, wenn der Täter lediglich die Relation, das schlichte Verbotensein kennt, wenn er einen unspezifischen Normzweifel, ein schlechtes Rechtsgewissen hat.

Unrechtsbewußtsein bedeutet vielmehr Einsicht in das spezifische Unrecht der projektierten Handlung. Diese Einsicht fehlt, wenn der Täter das Gewicht der Norm bzw. ihrer Verletzung verkennt.

Dies folgt aus dem Zweck, zu dem Unrechtseinsicht gefordert wird.

Es wird davon ausgegangen, daß die Einsicht in die Pflicht Voraussetzung dafür ist, daß die Pflicht für den einzelnen das Motiv für das Unterlassen der pflichtwidrigen Handlung werden kann[53]. Pflichten haben ein unterschiedliches Wertgewicht; dieses hängt ab vom Wert des jeweils durch die Pflicht geschützten Rechtsgutes und von der „Entfernung" der Pflicht von diesem Gut. Dementsprechend steigt oder fällt auch der jeweilige Motivationsdruck, der aus der Einsicht in die Pflicht resultiert. Wer Qualität und/oder Quantität der Pflicht nicht kennt, dem ist die Einsicht in das spezifische Gewicht der Pflichtverletzung verwehrt; er riskiert, wenn er sich Gedanken darüber macht, die Wertakzente falsch zu setzen, jedenfalls aber den von der Rechtsordnung eingesetzten Motivationsdruck insoweit zu verfehlen, als „volle Schuld" festgestellt werden soll.

---

sungsdelikte S. 140): „Wer irrig die Wertgrenze, von der an der Devisenbesitz anzuzeigen ist, zu hoch ansetzt, befindet sich ohne Zweifel im Irrtum über den Umfang des abstrakten Gebotes. Unterläßt dieser Irrende die Anzeige eines Devisenzuganges, der auch nach seiner Auffassung die Wertgrenze überschreitet, so hat er volles Unrechtsbewußtsein."

[51] s. o. S. 21.

[52] Zur „Aktualität" s. in diesem Abschnitt unter II., 3.

[53] „Was Widerrechtlichkeitsbewußtsein ist, kann nicht mehr aus der Sache selbst bestimmt werden, (sondern) von dem her, was zur richtigen Motivation erforderlich ist" *Armin Kaufmann* ZStW 80, 34 ff., 40.

Die Feststellung, bei Verletzung etwa einer den konkreten Lebensschutz betreffenden Norm sei nur dann „volle" oder überhaupt erst „die" Schuld begründet, wenn die Norm qualitativ und quantitativ bekannt sei, weil der Erkenntnis des gewichtigeren Rechtsguts „Leben" eine größere Hemmungsfunktion eigne als dem Rechtsgut „Eigentum" oder gar — wenn man will — „Ordnung" — diese Feststellung entspricht einer allgemeinen empirischen Regel. Im Einzelfall mag es durchaus vorkommen, daß den Täter die Erkenntnis, daß er fremdes Leben bedroht, nicht in größere Konflikte stürzt als die Erkenntnis, daß er gegen die „öffentliche Ordnung" verstößt. Daran zeigt sich aber nur, daß der Schuld*begriff* auf den „Normalfall" abgestellt ist. Das Schuld*urteil* ist individualisiert.

Es darf nämlich nicht verkannt werden, daß sich die Schuld aus *zwei*, jeweils in concreto festzustellenden Komponenten zusammensetzt. Zum Unrechtsbewußtsein (bzw. zur Fähigkeit zur Unrechtseinsicht) muß in jedem Falle auch die Fähigkeit zur pflichtgemäßen Motivation hinzutreten. Der Satz, „volle Schuld" bedürfe des Unrechtsbewußtseins, ist daher nicht umkehrbar: Das Unrechtsbewußtsein *begründet* nicht (allein) die volle Schuld. Es ist nur die *eine* Voraussetzung dafür. Die andere Voraussetzung ist das Vorhandensein der Fähigkeit, sich anhand der gewonnenen Unrechtseinsicht im Sinne der Pflicht zu motivieren. Dieses „voluntative Moment" der Schuld *(Armin Kaufmann)* ist aber nicht Gegenstand der vorliegenden Untersuchung.

II. Das Unrechtsbewußtsein

Die hier gestellte Aufgabe, die Fähigkeit zur Unrechtserkenntnis zu überprüfen, nötigt zu einer möglichst klaren Abscheidung auch des Unrechts*bewußtseins*, denn der Feststellung einer solchen Fähigkeit bedarf es nicht mehr, wo der Täter bereits Unrechts*kenntnis* besitzt.

1. Darstellung der zu prüfenden Probleme

„Kenntnis" ist ein Begriff, den es in zwei Richtungen abzugrenzen gilt.

Einmal ist zu prüfen, ob dieser Begriff auch die Fälle des „Zweifels" deckt, ob man sagen kann, auch derjenige „kenne" das Unrecht, habe „Unrechtsbewußtsein", der die Verwirklichung von Unrecht durch sein Handlungsprojekt nur für möglich hält[54].

[54] Das Verhältnis, in dem sich ein Umstand in dem Bewußtsein eines Menschen widerspiegelt, kann — soweit es sich um Kategorien des Möglichen handelt — in doppelter Weise wiedergegeben werden: Entweder man fixiert den Umstand als „seiend" (das *ist*) und zeigt den Gewißheitsgrad der Vorstellung davon (ich halte für wahrscheinlich, möglich, daß ..., ich be-

Zum andern wird ganz allgemein *aktuelle* Unrechtskenntnis gefordert.

Wenn „Schuld" „Fähigkeit zur Pflichtbefolgung *aus Einsicht* in die Pflicht" bedeutet, so kann mit dieser Einsicht nur die aktuelle Kenntnis der Pflicht im Augenblick der Tat gemeint sein[55].

Daran ist die Prüfung der Frage auszurichten, ob *aktuelles* Unrechtsbewußtsein auch dann angenommen werden kann,

wenn dem Täter erst nach Vornahme von Handlungs*teilen* zum Bewußtsein kommt, daß er damit Unrecht verwirklicht,

wenn der Täter, der zunächst Zweifel hatte, ob sein Handlungsprojekt in bestimmter Weise verboten sei, diese Zweifel — wie auch immer — beseitigt oder seine einmal vorhandene Kenntnis im Augenblick der Tat vergessen hat.

2. Kenntnis — Zweifel

Es ist heute unstreitig, daß es — um Unrechtsbewußtsein annehmen zu können — einer *Gewißheit* des Täters hinsichtlich des spezifischen Unrechts *nicht* bedarf; der Zweifel soll genügen.

Den Fall des Zweifels, also des Fürmöglichhaltens der Rechtswidrigkeit, behandelt schon *v. Almendingen:* Der Täter „weiß recht wohl, daß es eine Verbindlichkeit gebe, sich nach dem, was bey Strafe verboten ist, zu erkundigen[56]; er vermuthet wohl, daß die Handlung zu welcher er sich jezt entschließt, vom Strafgesetz als eine Verbotene bezeichnet sey. Er *will* sich aber nicht erkundigen ... Hier haben wir Dolus. Der Verbrecher begehrte mit dem Bewußtseyn, daß er vielleicht eine strafbare Handlung vornehme, ein mögliches Verbrechen als solches. Indem er nicht hören wollte, hörte er würklich. Indem er sein inneres Auge absichtlich verschloß, hat er würklich gesehen"[57].

Die vom dolus absehende und auf das Vorhandensein von Unrechtsbewußtsein gerichtete Frage bedarf aber einer differenzierenderen Antwort. Nicht immer kann schon — wie sich gezeigt hat — das „Bewußtseyn, daß er vielleicht eine strafbare Handlung vornehme", *Unrechts*bewußtsein sein.

---

zweifle, daß ...) oder man fixiert das Bewußtsein (ich *weiß*, daß ...) und verlagert die Möglichkeit in die Seinsform des Umstandes (... das wahrscheinlich, möglich ist).

Welche *sprachliche* Form man wählt, ist gleichgültig. Der Täter, der zweifelt, ob ein Erfolg eintritt, ist sich bewußt, daß ein Erfolgseintritt möglich ist.

[55] *Armin Kaufmann* Normentheorie S. 162.

[56] *v. Almendingen* (Untersuchungen S. 66) *unterstellt* nur das Vorhandensein einer solchen Pflicht. Der Sache nach leugnet er sie.

[57] Untersuchungen S. 69 f.

Hinsichtlich der Bewußtseins*form* aber hat sich an *v. Almendingens* These nichts geändert: „Wer die Vorstellung hat, möglicherweise Unrecht zu tun, und diese Möglichkeit in seinen Willen aufnimmt, hat das Unrechtsbewußtsein[58]."

An der These des Bundesgerichtshofs fällt auf, daß für die Feststellung, es liege auch in den Fällen des Zweifels Unrechtsbewußtsein vor, neben der Möglichkeits*vorstellung* auch noch ausdrücklich die Aufnahme dieser Möglichkeit in den *Willen* verlangt wird.

Es ist nicht ersichtlich, welche dogmatische oder auch nur praktische Bedeutung dieser Forderung zukommen soll.

Zweifellos geht es um eine rechtswidrige Handlung trotz Einsicht in das Unrecht. Aber die Wollenskomponente gebührt allein dem (Tat-)Vorsatz, deren Feststellung ist auch nur dort legitim[59]. Zwar enthält auch die Schuld ein voluntatives Element; das fragt aber nach der Fähigkeit zur Motivation anhand der Einsicht, geht also von einer bereits *begründeten* Unrechtseinsicht aus. Wie es zu der Formel des Bundesgerichtshofs kommt, ist allerdings klar: Der BGH hat (mit ausnahmslos allen, die seine Formel unbesehen übernommen haben) den „dolus malus eventualis" als Unrechtsbewußtsein verbrämt. Es genügt, wenn der Täter „es für möglich hält, aber in Kauf" (d. h. in seinen Willen auf-)nimmt, „daß er den Tatbestand eines Strafgesetzes verwirklicht und damit gegen ein Gesetz verstößt oder sonst Unrecht tut"[60].

Sehen wir aber das Unrechtsbewußtsein lediglich als die intellektuelle Komponente der Schuld an, so ist die Annahme, zur Begründung des Unrechtsbewußtseins bedürfe es auch der Feststellung, der Täter habe das Unrecht seiner Tat in seinen Willen aufgenommen, falsch.

Eine ganz andere Frage ist es dann aber, ob der Täter wegen „voller Schuld" bestraft werden kann, wenn er Unrechtszweifel hat. Schuld setzt sich überhaupt — und nicht nur in den Fällen des vermeidbaren Verbotsirrtums — aus zwei Komponenten zusammen. Auch bei dem mit Unrechtsgewißheit Handelnden ist von Rechts wegen zu fragen, ob er sich anhand dieser Gewißheit zur Pflichterfüllung motivieren konnte. Die Tatsache, daß eine solche Prüfung nur selten praktische Bedeutung haben dürfte und deshalb weitgehend vernachlässigt wird, kann nicht erlauben, das Unrechtsbewußtsein bereits mit voller Schuld gleichzusetzen.

---

[58] BGH JR 1952, 285; BGHSt 4, 1 ff., 4; *Kohlrausch-Lange* S. 219; *Welzel* JZ 1953, 266 f.; *Schönke-Schröder* § 59 Rdn. 116.

[59] Daran sind neuerdings Zweifel lautgeworden: *Grünwald* Mayer-Festschrift S. 286 ff.

[60] *Schönke-Schröder* § 59 Rdn. 59.

Können nun Phänomene wie die Vorstellung, der Zweifel könne nicht gelöst werden, oder „Billigung“ oder „Gleichgültigkeit“ gegenüber der für möglich gehaltenen Rechtswidrigkeit der Handlung nicht bei der Feststellung der intellektuellen Komponente der Schuld verwertet werden, so haben sie in der Tat einen Stellenwert bei der voluntativen Komponente[61].

So führt *Armin Kaufmann* zutreffend aus: „Wer die nicht vom Zweifel angenagte Gewißheit über die Rechtswidrigkeit seines Verhaltens besitzt, dem fällt es unter diesem Aspekt ‚leichter‘, der Pflicht Folge zu leisten, als demjenigen, der nur mit der Möglichkeit ihres Bestehens rechnet[62].“ Der zweifelnde Täter hat dann nicht nur schlicht den Wertkonflikt zwischen seinem Streben nach Verwirklichung seines Handlungsprojekts und seiner Einsicht in dessen spezifische Rechtswidrigkeit zu lösen; in diesen Konflikt geht *auch noch* die Vorstellung ein, die Rechtswidrigkeit bestehe nur möglicherweise, also auch möglicherweise *nicht*. Diese Vorstellung von dem nur Möglichsein der Rechtswidrigkeit kann durchaus (und wird in der Regel) die Hemmungsfunktion, die von der als gewiß erkannten Rechtswidrigkeit ausgehen würde, verringern und dem Täter die Entscheidung *zugunsten* der Norm erschweren. Dies deshalb, weil er — bei den Begehungsdelikten — zugunsten der Norm sein Handlungsprojekt aufgeben müßte, die geplante Handlung aber ausführen könnte, wenn die — immerhin *auch* für möglich gehaltene — Alternative zuträfe, daß die vorgestellte Norm hier eben doch nicht eingreife.

Daraus folgt, daß schon die Tatsache schlechthin, daß der Täter die Rechtswidrigkeit nur für möglich hält, eine besonders sorgfältige Prüfung der *voluntativen* Seite der Schuld erfordert.

Ob der Zweifel als Unrechtsbewußtsein anzusehen sei oder nur die Fähigkeit zur Unrechtseinsicht begründe, hat *Armin Kaufmann* in seiner „Normentheorie“ noch offengelassen: „Wer sich im Zweifel befindet über das Vorliegen einer (konkreten) Pflicht, der hat die Fähigkeit, sich an der Norm in seinem Verhalten zu orientieren[63].“

Damit aber, so erläuterte er später[64], habe er „noch nicht gesagt, welcher *Grad* an Vorwerfbarkeit dem Handelnden im Zweifel über die Rechtswidrigkeit zukommt“[65]. Vielmehr sei folgendermaßen zu differenzieren: Wenn der Zweifel des Täters vor oder während der Tat *behebbar* war zugunsten klarer Unrechtseinsicht, dann keine Milderung nach Verbotsirrtumsregeln. „Nur dann ..., wenn der Täter sich in

[61] So wohl auch *Schneider* Vermeidbarkeit S. 74.
[62] *Armin Kaufmann* ZStW 70, 84.
[63] S. 221.
[64] ZStW 70, 83 ff.
[65] S. 84.

einem für ihr *unlösbaren Zweifel* über die Pflichtwidrigkeit seines Verhaltens befindet, kann es von seiner Billigung oder dem Maß seiner Gleichgültigkeit hinsichtlich der Rechtswidrigkeit abhängen"[66], ob Milderbestrafung eintreten solle oder nicht.

Die Differenzierung *Kaufmanns* mit Rücksicht auf das emotionale Verhältnis des Täters zur Unlösbarkeit des Zweifels verdient gesonderte Berücksichtigung.

Armin Kaufmann will den behebbar Zweifelnden *nicht* und den unbehebbar Zweifelnden *nicht schlechthin* nach Verbotsirrtums-Regeln strafen. Es *kann* vielmehr auch im letzteren Falle Strafmilderung ausgeschlossen sein, und zwar dann, wenn der Täter die Rechtswidrigkeit „gebilligt" hat oder ihr gegenüber „gleichgültig" war.

Mit diesem Hinweis bezieht sich auch *Kaufmann* auf die dolus-Lehre. In den Fällen des „Zweifelns an der Rechtswidrigkeit" findet er überhaupt allein den richtigen „dogmatischen Standort für das berechtigte Anliegen der emotionalen Abgrenzungstheorien"[67], der Theorien nämlich zur Abgrenzung von dolus eventualis und (bewußter) Fahrlässigkeit.

Würde nun *Kaufmann* so zu verstehen sein, daß anhand der *Emotion* des Täters zu entscheiden sei, ob Unrechtsbewußtsein vorliegt oder nicht, so könnte auch hier nichts anderes gelten als das, was bereits oben ausgeführt worden ist: Hinsichtlich der Frage, ob der Täter *Einsicht* hatte in das Unrecht, in die spezifische Rechtswidrigkeit seines Projekts, entscheidet allein sein Vorstellungsbild. Hält er es für möglich, daß seine Handlung eine bestimmte Norm verletzen werde, so hat er das Unrechtsbewußtsein — gleichgültig, ob er seinen Zweifel für in der einen oder anderen Richtung behebbar hält, gleichgültig auch, wie er emotional zu dieser Vorstellung steht[68].

Allerdings sagt *Kaufmann* nicht ausdrücklich, daß das Maß der Gleichgültigkeit des Täters gegenüber der Unbehebbarkeit seines Zweifels über „Unrechtsbewußtsein" oder „Verbotsirrtum" entscheide. Er scheint vielmehr von einer — durch den vorhandenen Zweifel begründeten — Schuldhaftigkeit schlechthin auszugehen und das emotionale Differenzierungskriterium dann als Schuld*quantifizierungs*moment aufzufassen, ohne dieses als „intellektuelles" oder „voluntatives" zu rubrizieren.

Der Hinweis *Kaufmanns* auf das „Leichter- oder Schwererfallen" der Pflichtbefolgung angesichts des Unrechtszweifels dürfte aber ein Indiz dafür sein, daß die Frage, ob die Gleichgültigkeit des Täters auf die

---

[66] S. 86.
[67] S. 86.
[68] Vgl. auch *Schneider* Vermeidbarkeit S. 72.

Feststellung des *Unrechtsbewußtseins* einen Einfluß habe, von *Kaufmann* verneint werden würde. Die Untersuchung, ob die von *Armin Kaufmann* aufgezeigten Phänomene eine weitere Berücksichtigung verlangen, braucht desangesichts nicht weiter vertieft zu werden. Für die Frage des Unrechtsbewußtseins würde dadurch nichts gewonnen werden.

3. Aktualität des Unrechtsbewußtseins

Das Problem der *Aktualität* des Bewußtseins ist neuerdings wieder in die wissenschaftliche Diskussion geraten. Insbesondere bemüht man sich um eine Aufhellung des Bewußtseinsphänomens im Rahmen des Vorsatzbegriffs[69].

Aber auch hinsichtlich des Unrechtsbewußtseins sind neue Vorschläge gemacht worden. Sie stammen naturgemäß aus dem Lager der Anhänger der Vorsatztheorie. Während von dort aus nachgewiesen werden soll, daß die Vorsatztheorie auch dann praktisch zu verwerten sei, wenn man sie theoretisch konsequent zu Ende denkt, hat sich die Schuldtheorie bislang im sicheren Winkel der „Fähigkeit zur Unrechtserkenntnis“ (des vermeidbaren Verbotsirrtums) gewähnt.

Als „herrschend“ dürfte die allgemeine Formel *Schröders* zum dolus malus zu bezeichnen sein, wonach es „nicht erforderlich“ ist, „daß der Täter über die Tatumstände reflektiert. Sie müssen nur Gelegenheit gehabt haben, bei seiner Willensbildung wirksam zu werden“[70].

Alle neueren Ansätze argumentieren vorwiegend mit Erkenntnissen der Psychologie — mögen diese auch verschiedenen wissenschaftlichen Sparten entspringen.

a) Platzgummer

In seiner Arbeit „Die Bewußtseinsform des Vorsatzes“ hat *Platzgummer* die „Einführung in die Psychologie“ des Wiener Psychologen *Rohracher*[71] zur Grundlage gemacht für eine Überprüfung der „Aktualität“ des Vorsatzes[72].

Er gelangt mit Hilfe dieses psychologischen Rüstzeugs zu drei Thesen: Das „potentielle Wissen“ reicht nicht aus zum Vorsatz, das „Bewußtsein am Rande“ (eine „Gefühlswarnung“ im Sinne *Mezgers)* ver-

---

[69] *Grünwald* Mayer-Festschrift S. 294 macht „diesen wunden Punkt in den bisherigen Vorsatzlehren“ auch für Unklarheiten bei der Bestimmung des „Unterlassungsvorsatzes“ verantwortlich.
[70] *Schönke-Schröder* § 59 Rdn. 14.
[71] Wien 8. Aufl. 1963.
[72] Bewußtseinsform S. 63.

mag ebenfalls noch keinen dolus malus zu begründen, aber das „Mitbewußtsein“ genügt für den Vorsatz. Das „Mitbewußtsein“ ist nach *Rohracher* und *Platzgummer* ein „Bewußtsein, das zwar nicht explizit beachtet wird, das aber mit einem anderen beachteten Bewußtseinsinhalt mitbewußt ist und implicite notwendig auch mitbeachtet werden muß“[73].

Platzgummer erkennt „zwei Gruppen von Tatbildmerkmalen, die dem Täter auch dann zum Wollen zugerechnet werden können, wenn er sie im Zuge des Motivationsprozesses nicht *eigens* ins Auge faßt“, nämlich einmal „Merkmale ..., die außer einer sinnlich wahrnehmbaren auch eine Bedeutungskomponente aufweisen“[74], zum anderen solche Merkmale, „die Qualitäten oder besondere, mehr oder weniger andauernde Pflichtverhältnisse des Täters bezeichnen oder auf allgemeine Zeitumstände hinweisen, die für den Täter lebensgestaltende Bedeutung haben“[75] (eine Gruppe also, die insbesondere die sog. Tätermerkmale betrifft).

Platzgummer räumt allerdings ein, „daß das Mitbewußtsein nicht denselben Unwert besitzt wie das wirkliche Daran-Denken ... Denn je klarer und deutlicher er den gesamten Unrechtssachverhalt in Griff bekommt, desto mehr wird auch seine wertende Persönlichkeit herausgefordert, desto mehr kann er sich auch durch eine Fehlentscheidung kompromittieren“[76].

Roxin hat in einer Besprechung der Arbeit *Platzgummers*[77] diese Thesen gerade in Richtung des Unrechtsbewußtseins, zu dem *Platzgummer* nicht ausdrücklich Stellung nimmt, weitergeführt und behauptet: „Wer in unserem Kulturkreis in früher Jugend gelernt hat, daß Stehlen und Rauben verboten sind, wird, wenn er sich zu solchen Taten entschließt, ohne alle Reflexion das Unerlaubte seines Tuns zwangsläufig mitdenken[78].“ *Roxin* fügt diese Bewußtseinsform dem „wahrnehmungsbedingten Mitbewußtsein“ und dem „ständigen Begleitwissen“ als eine dritte hinzu und schlägt dafür den Ausdruck „handlungsimmanentes Mitbewußtsein“ vor.

b) *Schewe*

Daß die „Gefühlswarnungen“ *Mezgers* und das „Mitbewußtsein“ *Platzgummers* voneinander in befriedigender Weise abscheidbar

---

[73] S. 83.

[74] S. 83; „wer auf einem Bahnhof oder in einer Kirche einen Diebstahl begeht, wird auf den Ort seiner Tat oftmals keinen Gedanken verwenden“ *Roxin* ZStW 78, 253.

[75] *Platzgummer* S. 87.

[76] S. 93.

[77] *Roxin* ZStW 78, S. 248 ff.

[78] S. 257.

seien, hat *Schewe*[79] bezweifelt. Darüber hinaus aber bemängelt *Schewe* überhaupt, „daß man für bestimmte Momente der Tat eine ‚Herabsetzung' des zum Vorsatz notwendigen Beachtungsgrades fordert"[80]. Die verfehlte Auffassung des Vorsatzes als einer „Summe von einzelnen psychischen Inhalten von bestimmtem ‚Mindest-Bewußtseinsgrad'" zeige, daß man „einem ‚atomistischen' Denken verhaftet"[81] sei.

Dem setzt *Schewe* einen neuen psychologischen, den „gestalttheoretischen" Aspekt entgegen.

Das Erlebnisfeld ist gegliedert in psychische Bestände, die als „Figuren" in einem „Grund" erscheinen und andere, „die zwar psychisch vorhanden sind, aber weder zur ‚Figur' noch zum ‚Grund' gehören"[82]. Diese Gliederung stellt „einerseits — durch Aussonderung von ‚Figuren' aus dem allgemeineren ‚Grund' — eine Bindung des Bewußtseins an die Umweltbestände mit dem wahrscheinlich größten Informationswert dar, zum anderen kann sie als Überlassung oder Delegation anderer Bestände an nachgeordnete Erfahrungsinstanzen aufgefaßt werden"[83]. Figur ist, was nur jeweils „wirklich gegenwärtig" oder „bewußt" sein kann[84], Grund „ist seinem Wesen nach unscheinbar, unbeachtet und unbegrenzt", er ist „in einem ganz bestimmten Sinne ‚unbewußt'"[85]; das heißt aber „nicht: ‚unbeachtet und daher unbewältigt', sondern: ‚unbeachtet, weil selbstverständlich'"[86]. Figur und Grund ergeben zusammen „das aktuelle Bewußtseinsfeld"[87].

„Die Rechtsordnung mit ihren allgemein akzeptierten und praktizierten Normen (stellt) den ‚Grund', das ‚Bewußtsystem' dar ..., aus dem sich die Rechtsbrüche ‚gestalthaft' abheben... Als Hintergrund ... gehört sie demnach zu jenen Beständen, die notwendig der vollen Bewußtheit entzogen, unscheinbar und ‚unbewußt' sind[88]."

Trotz der Unbewußtheit, aber wegen der Hintergrundqualität des Unrechts hat auch der Gewohnheits-, Trieb- und Affekttäter „Unrechtsbewußtsein": „Was dem Rechtstreuen nicht nur als Hindernis, sondern, zugleich mit einem positiven Wertakzent versehen, als ‚Leitlinie' des Handels erscheint, wird nur noch mit negativen Vorzei-

---

[79] Bewußtsein und Vorsatz S. 63.
[80] S. 62.
[81] S. 82.
[82] S. 109; die letzteren gehören nicht zum Vorsatz, da sie „nicht in jenen zwischen Thema und thematischem Feld bestehenden Gestaltzusammenhang einbezogen" (S. 117) sind.
[83] S.. 108 f.
[84] S. 109.
[85] S. 111.
[86] S. 115.
[87] S. 112 im Anschluß an *Conrad.*
[88] S. 124.

chen erlebt, als Widerstand, als zu überwindendes Hindernis"[89] „— soweit nicht die Zurechnungsfähigkeit beeinträchtigt ist"[90].

Diese Fälle haben „mit dem Problem des Verbotsirrtums überhaupt nichts zu tun": „Bei allen diesen Tätern geht es im Grunde nur um die Frage der ‚Aktualisierung' oder ‚Reproduktion' vorgegebener Bestände und um deren Integration mit den aktuellen Erlebnissen und Antrieben; am *Vorhandensein* dieser vorgegebenen Bestände selbst (des ‚Wissens' um das Unrecht) ist kein Zweifel"[91]. Einen „‚verschuldeten Verbotsirrtum' im ‚Kernbereich sittlicher Bewertungsnormen'" kann sich *Schewe* überhaupt nicht vorstellen[92]. Einen „wirklichen Verbotsirrtum" findet er nur dort, wo „der Täter nichts von der Unrechtmäßigkeit der von ihm begangenen Tat ‚gewußt' hat", wo solche „vorgegebenen Bestände" überhaupt nicht vorhanden waren[93], d. h. aber nur bei den „Ordnungsvorschriften"[94].

Anhaltspunkte zur Abgrenzung der „Ordnungs-" von anderen Vorschriften gibt *Schewe* freilich nicht[95].

c) *Schmidhäuser*

Aus der Sprachpsychologie, insbesondere aber aus einer Abhandlung *von Freytag-Löringhoffs*[96] hat *Schmidhäuser*[97] neue Impulse bezogen, um die Frage nach der Aktualität des Unrechtsbewußtseins zu prüfen.

Er geht davon aus, daß wir nicht immer denken, „wie man spricht, sondern wir denken oft, wie man nur denken und nicht auch sprechen kann, nämlich direkt zu den Sachen, die wir zwar durch die Sprache und ihre Begriffe kennengelernt und für unser Denken verfügbar bekommen haben, nun aber auch ohne Sprache im Bewußtsein gegenwärtig haben können"[98]. Im Anschluß daran unterscheidet

---

[89] S. 151.
[90] S. 157; im Ergebnis ebenso *Schmidhäuser* Mayer-Festschrift S. 333.
[91] S. 159.
[92] S. 193; *v. Almendingen* (S. 241) zwingt den „Unwissenheit (des Gesetzes) vorschützenden Kulposen" zum Beweis dessen, „was er vorgibt".
[93] S. 159.
[94] S. 188; *v. Almendingen* „löst" diese Fälle mit einer originellen Begründung: Kannte der Täter das Gesetz nicht, „so hatte eigentlich der Staat, was er der öffentlichen Sicherheit schuldig war, unerfüllt gelassen. Der Staat kann aber nicht da den Zoll der Strafe fordern, wo ihn eigne Nachlässigkeit verantwortlich macht" (S. 240).
[95] Vgl. dazu die Kontroverse zwischen *Lange* JZ 1956, 73 und 519, JZ 1957, 233 und *Welzel* JZ 1956, 238, JZ 1957, 130 sowie *Jescheck* JZ 1959, 457 und *Hirsch* Lehre S. 279 Anm. 40.
[96] Über einige Wesenszüge des Gesprächs, 1955.
[97] Mayer-Festschrift S. 317 ff.
[98] S. 329.

Schmidhäuser zwischen „Sprachdenken“ und „Sachdenken“; „Sachdenken“ „vollzieht sich in unmittelbarer Erfahrung mit den Dingen auf dem Grunde einer sozusagen bildhaften Erinnerung, die die ursprünglich durch Sprache erfahrene Sache in den Bereich sprachfreien Denkens übernommen hat“, während „Sprachdenken“ „sich vollzieht, indem der Denkende spricht, mit anderen oder mit sich selbst“. „Sachdenken ist schneller als Sprachdenken; manchmal scheint es keine Zeit zu brauchen, ist im Augenblick da und auch schon abgeschlossen, ergreift einzelne Dinge und ganze Sachzusammenhänge“[99]. „Rasches Reagieren in überraschenden Situationen (man denke nur an den modernen Straßenverkehr) ist nur sachgedanklich möglich“[100].

Schmidhäuser versucht nach dieser Analyse von Sach- und Sprachdenken deren Synthese im „aktuellen Unrechtsbewußtsein“. Das Problem sieht er darin, ob auch ein „sachgedankliches Unrechtsbewußtsein“[101] möglich ist. *Schmidhäuser* bejaht diese Frage: Die „Vorstellung wertwidrigen Verhaltens“ sei „sachgedanklich verfügbar in anschaulichen und unwertbehafteten Bildern der in Betracht kommenden Verhaltensweise“[102]. „In entsprechender Lage stellen sich dann diese Bilder von Verhaltensmöglichkeiten zusammen mit dem Unwertakzent in sachgedanklicher Ganzheit im Bewußtsein ein, Tat- und Unrechtsbewußtsein zugleich“, und zwar „mit seelischer Notwendigkeit“.

Zwar vermittelt *Schmidhäuser* an einer Stelle den Eindruck, als stelle er diese „seelische Notwendigkeit“ unwiderleglich fest, als sei ein solches „sachgedankliches Unrechtsbewußtsein“ automatisch vorhanden, als stellten sich diese „Bilder“ *immer* ein; zu einem Beispiel *Armin Kaufmanns* meint er[103]: „... das gibt es nicht — es sei denn, der Unterlassende sei geisteskrank und erlebe z. B. als Schizophrener eine ganz andere Wirklichkeit, als sie der geistig Gesunde vor Augen sieht[104].“

Aber einmal stellt *Kaufmann* nur ein denkbares Phänomen zur Diskussion — und daß es überhaupt denkbar sei, bestreitet ja auch *Schmidhäuser* nicht —, ohne daß er behauptet hätte, ein Mann, der angesichts eines Ertrinkenden an Rettung nicht denkt, sei „geistig gesund“. Der Strafrechtler ist mit der Feststellung des Sachverständigen, der Täter sei geisteskrank, noch lange nicht am Ende, zumal es *zuvor* den (Quasi-)Vorsatz festzustellen gilt.

---

[99] S. 326.
[100] S. 327.
[101] S. 328.
[102] S. 329.
[103] *Armin Kaufmann* Unterlassungsdelikte S. 224: „Dem A ist der Tod des B erwünscht, und gerade deswegen denkt er nicht ans Retten ...“
[104] *Schmidhäuser* S. 330 f.

Zum andern aber will in Wahrheit auch *Schmidhäuser* hier nichts fingieren.

Er verlangt ausdrücklich die Überzeugung des Gerichts — die entsprechend begründet werden müßte[105] —, „daß der Angeklagte die gegenwärtige Situation, sein künftiges Handeln und dessen zu erwartende Wirkungen in allen wesentlichen Momenten sachgedanklich erfaßt hatte"[106]. Dabei darf nicht verkannt werden, „daß sachgedankliches Unrechtsbewußtsein in Vollzug und Inhalt sprachlich nie angemessen erfaßt werden kann"[107].

d) Stellungnahme

Mit den Ausführungen *Platzgummers, Schewes* und *Schmidhäusers* wird die Annahme von Unrechtsbewußtsein in einer beträchtlichen Anzahl von Fällen, in denen bisher die Schuldtheorie vielleicht geneigt gewesen ist, Verbotsirrtum anzunehmen, oder in denen die Vorsatztheorie sich vorwiegend beweisrechtlich zu helfen gezwungen gesehen haben wird, psychologisch und dann auch dogmatisch zu legitimieren versucht.

Gegen die Hereinnahme des „Sachdenkens" in den Begriff des „aktuellen Unrechtsbewußtseins" ist auch vom Boden der Schuldtheorie aus nichts zu erinnern[108]. Dieser Ansatz ist jedenfalls dann akzeptabel, wenn man ihm zugute hält, daß er nicht zu beweismäßiger Kaschierung von echten Verbotsirrtumsfällen mißbraucht wird[109].

Keiner der Autoren geht aber so weit, die Möglichkeit eines Verbotsirrtums schlechthin zu leugnen, wenn auch nach diesen Konzeptionen der Verbotsirrtum seltener auftreten bzw. auf ein — wie *Schewe* meint — dogmatisches Spezialgebiet beschränkt bleiben mag.

Ob diese Modifikationen des Aktualitäts-Begriffs im einzelnen begründet sind, kann hier dahinstehen. Selbst wenn man bereit wäre, sie zu akzeptieren, würde das grundsätzliche Problem des Vorhandenseins von Schuld in den Fällen des Verbotsirrtums (sprich für die Vorsatztheorie: Rechtsfahrlässigkeit) nur in seiner praktischen Bedeutung verkleinert, nicht aber völlig verschwinden. Mit der Lösung allein *dieses* Problems aber ist die vorliegende Arbeit befaßt.

---

[105] S. 332.
[106] S. 327.
[107] S. 332.
[108] So auch *Welzel* Lehrbuch S. 62.
[109] Es soll aber hier nur vermerkt werden, daß *Schmidhäuser* der Ansicht ist, die Gefahr einer Schuldfiktion drohe in gleicher Weise wie bei der Annahme von Unrechtsbewußtsein so auch bei der Feststellung der „Potentialität" des Unrechtsbewußtseins, also der Vermeidbarkeit des Verbotsirrtums (S. 320). Darauf wird im nächsten Abschnitt ausführlich zurückzukommen sein.

4. Zweifelsfragen

Aktuelles Unrechtsbewußtsein bedeutet des weiteren, daß das Unrechtsbewußtsein „in actu" vorhanden ist, daß m.a.W. das Koinzidenzbewußtsein auch seinerseits mit der Unrechtshandlung zeitlich „koinzidiert".

Hinsichtlich der zeitlichen „Aktualität" können zwischen der intellektuellen Komponente des (Tat-)Vorsatzes und dem Unrechtsbewußtsein keine Unterschiede gemacht werden. Die Begründungen für das Vorhandensein oder Fehlen des „Tatwissens" und des „Unrechtswissens" müssen den gleichen Regeln folgen.

Daraus folgt insbesondere, daß Fiktionen auszuscheiden haben und normative „Erstreckung" unzulässig ist. Vorsatz und Unrechtsbewußtsein sind erst von dem Zeitpunkt ab anzunehmen, zu dem sie tatsächlich vorhanden sind; auf frühere Akte (ohne Unrechtsbewußtsein) kann späteres Unrechtsbewußtsein so wenig „zurückwirken", wie ein sog. dolus subsequens anzuerkennen ist. Vorsatz und Unrechtsbewußtsein fehlen von dem Zeitpunkt ab, zu dem sie — aus welchen Gründen (Zweifelbeseitigung, Vergessen) auch immer — wirklich entfallen; auf danach folgende Akte kann Unrechtsbewußtsein nicht „erstreckt" werden. (Die Frage der Vermeidbarkeit eines insoweit bestehenden Verbotsirrtums bleibt davon unberührt.)

Problematisch sind in unserem Rahmen die Fälle, in denen sich das Bewußtsein des Täters *während* der (länger dauernden oder mehrere Teilakte erfordernden) „Tat" verändert.

Es kann sowohl vorkommen, daß dem Täter das Bewußtsein, mit seiner Handlung Unrecht zu tun, erst „kommt", nachdem er schon einige Teilakte gesetzt hat, als auch umgekehrt, daß er zunächst — sei es auch nur in der Form eines „Sachdenkens" — Unrechtsbewußtsein hat, im Laufe der Beendigung des Delikts aber die Vorstellung von dieser Relation „beseitigt"[110].

Auch bei der Lösung *dieser* Fallgruppen gelten die für den Vorsatz entwickelten Regeln in gleicher Weise auch für das Unrechtsbewußtsein. Deshalb sollen folgende Fragen behandelt werden:

---

[110] Es werden also nur Fälle diskutiert, in denen der Täter einen „ausdrücklichen" Bewußtseinsakt setzt, also seinen Bewußtseinsinhalt bewußt verändert. Damit werden Zweifelsfragen, die mit dem „Vergessen" während einer (vielleicht länger dauernden) Handlungsabfolge zusammenhängen könnten (vgl. dazu Sigrid *Fischer* Das Vergessen), und allgemeine Probleme ausgesondert, die „die Zeitgestalt der Handlung", wie *Schewe* es formuliert, betreffen. Dazu hat *Schewe* erläutert, es handle sich um „solche Leistungen, die der Aufrechterhaltung der Kontinuität zwischen den einzelnen ‚Bewußtseinsabschnitten' unter ‚Entlastung' des ‚Bewußtseins' von der Notwendigkeit einer ausdrücklichen Hinwendung auf zeitlich zurückliegende Handlungsteile dienen. Die ‚Aktualität' dieser zeitlich zurückliegenden Handlungsteile ... bleibt also im allgemeinen erhalten ..." (S. 134).

Kann der später gefaßte Vorsatz „zurückwirken"?
Kann der später entfallene Vorsatz „ex tunc" entfallen?
Kann der später entfallende Vorsatz noch „nachwirken"?

a) dolus subsequens

Der Elektriker E ist beauftragt, zwischen dem Rednerpult und dem Nebenzimmer ein Kabel zu verlegen und an einen im Nebenzimmer befindlichen Apparat anzuschließen. Das Kabel dient als Verbindung zu einer Höllenmaschine, durch die der Redner ermordet werden soll.

1. Alt.: E erfährt davon erst nach Abschluß seiner Arbeiten.

Dieser Fall ist ein solcher des „dolus subsequens", der heute nach allgemeiner Meinung straflos ist, soweit das frühere Verhalten infrage steht. Eine Strafbarkeit kann nunmehr nur noch aus Unterlassungsgesichtspunkten eintreten. Diese Problematik kann hier aber dahinstehen.

2. Alt.: E erfährt davon, nachdem er das Kabel verlegt, aber bevor er das Kabel angeschlossen hat. Er schließt das Kabel an.

Zwar muß der Tötungsvorsatz hinsichtlich der Handlung des Kabelverlegens verneint werden. Diese Feststellung ist aber rein akademischer Art. Denn die Versuchshandlungen werden damit nur auf eine möglicherweise minimale Zeitgespanne zusammengedrängt — ja, es ist denkbar, daß E gar keinen „unbeendeten" Versuch mehr begehen kann, sondern — sich stützend auf seine tötungsvorsatzlosen Vorarbeiten — den Versuch mit dem Anschluß des Kabels an die Höllenmaschine nur noch *abschließt*. Damit aber hat E den (Tat-)Vorsatz hinsichtlich aller Merkmale des objektiven Tatbestandes, und zwar jedenfalls im entscheidenden Augenblick der Beendigung des Versuchs.

Praktischer sind die Konsequenzen dieser Ansicht in Fällen, in denen die „Vorhandlung" bereits die qualifizierenden Merkmale eines Tatbestandes erfüllt, der Täter aber den Vorsatz zur Begehung des qualifizierten Delikts erst später faßt:

A erbricht einen Kraftwagen, um ihn zu stehlen (einfacher Diebstahl; hätte er den Wagen erbrochen, um die dort befindliche Brieftasche wegzunehmen, so wäre er wegen schweren Diebstahls [§ 243 Ziff. 2 StGB] zu bestrafen gewesen). Als er den Wagen nicht in Gang bringt, „begnügt" er sich mit der Brieftasche.

Da er den Wagen nur mit dem „Vorsatz einfachen Diebstahls" erbrochen hat, wird dieser nicht „nachträglich" zum „Vorsatz schweren Diebstahls", wenn der Täter die insoweit „vorsatzlos" geschaffene Situation benutzt, um nunmehr „*aus* einem umschlossenen Raum" zu stehlen[111].

Vor der Übertragung dieser Ergebnisse auf das Unrechtsbewußtsein sei festgehalten, daß von folgendem Satz auszugehen ist: „Der Eintritt der Sachverhaltsvorstellung" (hier: des Unrechtsbewußtseins) „erst nach Verwirklichung des entscheidenden Aktes ist strafrechtlich unerheblich"[112], wobei als „entscheidend" der Zeitpunkt der Beendigung des Versuches anzusehen ist.

Der Arzt A wird von einem vergewaltigten Mädchen um Abtreibung gebeten. Während er sie untersucht, ist er davon überzeugt, daß diese Art Indikation erlaubt ist. Sein Sohn, Jurastudent, erfährt davon und teilt seinem Vater die im Kolleg erfahrenen Kenntnisse über das Verbotensein der Abtreibung bei ethischer Indikation mit.

Der A hat bis zu diesem Zeitpunkt nach der Schuldtheorie (anders die Vorsatztheorie) einen (unbeendeten) Versuch der Abtreibung begangen. Aber das Unrechtsbewußtsein hat ihm gefehlt.

Setzt er nun in Kenntnis des Unrechts seine Handlung fort und führt sie zu Ende, so ändert das (die Unfähigkeit zur Unrechtseinsicht für die *vorherige* Zeit einmal unterstellt) an der Straflosigkeit hinsichtlich *dieses* Teilstücks nichts. (Daß damit freilich wohl kaum das Maß der Strafe hinsichtlich des Restes, des entscheidenden Unrechtsteils, beeinflußt werden dürfte, wurde bereits oben angedeutet.)

Es ist also hier systematisch nicht anders, als wenn der A erst „post festum" auf die spezifische Rechtswidrigkeit seines Verhaltens aufmerksam gemacht worden wäre: Das Unrechtsbewußtsein wirkt nicht zurück.

b) „Rückwirkender" Wegfall von Vorsatz und Unrechtsbewußtsein?

Der Elektriker E hat sogleich den Verdacht, daß die Anlage eine Tötungsmaschine sei. Dabei „billigt" er den Erfolg. Als er so weit ist, das Kabel an die entsprechenden „Apparate" anzuschließen, kommen ihm Bedenken. Er will nun zunächst genau wissen, ob es sich um eine harmlose Verstärkeranlage oder um ein Mordinstrument handelt. Eine sachverständige Stelle, deren Gutachten er anfordert, teilt ihm (fälschlich!) mit, die Anlage habe einen rein akustischen Zweck. Erleichtert vollendet er sein Werk. Ob er dies auch bei gegenteiliger Auskunft getan hätte, ist ungewiß.

Zunächst: Vollendete Tötung (evtl. qua Beihilfe) scheidet aus. Aber er hat einen unbeendeten Versuch begangen[113]. Ist er von dem Ver-

[111] BGH GA 1960, 245; weitere Fälle bei *Maurach* AT S. 223.

[112] *Maurach* a.a.O.

[113] Am Vorsatz hätte man Zweifel, wenn E sich von vornherein gesagt hätte, er werde vor dem endgültigen Anschließen des Kabels dessen Funktion überprüfen. Aber so liegt der Fall hier nicht.

such zurückgetreten? Ein Rücktritt würde jedenfalls nicht daran scheitern, daß E — technisch gesehen — „weitermachte". Es handelt sich nur um eine „Kabelverbindungshandlung", er hat die Ausführung der beabsichtigten Tötungshandlung aufgegeben.

Die Wissenschaft ist hinsichtlich der systematisch-dogmatischen Einordnung des Rücktritts noch immer uneinig. Aber niemand behauptet, der Vorsatz entfalle sozusagen „rückwirkend".

Der von dem vergewaltigten Mädchen um Abtreibung gebetene Arzt A hält gleich für möglich, daß diese Art Abtreibung nicht gerechtfertigt ist. Da ihn aber das Mitleid gepackt hat, will er ihrem Wunsch gleichwohl entsprechen und untersucht sie zunächst einmal. Beim Mittagessen belehrt ihn sein Sohn, Jurastudent ohne einschlägige Kollegerfahrung, auch ethische Indikation sei neuerdings als Rechtfertigungsgrund anerkannt. A glaubt das und treibt „mit gutem Gewissen" ab.

Die Frage, ob *vollendete* Abtreibung *mit Unrechtsbewußtsein* in Frage kommt, soll hier zunächst zurückgestellt werden, denn es geht an dieser Stelle um die Möglichkeit einer Rückwirkung des Wegfalls des Unrechtsbewußtseins.

Aber es ist keine Frage: Bis zum Mittagessen ist gegeben *unbeendeter Versuch in Kenntnis des Unrechts*. Und dabei bleibt es auch, gleichgültig, wie A sich danach verhält.

Nicht anders wäre es, wenn einmal unterstellt wird, der Sohn habe recht, ethische Indikation könne also rechtfertigen. Auch diese spätere „Aufklärung" ändert nichts daran, daß A zunächst *mit Unrechtsbewußtsein* gehandelt hat. Er wäre aber *straflos*, weil der A an ein nicht vorhandenes Unrecht glaubte — die „Rettungstendenz" als subjektives Rechtfertigungselement war vorhanden! — und deshalb „Wahndelikt" anzunehmen ist.

Hinsichtlich des Falles in seiner Ausgangsform ist noch einmal zu präzisieren, daß der A die Untersuchung bereits mit dem unbedingten Willen zur Abtreibung vornimmt.

A hat sich nicht gesagt: Ich will das Mädchen zunächst einmal untersuchen. Treffen ihre Angaben nicht zu, dann werde ich es ohnehin nicht tun, und brauche mich auch nicht über die Rechtslage informieren. Stimmt es aber, was sie sagt, so will ich die Entscheidung, ob ich eingreife oder nicht, vom Ergebnis der Überprüfung der rechtlichen Zulässigkeit abhängig machen.

In diesem Falle würde es hinsichtlich der Untersuchung bereits an einer Versuchshandlung fehlen. Der Abtreibungsvorsatz ist nicht nur durch das Vorliegen der Voraussetzungen der Schwangerschaft sowie der ethischen Indikation, sondern auch durch das Ergebnis der Rechtsprüfung „bedingt". A will sich danach erst überhaupt entschließen, *ob* er abtreiben will oder nicht. Er ist „bei der Untersuchung" noch nicht zur Abtreibung entschlossen[114].

Die Frage, ob Unrechtsbewußtsein vorliegt, richtet sich also insoweit nach den zum (Tat-)Vorsatz entwickelten Regeln, als spätere „Einsicht", daß man sich geirrt habe, *nicht rückwirkend* das Unrechtsbewußtsein beseitigen oder begründen kann.

Damit ist aber noch nicht gesagt, ob frühere Einsicht den späteren „Irrtum" (im Sinne von Kenntnismangel) *ersetzt.*

c) actio libera in causa

In den Fällen des Vorstellungswandels geht es darum, ob der Wegfall des einmal vorhanden gewesenen Vorsatzes den Täter wenigstens „von jetzt ab" entlastet.

Es ist keine Frage, daß E in der Variante b)[115] nicht wegen Vollendung bestraft werden kann. Dabei ist — für die Frage, ob Vorsatz noch vorhanden ist — völlig gleichgültig, wie es zu diesem „Vorsatzwegfall" gekommen ist: ob dadurch, daß sich E hinsichtlich der ursprünglich angenommenen Situation selbst Aufklärung verschafft hat (wobei es unerheblich ist, ob die „Aufklärung" zutraf oder nicht), ob diese Aufklärung an ihn herangetragen worden ist, ob er sich nur durch eine Gedankenoperation von seinem „Irrtum" überzeugt hat[116].

Ebenso klar ist, daß Arzt A im Ausgangsbeispiel b)[117] bei Versuchsbeendigung kein Unrechtsbewußtsein mehr hat, mag auch (nach der Schuldtheorie) „Fähigkeit zur Unrechtseinsicht" vorhanden gewesen sein.

Als nicht so selbstverständlich werden demgegenüber diejenigen Fälle angesehen, in denen der Täter nicht weiterhandelt mit der positiven Vorstellung, sein früherer Vorsatz sei ein „Irrtum" gewesen, sondern in denen der Täter nur eben *ohne* Tatbestandsvorsatz (meist sind es aber Fälle ohne Unrechtsbewußtsein oder in Zurechnungsunfähigkeit) „weitermacht", sei es, daß er seine Zurechnungsunfähigkeit *herbeiführt,* sei es, daß diese ohne sein Zutun aufgrund besonderer Umstände *eintritt.*

---

[114] Vgl. OLG Hamm DRZ 1950, 236.

[115] s. o. S. 46.

[116] „Zweifelt der Jäger zunächst, ob er ein Wildschwein vor sich hat oder einen Baumstumpf, und kommt dann zu dem falschen Schluß, es sei ein Baumstumpf, so wird die konkrete Fähigkeit beseitigt, das Wild zu erledigen" *Armin Kaufmann* Unterlassungsdelikte S. 44.

[117] s. o. S. 47.

Von dem Grundsatz, daß die „Zeit der Tat" maßgebend sei dafür, ob jemand zurechnungsunfähig oder allgemein ohne Unrechtsbewußtsein sei, soll „eine — scheinbare — Ausnahme"[118] gelten „durch die sog. actio libera in causa"[119]. „Diese bedeutet ein Verhalten des Täters in willensfreiem Zustand, das die spätere Begehung einer Straftat in einem Zustand auslöst, in dem er nicht mehr verantwortlich handeln kann"[120].

Daß es sich bei der actio libera in causa nur um eine *scheinbare* Ausnahme von § 51 StGB („Schuld zur Tatzeit") handele, wird neuerdings von *Hruschka* bestritten.

Hruschka[121] meint, zu einer dem Rechtsgefühl entsprechenden Lösung, also zur Strafbarkeit, komme man nur mit einer „teleologischen Reduktion" des § 51. Wenn *Hruschka* auch der Ansicht ist, das Schuldprinzip werde von einer Außerkraftsetzung des § 51 nicht berührt[122] — jedenfalls würde eine solche Manipulation die Bestrafung von Menschen bedeuten, die ohne diese „Reduktion" als unschuldig angesehen würden[123].

Die Frage kann mithin nur sein, ob es eine Konzeption der actio libera in causa, die mit § 51 und mit dem Schuldprinzip im Einklang steht, überhaupt gibt[124].

Allen neuralgischen Fallgruppen, die nach der einen oder anderen Ansicht angeblich nur mit Hilfe der actio-libera-in-causa-Grundsätze gelöst werden können, ist gemeinsam, daß der tatbestandsmäßige Erfolg eingetreten und der Täter hierfür ursächlich geworden ist,

---

118 *Maurach* apostrophiert die actio libera in causa als „Scheinausnahme vom Schuldgrundsatz" JuS 1961, 373.

119 *Schönke-Schröder* § 51 Rdn. 35 f.

120 a.a.O. Vgl. zum folgenden *Horn*, GA 1969, 289 ff.

121 JuS 1968, 558.

122 Das ist allerdings unverständlich. Denn entweder ist das Schuldprinzip auch aus § 51 StGB heraus entwickelt worden oder § 51 ist eine der positiven Emanationen des Schuldprinzips. *Hruschka* scheint unter „Schuldprinzip" nur zu verstehen, daß allein Schuldige bestraft werden dürfen. Aber auch die Konkretionen dieses Satzes sind material begründet und nicht als „rein formal" abzutun.

123 Das erkennt *Hruschka* jedenfalls damit an, daß er einräumt, die Strafbarkeit der actio libera nur über eine *wirkliche Ausnahme* von diesem Grundsatz zu erreichen (S. 559).

124 Schon *Katzenstein*, Die Straflosigkeit der actio libera in causa (Diss. Berlin 1901), hat (m. w. N. S. 13 f.) die Bestrafung der actio libera in causa „als einschneidende Ausnahme der allgemeinen Regeln der Zurechnungslehre" (S. 63) angesehen; „die Abhängigkeit der Strafe von einer Schuld zur Zeit der That" ist für ihn ein „Grundpfeiler der Strafrechtswissenschaft", ein „großes Resultat einer jahrhundertelangen Entwicklung" (S. 52). Er gelangt mangels anderer schuldgemäßer Lösungen zur Straflosigkeit der actio libera.

ferner, daß der Täter den Entschluß zur Verwirklichung dieses Erfolges definitiv[125] gefaßt hat.

Problematisch ist vor allem jener Fall, in dem der Täter bereits in die Defektlage[126] fällt, *bevor* seine Tat über das Stadium der straflosen Vorbereitung hinaus gediehen ist.

Ansatz, Grund für eine Strafbarkeit könnte hier nur sein einmal die Erfolgsverursachung, zum andern der Vorsatz (bzw. die Vorbereitungshandlung).

Niemand aber wird für rechtswidrige *Erfolge*, jedenfalls *nicht nur* für Erfolge, sondern für rechtswidrige *Handlungen* bestraft[127]. Ohne eine rechtswidrige Handlung[128] kein Unrecht, keine Schuld, keine Strafe[129].

Auch die These *Hruschkas*[130], wonach der Strafgrund bei der actio libera in causa „sicherlich in erster Linie in der Vorsatzfassung im defektfreien Zustand" liege, ist falsch. Weder bei der actio libera in causa noch sonst irgendwo im Strafrecht ist Grund für die Strafe die „Vorsatzfassung", sondern immer (zumindest) der *betätigte* Entschluß i. S. des § 43 StGB. Es genügt nicht, daß ein Erfolg eingetreten ist, für den der Täter ursächlich geworden und dessen Eintritt der zurechnungsfähige Täter ins Auge gefaßt hat (es genügt auch nicht der „feste Deliktsverwirklichungswille"[131]). Das genügt auch dann nicht, wenn man ein solches Phänomen „actio libera in causa" nennt. Vielmehr muß eine rechtswidrige Handlung, eine Versuchshandlung wenigstens, festgestellt sein. Andernfalls fehlt es am Unrecht, mag

---

[125] *Hruschka* JuS 1968, 558; *Krause* Festschrift Mayer S. 314 ff.

[126] „Defektlage" soll im Anschluß an *Krause* (S. 311) terminus technicus für eine Anzahl von unterschiedlichen Fehlphänomenen sein (fehlende Handlungs- oder Zurechnungsfähigkeit, fehlendes Unrechtsbewußtsein), die in einer wesentlichen Funktion übereinstimmen: das entsprechende Verhaltensstück vermag „nicht die Grundlage einer strafrechtlichen Reaktion abzugeben" (*Maurach* JuS 1961, 374).

[127] Allerdings sind sich die Finalisten schon fast einig, daß der konkrete Erfolgseintritt überhaupt keine unrechtsspezifische Funktion hat, sondern daß alleiniger Unrechtsträger nur — bei Fahrlässigkeit — die *sorgfaltswidrige* oder die *tatvorsätzliche Handlung* sein kann: Noch nicht ganz eindeutig *Welzel* Lehrbuch S. 130 f., dafür aber deutlich *Armin Kaufmann* Wiener Vortrag S. 43 f., 55 und ZStW 80, 34 ff., 50 ff.; richtig *Krauss* ZStW 76, 60: „Die Lösung, die Welzel für die Fahrlässigkeitsdelikte anbietet, kann ... für alle Erfolgsdelikte Bedeutung beanspruchen." Für grundsätzliche Gleichbehandlung des Erfolgsunwert-Problems bei den fahrlässigen und den vorsätzlichen Delikten ist auch *Stratenwerth* SchwZStr 79 (1963) S. 233 ff., insb. S. 249 f.

[128] Dabei ist unerheblich, welchen Handlungsbegriff man für den richtigen hält.

[129] *Maurach* JuS 1961, 373; *Schönke-Schröder* vor § 1 Rdn. 27 ff. und *Schröder* ZStW 57, 480 f.; *Welzel* Lehrbuch S. 58 f.

[130] JuS 1968. 558.

[131] JuS 1968, 558.

auch ein Unwert*erfolg* eingetreten und ein entsprechender Vorsatz vorhanden gewesen sein.

Die Position *Maurachs* ist unklar. Zwar sagt er zunächst, „der Schwerpunkt des Unrechts“ verschiebe sich in den Zeitpunkt, „zu dem der noch handlungs- und schuldfähige Täter ... die Defektheit des maßgeblichen körperlichen Verhaltens ... herbeizuführen beginnt“[132]. Aber schon fraglich ist, was an dem „defekten“ körperlichen Verhalten noch „maßgeblich“ sein soll, wenn die Strafe nur oder zunächst an das Unrechtsverhalten im Zeitpunkt der Handlungs- und Schuldfähigkeit gebunden werden soll. Und *Maurach* verwirrt vollends, wenn er[133] sagt, bei der actio libera in causa beruhe „der Rechtsgrund der Bestrafung ausschließlich auf dem Tatbestand, dessen gesetzlichen Erfolg der Täter herbeigeführt hat, wobei die Defektheit der tatbestandsmäßigen Handlung, weil vom Täter verschuldet, nicht in Betracht kommt“. Nicht deutlich ist nämlich, was *Maurach* unter dem Wort „Tatbestand“ hier versteht. Unproblematisch wäre es, wenn man *Maurach* wörtlich nehmen könnte: Bestraft wird der Täter beispielsweise aus dem „Tatbestand“ der Tötung. Aber die Frage ist hier eigentlich, aufgrund welchen Sachverhalts, welcher Handlung der Täter bestraft wird. Es lassen sich nämlich zwei Handlungsstücke (und auch das sind in aller Regel zwei „Handlungen“) unterscheiden: das „freie“ und das „defekte“ Handlungsstück. Und hier scheint *Maurach nur das defekte Handlungsstück* als „die tatbestandsmäßige Handlung“ anzusehen und auch nur darin den „Rechtsgrund der Bestrafung“ zu erblicken. Der Täter würde also doch allein für die Handlung, das Geschehen, im Defekt (Unrecht) bestraft, und die Schuld würde aus einem früheren Zeitabschnitt bezogen: die Defekthandlung ist vom Täter im defektfreien Zustand „verschuldet“! Genauso stringent wäre es, wenn *Maurach* sagen würde, Strafgrund sei schlicht die Erfolgsverursachung. Denn zum Erfolgseintritts-Zeitpunkt ist Schuld so wenig vorhanden wie zur Zeit des „maßgeblichen“ Defektverhaltens[134].

Aber „maßgeblich“ ist die tatbestandsmäßige Handlung, sie trägt den „Schwerpunkt des Unrechts“. Und sind *mehrere* Handlungen vorhanden, die jede für sich als „tatbestandsmäßig“ erscheinen, so ist „maßgeblich“ diejenige, die auch „in Schuld“ vorgenommen worden

---

132 JuS 1961, 374.

133 JuS 1961, 376.

134 In diese — falsche — Richtung weist auch *Maurachs* Lösung des Beispiels von dem betrunkenen Bahnwärter; vgl. *Bertel* JZ 1965, 54, dessen Lösungsvorschlag allerdings auch abzulehnen ist, weil er der Interferenzlehre zum Opfer fällt: Aus dem „Gebot, Zusammenstöße zu verhindern“, wird das „Verbot“ abgeleitet, „sich zur Erfüllung dieses Gebotes unfähig zu machen“ (S. 55).

ist. Für *diese* wird der Täter bestraft — für nichts anderes und unter keinen anderen Voraussetzungen. Dafür sorgt das angewandte Schuldprinzip.

Krause läßt zwar nicht den „bloßen Vorsatz“, wohl aber das „Angestoßenhaben“ des erfolgsspezifischen Handlungsablaufs[135], also eine Art Vorbereitungshandlung genügen. Aber auch damit würde gegen das Schuldprinzip verstoßen[136].

Bedeutet das Schuldprinzip, daß niemand für „mehr“ Unrecht bestraft werden darf als er schuldhaft verwirklicht hat[137], so ist es ausgeschlossen, den Täter für eine Handlung, die „nur“ Vorbereitung einer Tatbestandsverwirklichung ist, aus dem Strafrahmen des versuchten oder gar des vollendeten Delikts zu bestrafen. Wenn die Vorbereitungshandlung überhaupt Unrecht ist[138], so ist dieses Unrecht jedenfalls geringer als das der Vollendung oder des Versuchs[139]. Das gilt dann auch für das entsprechende Schuldquantum, so daß eine Bestrafung aus dem Strafrahmen des vollendeten Delikts ohne Milderungsmöglichkeit eine Haftung für *mehr* Unrecht als Schuld bedeuten würde. Das wäre ein klarer Verstoß gegen das Schuldprinzip.

Eine andere Frage ist, ob man nicht generell oder wenigstens von Fall zu Fall von einem *Versuchs*beginn sprechen kann, wenn der Täter Handlungen vornimmt, bei denen er weiß oder gar bezweckt, daß sie ihn in eine Defektsituation bringen werden, in der sich der beabsichtigte Erfolg verwirklichen wird[140]. Es ist hier nicht der

---

[135] Hierzu meinte schon *Katzenstein* Straflosigkeit S. 61: „Nicht derjenige Moment ist der entscheidende, in welchem das Rad des Kausalzusammenhanges ins Rollen gebracht wird und gleichzeitig Schuld hinsichtlich des Erfolges vorliegt, sondern derjenige, in welchem der Täter schuldhaft ein Tatbestandsmerkmal des betreffenden Deliktes setzt.“ *Katzenstein* fordert Versuchsbeginn, kann diesen aber in den meisten Fällen nicht finden.

[136] Die Frage ist hier weniger, ob sich eine solche Vorverlegung der Straflosigkeit gewohnheitsrechtlich begründen und mit verfassungsrechtlichen Prinzipien (nulla poena) vereinbaren ließe; vgl. aber dazu *Hruschka* JuS 1968, 558 f. und *Krause* Festschrift Mayer S. 315.

[137] Vgl. *Arthur Kaufmann* JZ 1963, 426.

[138] Als Gründe für die grundsätzliche Straflosigkeit der Vorbereitungshandlungen werden von *Maurach* nur Beweistechnik und Kriminalpolitik genannt, A. T. S. 415.

[139] Soweit der Gesetzgeber Vorbereitungshandlungen bestraft wissen will, hat er die angedrohte Strafe sowohl gegenüber der Vollendungs- als auch gegenüber der Versuchsstrafe erheblich gemindert, vgl. § 234 a Abs. 1 und Abs. 3 StGB!

[140] Vgl. dazu *Schönke-Schröder* 14. Aufl. § 43 Rdn. 17; *Katzenstein* Straflosigkeit S. 54 ff.; s. ferner die Diskussion um ein verwandtes Problem, nämlich die Abgrenzung von Vorbereitungshandlung und Versuch bei der sog. actio illicita in causa (Notwehrprovokation) durch *Lenckner* GA 1961, 303 ff., und *Roxin* ZStW 75, 553 ff.

Ort, diesem Problem weiter nachzugehen[141]. Jedenfalls aber verbietet es sich, Handlungen, die der Täter im Hinblick auf die Erfolgsherbeiführung vor Eintritt der Defektlage unternimmt, als *strafbare Unrechtshandlungen* anzusehen, auch wenn sie noch nicht das Versuchsstadium erreicht haben[142].

Eine Ausnahme von dem Grundsatz, daß Vorsatz und Schuld *zur Tatzeit* vorhanden sein müssen, kann mithin durch die actio-libera-Figur nicht begründet werden. Ausnahme*erscheinungen* beruhen darauf, daß man diese Figur dogmatisch noch nicht richtig in den Griff bekommen hat.

Es mag dahinstehen, ob man sich zur Kennzeichnung des Phänomens („Hier wird alles zurückbezogen"[143]) weiterhin des Ausdrucks „actio libera in causa" bedienen will. Als *dogmatische* Spezialfigur scheint die actio libera in causa aber heute ausgedient zu haben.

5. Schlußbemerkung

Damit ist der Überblick über den dogmatischen Stand der Lehre vom Unrechtbewußtsein abgeschlossen. Es war aus zwei Gründen für notwendig befunden worden, diese Überlegungen anzustellen, bevor die hier entscheidende Frage nach der Schuld im Falle (vermeidbaren) Verbotsirrtums aufgeworfen und gelöst werden konnte.

Einmal sollten die Erörterungen zum Verbotsirrtum vorweg entlastet werden von Fällen, in denen zweifelhaft hätte sein können, ob noch Unrechtsbewußtsein oder schon Verbotsirrtum anzunehmen sei. Dazu wurde gefunden, daß der Täter nur dann mit „Unrechtsbewußtsein" handelt, wenn er das spezifische Unrecht seiner Handlung kennt. Das bedeutet, daß er grundsätzlich Qualität und Quantum

---

[141] Aber nur an dieser Stelle, bei der Abgrenzung von Vorbereitung und Versuch, wird sich eine Lösung der actio-libera-Fälle finden lassen, die sich im Rahmen des Schuldprinzips („Schuld zur Tatzeit") bewegt.

[142] Auch bei der Fahrlässigkeit wird nach *Wertgesichtspunkten* (und andere bestimmen auch das Verhältnis von Vorbereitung und Versuch nicht) entschieden, ob eine Handlung im Hinblick auf einen Erfolg wie den konkret eingetretenen noch *sorgfaltswidrig* ist, oder ob damit die „Sorgfaltsanforderungen" überspannt würden. Das heißt nichts anderes, als daß gefragt wird, ob der Täter eine bestimmte Handlung im Hinblick auf den Erfolg noch vornehmen darf oder ob sie ihm schon verboten ist. — Im übrigen hatte die Kennzeichnung eines Falles als *„fahrlässige* actio libera in causa" noch nie irgendeinen dogmatischen Sinn, der sich hätte abheben lassen von der Figur der Fahrlässigkeit schlechthin. In der Entscheidung des Reichsgerichts (RGSt 60, 29 ff.), die als Paradefall für fahrlässige actio libera in causa immer aufgeführt wird, kommt dieser Ausdruck überhaupt nicht vor — obwohl es um fahrlässige Tötung nach Einschlafen am Steuer geht. Vgl. zum ganzen *Horn*, GA 1969, 289 ff.

[143] *Maurach* JuS 1961, 375.

seines Handlungsunrechts[144] in actu[145] gekannt und daß „Kenntnis" mindestens die Form von „Mitbewußtsein"[146] oder „Sachdenken"[147] erreicht oder das Unrecht „Hintergrundqualität"[148] gehabt haben muß.

Zum andern ist mit der Feststellung dessen, was Unrechtsbewußtsein ist, zugleich das Ziel angegeben, auf das hin die Frage der Vermeidbarkeit des Verbotsirrtums ausgerichtet zu sein scheint, wenn man sie auffaßt als Frage nach der *Fähigkeit zur Unrechtseinsicht.* Ist das richtig, so werden die zum Unrechtsbewußtsein gefundenen Ergebnisse es erlauben, daß die Problematik nurmehr auf die Frage nach der *Fähigkeit* beschränkt wird, da das *Ziel* einer aktualisierten Fähigkeit ja bekannt ist. Freilich ist diese rein sprachlich begründete Prämisse auch noch sachlich zu prüfen[149].

[144] s. o. S. 30 ff.
[145] s. o. S. 44 ff.
[146] s. o. S. 38 f.
[147] s. o. S. 41 ff.
[148] s. o. S. 39 ff.
[149] s. u. S. 56 ff.

3. Abschnitt

Die Vermeidbarkeit des Verbotsirrtums

I. Entwurf des Problems

1. Begriffsklärung

„Schuld ist Vorwerfbarkeit". Dieser seit *Frank* zum Stereotyp der Schuldlehre gewordene Satz ist nichtssagend, solange nicht Prämissen gesetzt werden. An jedem Wort hängen Doktrinen.

Von *Welzel* wurde früher „Schuld im weiteren Sinne" der „Handlungswille selbst mitsamt seiner Unwerteigenschaft als Ganzes" genannt, also der „Gegenstand der Schuldwertung plus seiner Unwerteigenschaft"[1], während als „Schuld im engeren, eigentlichen Sinn" die „Schuldhaftigkeit (Vorwerfbarkeit)" bezeichnet wurde: „Der tatbestandsmäßige, rechtswidrige Handlungswille wird bei der Schuldprüfung (scil.: im engeren Sinne) auf seine Vorwerfbarkeit hin befragt[2]."

Armin Kaufmann hat demgegenüber vorgeschlagen, den Begriff „Schuld im weiteren Sinne" überhaupt zu streichen (was bei *Welzel* inzwischen geschehen ist) und — in Anlehnung an *Welzels* bekannte Unterscheidung von Unrecht und Rechtswidrigkeit — als „Schuld" den „Gegenstand der Wertung mitsamt seiner Unwerteigenschaft, die Unwerteigenschaft selbst" aber als „Vorwerfbarkeit" zu bezeichnen[3].

Im gleichen Sinne hat dann später auch *Arthur Kaufmann* gesagt: „Vorwerfbarkeit ist eine reine Relation (ein Mißverhältnis zwischen zwei Beziehungsgliedern). Schuld dagegen ist etwas Substantielles: das vorwerfbare Verhalten selbst ... Vorwerfbarkeit ist eine Eigenschaft an dieser Verhaltensweise[4]."

Von dieser Terminologie soll künftig ausgegangen werden. Es geht um die Vorwerfbarkeit.

Der Ausdruck „Vorwerfbarkeit" stellt drei Fragen: *Was* kann *wem* und *wann* vorgeworfen werden?

---

[1] Neues Bild S. 33, ähnlich Lehrbuch (7. Aufl.) S. 122; seit der 9. Aufl. gestrichen.
[2] Lehrbuch (7. Aufl.) S. 122.
[3] Normentheorie S. 184.
[4] Schuldprinzip S. 182.

Armin Kaufmann zieht die ersten beiden Fragenkomplexe zusammen unter dem Terminus „Objekte" des Vorwurfs. Die Objekte sind „dasjenige, dem vorgeworfen wird und das, was vorgeworfen wird"[5].

Da aber das persönliche Objekt des Vorwurfs in aller Regel feststeht, kann der Begriff des Vorwurfs*gegenstandes* auf das „Was" des Vorwurfs beschränkt werden. Demgegenüber ist die Frage des „Wann" des Vorwurfs als Vorwurfs*voraussetzung* zu behandeln.

2. Schuldgegenstand

Eine erneute Überprüfung des Vorwurfs*gegenstandes* scheint eigentlich überflüssig. Man sollte meinen, daß er mit dem Gegenstand des Unrechtsbewußtseins identisch sein müsse.

a) Unrecht

Unter den Finalisten ist man sich einig, daß „Gegenstand des Schuldvorwurfs" „der Wille und erst durch ihn hindurch auch die ganze Handlung"[6] ist. Hätte der Täter das Unrecht seiner Tat erkennen können, so ist ihm die Tat ebenfalls vorwerfbar[7].

Das Wort „Schuldvorwurf" darf also nicht dahin mißverstanden werden, daß „die Schuld" vorgeworfen wird. Vielmehr wird „der rechtswidrige Handlungswille" (also der Tatvorsatz mit dem Attribut „rechtswidrig") sozusagen „*als* Schuld" vorgeworfen — wenn und soweit die Voraussetzungen des Vorwurfs, also die Vorwerfbarkeit, gegeben sind.

So betont auch *Armin Kaufmann* in seiner „Normentheorie", der Vorwurf besage, daß das Wertungszentrum, die Rechtsordnung, dem zur Pflichtbefolgung Fähigen das Unrecht seines Verhaltens vorwirft. Der Schuldvorwurf könne nur demjenigen gemacht werden, „der die *Fähigkeit* hatte, die wertfremden Antriebe durch sollensgemäße Willensbestimmung zu überwinden... Wie Unrecht ein Akt mit dem Merkmale ‚rechtswidrig' ist, so ist Schuld eine Willensbildung eines zur Pflichtbefolgung Fähigen, die das Merkmal ‚vorwerfbar' trägt"[8].

Aber auch unter den Nichtfinalisten bedeutet Schuld in aller Regel Vorwerfbarkeit einer rechtswidrigen Handlung — mag auch der „Handlungs-" und Unrechtsbegriff einen im einzelnen abweichenden

---

[5] Normentheorie S. 182.
[6] *Welzel* Lehrbuch S. 133.
[7] *Welzel* Lehrbuch S. 159.
[8] Normentheorie S. 182.

Inhalt haben: Für Liszt-*Schmidt* geht es um die Frage, ob dem Täter „sein *rechtswidriges Verhalten* vorgeworfen" werden kann[9]; ebenso hatte schon *Frank* formuliert[10].

b) *Irrtum*

Demgegenüber findet sich bei *Schröder*[11] die These, dem Täter werde „aus der Tat" ein Vorwurf gemacht, „und zwar der einer fehlerhaften Einstellung zu den Geboten des Rechtes. Diese (scil.: die „fehlerhafte Einstellung"!) kann dem Täter dann zum Vorwurf gemacht werden, wenn sie sich in einem verbotenen Tun aktualisiert". Hier sind die Beziehungsglieder also gerade umgekehrt: Während oben Vorwurfs*gegenstand* das Unrecht und Vorwurfs*voraussetzung* die „fehlerhafte Einstellung zu den Geboten des Rechtes" waren, sind hier Gegenstand und Voraussetzungen des Vorwurfs vertauscht. Beide Positionen nehmen aber für sich in Anspruch, sich im Einklang mit der „normativen Schuldauffassung" zu befinden[12].

aa) Ältere Schuldtheorie

Auch bei *Welzel* war früher, wenn er die „Einzelfragen des Verbotsirrtums" behandelte, die Rede davon, daß der „Irrtum über die Rechtswidrigkeit vorwerfbar" sei, „wenn sich der Täter durch eigene Besinnung" — oder — im sog. Nebenstrafrecht — durch „Erkundigung" auf die tragenden sozialethischen Werte des ihn umgebenden Gemeinschaftslebens über die Rechtswidrigkeit seines Verhaltens vergewissern konnte"[13]. Der Verbotsirrtum konnte auch „entschuldbar" sein[14].

Mit der sprachlichen Gegenstandsveränderung ist aber früher auch sachlich eine Aspektverschiebung verknüpft gewesen. Ist Gegenstand des Vorwurfs nicht nur der (rechtswidrige) Tatvorsatz oder die rechtswidrige Handlung, sondern auch der Verbotsirrtum, so sind die beiden Kategorien „Gegenstand" und „Voraussetzungen" der Schuld noch einmal innerhalb der Vorwerfbarkeit anzutreffen: Gegenstand des Vorwurfs ist der Irrtum, Voraussetzung des Vorwurfs ist die Vermeidbarkeit des Irrtums. Und vorgeworfen wird dem Täter zu-

---

[9] *Liszt-Schmidt* S. 225, 228.
[10] *Frank* S. 138.
[11] *Schönke-Schröder* Vorb. zu § 51 Rdn. 79.
[12] *Welzel* Lehrbuch S. 134 f. einerseits, *Schönke-Schröder* Vorb. zu § 51 Rdn. 79 andererseits.
[13] Lehrbuch (7. Aufl.) S. 155.
[14] Lehrbuch (7. Aufl.) S. 156.

nächst einmal, im Irrtum verharrt, und erst dann auch, rechtswidrig gehandelt zu haben — wenn die Voraussetzungen eines Vorwurfs gegeben sind.

Wie nahe sich die Vorwurfsgegenstände im Raume stoßen, zeigt eine Passage aus der „Analyse des Schuldurteils" bei *M. E. Mayer:* „Zweifellos ist ihm (scil.: dem „Vorwurf der Pflichtwidrigkeit") in vollem Maße ausgesetzt, wer seinen Willen in dem Bewußtsein, sich pflichtwidrig zu verhalten, betätigt. Aber auch demjenigen, dem es möglich war, die Pflichtwidrigkeit seines Verhaltens zu erkennen, wird mit Recht ein Vorwurf gemacht, da der Umstand, daß sich jemand um seine Pflichten zu wenig gekümmert hat, gewiß nicht geeignet ist, ihn zu entschuldigen, gleichviel ob er die Pflicht niemals erfaßt oder ob er sich ihrer im gegebenen Fall nicht erinnert hat. Der Vorwurf verstummt erst mit der Feststellung, daß es dem Täter unmöglich war, seine Pflichtverletzung zu erkennen"[15].

Zwar mag bei *M. E. Mayer* der Vorwurfs*gegenstand* immer die rechtswidrige Handlung sein. Aber wie verführerisch ist es, dem Täter auch vorzuwerfen, „sich um seine Pflichten zu wenig gekümmert zu haben", denn das kann ihn ja nicht „entschuldigen"!

Eine solche Aspektverschiebung ist von *Welzel* heute sicherlich nicht mehr beabsichtigt. Ausdrücke wie „entschuldbarer" oder „vorwerfbarer" Irrtum sind weitgehend durch „vermeidbar" ersetzt, im übrigen aber Redaktionsfehler[16]. Allerdings ist die Ausmerzung dieser Begriffe nur zögernd erfolgt. Es ist nicht zu verkennen, daß die Lösung von solchen Relikten der „normativen Schuldlehre" noch nicht durchgängig und endgültig ist.

Demgegenüber ist der „entschuldbare Irrtum" heute unentbehrliches Requisit von Literatur und Rechtsprechung.

bb) Vorsatztheorie

Das gilt zunächst für die Vorsatztheorie, die den Schuldvorwurf bei im Verbotsirrtum begangener Tat erhebt, „wenn der Täter bei Anwendung pflichtgemäßer und zumutbarer Sorgfalt hätte erkennen können, daß die Tat gegen die Rechtsordnung verstößt"[17]. Zu unterscheiden wäre danach, ob der einzelne den Prozeß der Rechtswidrigkeits-Erkenntnis begonnen, aber pflichtwidrig-unsorgfältig durchgeführt und deshalb die Rechtswidrigkeit irrtümlich verneint hat, oder ob er schon gar nicht zur Erkenntnis der *Möglichkeit* der Rechtswidrig-

---

[15] Lehrbuch S. 237.
[16] Lehrbuch (10. Aufl.) S. 166.
[17] *Schönke-Schröder* § 59 Rdn. 144.

keit vorgedrungen ist, aber bei gehöriger Anspannung aller seiner Erkenntniskräfte zunächst zur Vorstellung der Möglichkeit und dann auch des tatsächlichen Vorhandenseins der Rechtswidrigkeit hätte gelangen können — aber pflichtwidrig nicht gelangt ist.

Im Rahmen der Vorsatztheorie erscheint das Problem der Sorgfaltspflicht konsequent als ein solches der allgemeinen Fahrlässigkeitsdogmatik. Bei der Fahrlässigkeit gibt es nun zweifellos Pflichten — die Schuldtheorie sucht diese freilich schon im Unrechtsbereich, und sie fragt sich heute, was es mit der Sorgfaltspflicht, der Pflicht *zur Anwendung* von Sorgfalt, auf sich hat angesichts der Pflicht, rechtswidrige (= sorgfaltswidrige) Handlungen zu *unterlassen*.

Aber auch die Frage nach der Vorwerfbarkeit des *Irrtums* impliziert den Irrtum als Gegenstand eines Vorwurfs und damit zugleich einer Pflichtverletzung.

Und „verschuldete Verbotsirrtümer" gibt es für den weitaus größten Teil der Literatur.

So sagt beispielsweise *Henkel* ausdrücklich: Der „Erkenntnismangel (scil.: hinsichtlich des Unrechts) kann im Einzelfall entschuldbar sein, wenn der Irrtum für den Täter unvermeidbar war; er kann ihm aber auch zum Schuldvorwurf gereichen, wenn er in der Lage war, das Unrechtmäßige seines Verhaltens einzusehen"[18]. *Arthur Kaufmann* sieht als das „bisher unbewältigte Problem der ‚Schuldtheorie'" „die Frage nach der Schuldhaftigkeit des Verbotsirrtums"[19] an. Für *Lange* „ist Schuld immer auch vom Sollen, nicht nur vom individuellen Können her zu bestimmen"[20].

cc) Rechtsprechung

In der *Rechtsprechung* ist für die Annahme eines „Vorwurfs der Schuld" die Entscheidung des Großen Senats[21] grundlegend gewesen. Die Schuldtheorie soll die Nachteile der Vorsatztheorie „bei der Behandlung des verschuldeten Verbotsirrtums" vermeiden; allerdings ist „Gegenstand des Vorwurfes ... bei den im verschuldeten Verbotsirrtum begangenen vorsätzlichen Verbrechen auch und zunächst der bewußt auf die Tatbestandsverwirklichung gerichtete und deshalb rechtswidrige Handlungswille"[22].

---

[18] Mezger-Festschrift S. 299.
[19] Schuldprinzip S. 132.
[20] *Kohlrausch-Lange* S. 216, ebenso *Müller-Dietz* Grenzen S. 84 m. w. N. und *Engisch* ZStW 70, 576.
[21] BGHSt 2, 194 ff., 201.
[22] BGHSt 2, 208.

Dieser Entscheidung sind die anderen Senate terminologisch und sachlich gefolgt. So hat jüngst der 3. Senat[23] ausgeführt, daß der Angeklagte „jedenfalls glaubte und *glauben durfte,* er sei ... berechtigt ... Er ist ... durch einen *nicht vorwerfbaren Verbotsirrtum* im Sinne der Rechtsprechung des Bundesgerichtshofs entlastet". Für den „Rechtsirrtum kommt es nur darauf an, ob er (scil. der Angeklagte), selbst bei gehöriger Anspannung seines Gewissens, *davon ausgehen durfte,* daß die Sachlage, so wie er sie sich vorstellte, ihn... berechtigte...". Vom „verschuldeten Verbotsirrtum" sprechen auch der 1., der 2., der 3. und der 5. Senat[24].

dd) Entwürfe

Auch die neueren Entwürfe[25] bezeichnen sich als „auf dem Boden der sog. ‚Schuldtheorie'"[26] stehend[27], zugleich aber soll derjenige „ohne Schuld" sein, dem „der Irrtum nicht vorzuwerfen" ist[28].

Die Verfasser des AE sind freilich *sachlich* anderer Ansicht, denn „natürlich (kann) nicht der Irrtum, sondern nur das irrtümliche Verhalten vorwerfbar sein"[29].

Nun ist aber die Frage, ob der „allgemeine Sprachgebrauch", dem die Verfasser des AE folgen zu müssen glauben, angesichts einer damit verbundenen gänzlich verschiedenen Sachaussage wirklich hingenommen werden kann. Entweder ist doch der Sprachgebrauch richtig, oder die Sache ist sprachlich falsch ausgedrückt. Folgt aus den nun folgenden Untersuchungen das zweite, so hat der Sprachgebrauch unbedingt das Nachsehen. Die Sprache sollte nicht verwirren, sondern klären, vor allem die Sprache des Gesetzes!

II. Die Pflicht

Der BGH hat in seiner schuldtheoretischen Grundsatzentscheidung folgende Sätze zum Angelpunkt der „Vorwerfbarkeit" gemacht: „Der Mensch ist ... jederzeit in die verantwortliche Entscheidung gerufen, sich als Teilhaber der Rechtsgemeinschaft rechtmäßig zu verhalten und Unrecht zu vermeiden. Dieser Pflicht genügt er nicht, wenn er nur das

---

[23] BGHSt 20, 342 ff., 371 f.

[24] BGHSt 4, 80 ff., 88 (1. Senat), vgl. aber auch BGH JR 1954, 188: „unvermeidbarer Verbotsirrtum"; BGHSt 16, 309 ff., 314 (2. Senat); BGHSt 4, 236 ff., 242 (3. Senat); BGHSt 4, 347 ff., 352 (5. Senat).

[25] Entwurf eines Strafgesetzbuches 1962 (E 62) und Alternativentwurf (AE).

[26] AE Begründung zu § 20.

[27] Ebenso E 62 Begründung zu § 21.

[28] § 21 E 62, § 20 AE.

[29] Begründung zu § 20 AE.

nicht tut, was ihm als Unrecht klar vor Augen steht. Vielmehr hat er bei allem, was er zu tun im Begriffe steht, sich bewußt zu machen, ob es mit den Sätzen des rechtlichen Sollens im Einklang steht[30]."

Es besteht danach eine „Bewußtmachungs-", eine „Erkenntnispflicht", bezogen auf das Unrecht der konkreten Tat. Diese „Erkenntnispflicht" gilt es nunmehr zu analysieren.

1. Begriffsklärung

Gelegentlich wird der Gedanke nahegelegt, daß nicht eigentlich gemeint sei, der einzelne sei zur Erkenntnis im strengen Sinne *verpflichtet,* sondern lediglich, daß er bei mangelnder, aber möglicher Erkenntnis als „Unwerter" „mißbilligt" werde und als „Schuldiger" zu haften habe (der Gedanke an eine Art „Gläubigerobligation" i. S. des § 254 BGB liegt dabei nicht allzufern!). Aber eine Unterscheidbarkeit zwischen einer solchen schlichten Obligation und einer „echten" Pflicht wird zweifelhaft, wenn man sich vergegenwärtigt, daß die *Konsequenzen* einer Pflichtverletzung von denen der Nichterfüllung der Obligation nicht zu unterscheiden sind[31]. Dann aber sollte man sich auch zu einer ehrlichen Terminologie bekennen. Danach bedeutet aber „Pflicht" ein „konkretes Sollen"[32].

Ein Weiteres ist festzuhalten: Soweit Begriffe wie „müssen" oder „sollen" mit der Bedeutung gebraucht werden, daß damit Regelfälle charakterisiert und Grenz- oder Ausnahmefälle vernachlässigt werden, entfällt das nunmehr zu untersuchende Pflichtproblem.

Wenn etwa *Maurach* „das Vorliegen des Unrechtsbewußtseins in seiner potentiellen Form"[33] dahingehend erläutert, daß der Täter

---

[30] BGHSt 2, 201.

[31] So weist *Schneider* Vermeidbarkeit S. 40 zwar eine „Pflicht zur Erkundigung und Überlegung" von sich. Aber es ist nicht zu sehen, wie man das Verhalten des Täters *sachlich* anders als „pflichtwidrig" auffassen soll, wenn *Schneider* den Täter „die Verantwortung für die Übereinstimmung seines Handelns mit den Normen der rechtlichen Ordnung" tragen lassen will, oder warum der Täter nicht zum Nutzen seiner Einsichtsfähigkeit *verpflichtet* sein soll, wenn er „in dem Ungenutztlassen seiner Fähigkeiten ... eine verantwortungslose Haltung gegenüber den Anforderungen" (sic!) zeigt, „die ihm als Teilhaber der Gemeinschaft durch die Gemeinschaft auferlegt sind" (sic!), denn: „Dies schon verstrickt den Täter in Schuld und Strafe"!

[32] Auf die besondere Bedeutung des Pflichtbegriffs im System *Armin Kaufmanns,* der die Pflicht vom abstrakten Sollen der Norm abscheidet, soll es hier nicht ankommen (vgl. dazu Normentheorie S. 129). Allerdings gilt: „Wo solche Handlungspflichten entstehen können, muß ihnen aber auch eine abstrakte Gebotsnorm entsprechen! Und jedem Gebot korrespondiert wiederum ein eigener Tatbestand, der die Unterlassung der normierten Handlung umschreibt. Keine (Handlungs-)Pflichtwidrigkeit ohne (Gebots-)Tatbestandsmäßigkeit!" (Unterlassungsdelikte S. 12.)

[33] AT S. 400.

„bei entsprechender Anspannung seiner geistig-sittlichen Kräfte... das Unerlaubte seines Tuns (hätte) erkennen müssen", so ist offenbar gemeint, daß der Täter in diesem Falle mit größter Wahrscheinlichkeit das Unerlaubte erkannt hätte, oder daß „jeder Vernünftige" zu dieser Erkenntnis vorgedrungen wäre, oder daß man in aller Regel mit einer solchen Erkenntnis rechnen kann.

Ein solches „Müssen" ist auch häufig in Urteilen der Gerichtspraxis zu vermerken. Es ist auch unschädlich, soweit man dessen offenbaren beweis- oder prozeßbezogenen Charakters eingedenk bleibt. Aber im materiellen Strafrecht sind *vor* der Beweisregel die Befunde *dogmatisch* zu verwerten. Und dabei muß auch von Grenzfällen ausgegangen oder wenigstens deren Systematisierung ins Auge gefaßt werden. Allerdings soll offenbleiben, ob die hier zu behandelnden Grenzfälle (in denen also der Täter entgegen aller „Regel" oder „Vernunft" nicht zur Unrechtseinsicht gelangt) angesichts eines gewaltig anschwellenden Nebenstrafrechts nicht eher zu Normalfällen zu rechnen sind.

In der weit überwiegenden Anzahl der Fälle ist das „Erkennenmüssen" im Sinne einer echten Pflicht zu verstehen. Darauf beziehen sich die nun folgenden Überlegungen.

2. Erkenntnis- und Sorgfaltspflicht

Die Probleme, die von der „Sorgfaltspflicht" allgemein und der „Erkenntnis-" oder „Erkundigungspflicht" im Rahmen des Verbotsirrtums im besonderen gestellt werden, sind bislang noch nicht prinzipiell unterschieden worden.

Dies gilt in dreierlei Hinsicht: einmal für die Frage nach der Herkunft, also dem Nachweis dieser Pflichten, zum andern für ihre Vereinbarkeit mit eventuell bereits vorhandenen anderen Pflichten je nach deren systematischer Stellung; schließlich gilt dies auch für die Voraussetzungen, die an die Fähigkeit des einzelnen gestellt werden, diese — als nachgewiesen unterstellten — Pflichten zu erfüllen.

Die Erkenntnisse, die die Wissenschaft zur Sorgfaltspflicht (und dann auch zur Sorgfaltsfähigkeit) gefunden hat, sind für die Klärung der Erkenntnispflicht (und dann auch der Frage der „Vermeidbarkeit") genutzt und weitgehend unbesehen auf diese Phänomene übertragen worden[34].

---

[34] Wenn von *Maurach* vorgetragen worden ist, „die Anforderungen an die Fähigkeiten des Täters" unterschieden sich bei Fahrlässigkeit und Verbotsirrtum darin, daß sie, „soweit es um die Frage der Vermeidbarkeit des Irrtums geht, strenger" seien, so betrifft dies lediglich quantitative Differenzen, auf die es hier nicht ankommen soll (AT S. 409 im Anschluß an BGHSt 4, 236 f.).

Es werden deshalb auch hier die dogmengeschichtlichen Stimmen zur Sorgfaltspflicht schlechthin verwertet und auf eine besondere Pflicht, die sich auf die Erkundung oder Erkenntnis speziell des Unrechts beziehen soll, nur insoweit abgehoben, als auch die Literatur in entsprechender Weise sachlich oder begrifflich unterschieden hat.

3. Herkunft dieser Pflichten

Die Herkunft der Sorgfaltspflichten, insbesondere soweit sie auf „Rechtsbeachtung" gehen sollten, war schon von jeher umstritten und blieb dunkel.

Nach *Eberhard Schmidt* ist Ursprung der „Rechtsgebote zur Erlangung bestimmter Erfolgsvorstellungen" die Verkehrssitte und eine „Fülle einzelner Rechtsnormen, die in Form von Spezialgesetzen, Dienstinstruktionen, polizeilichen Reglements und sonstigen das Verhalten im allgemeinen oder in einzelnen beruflichen, amtlichen, gewerblichen Beziehungen regelnden Normen ergehen". Um eine „allgemeine Sorgfaltspflicht" handelt es sich aber nicht, „sondern um zahlreiche, aus den einzelnen Situationen sich ergebende besondere Sorgfaltspflichten"[35].

Engisch findet allerdings „sofort, daß hier unvermerkt immer Vorsicht zur Schaffung von bestimmten Erkenntnissen ausgewechselt wird durch äußerlich vorsichtiges Verhalten. Denn man wird in polizeilichen Reglements und Dienstinstruktionen normalerweise nur Regeln finden über gewisse äußere Verhaltensweisen, die um bestimmter Zwecke willen verboten und geboten werden... Nicht dagegen findet man hier Vorsichtsgebote, wie sie *Schmidt* zuvor aufgestellt hat"[36].

Engisch selbst beendet seine Erörterung zur „Rechtsbeachtungspflicht" mit der Feststellung dessen, was sie *nicht* ist: Es wird „nicht behauptet," daß es eine „obligatio ad diligentiam" gebe, daß also jedermann verpflichtet sei, „bei jeder Handlung nach jeder Richtung zu überlegen, ob nicht eine Rechtsgutsverletzung irgendwelcher Art oder einer bestimmten Art entstehen kann"[37].

Die Ablehnung einer Diligenzpflicht bedeutet aber nun für *Engisch* nicht schlechthin, daß damit auch eine Sorgfalts- oder Rechtsbeachtungspflicht entfallen müsse. Haltbar ist eine solche Sorgfaltspflicht als „jeweils durch die besonderen Verhältnisse" bestimmte: „Die erforderlichen Restriktionen (ergeben sich) aus der Tatsache, daß die Rechtsbeachtungspflicht nur Platz greift, wenn eine Tatbestandsver-

---

[35] *Liszt-Schmidt* S. 277, ähnlich später *v. Weber* Lehrbuch S. 123.
[36] Untersuchungen S. 277.
[37] S. 321.

wirklichung, deren fahrlässige Begehung strafbar ist, am Horizont erscheint[38]."

Im übrigen gilt die Rechtsbeachtungspflicht „nur im Rahmen vernunftgemäßen Fordernkönnens", d. h. es kommt darauf an, „wieweit die Umstände ein bestimmtes rechtsbeachtendes Verhalten gebieten"[39].

Mit dieser Bemerkung erscheint aber auch schon die Antwort auf die Herkunftsfrage der Pflicht „am Horizont"; die Herkunft wird von *Engisch* an anderer Stelle dahingehend bestimmt, „daß die Pflicht zur Sorgfalt unmittelbar aus der Pönalisierung der verschiedenen Verhaltensweisen, die das Gesetz unterscheidet, folgt und damit ihre Grundlage hat in den einzelnen besonderen Normen, die den gesetzlichen Tatbeständen entsprechen"[40], oder — anders ausgedrückt —: Die „Rechtsbeachtungspflicht" kann, „abgesehen von besonderen Normierungen, nur angenommen werden, wenn und soweit die *fahrlässige* Tatbestandsverwirklichung unter Strafe steht"[41].

Auch *Goldschmidt* führt in Anlehnung an *Engisch* über *Schmidt* hinaus: „In Ermangelung besonderer Vorschriften folgt das Vorsichtsgebot aus dem Verbot der Rechtsgüterverletzung[42]."

Demgegenüber hatte *Engelmann* gemeint: „Die Rechtsbeachtungspflicht ergibt sich aus dem Geltungsbedürfnis des normgebenden Wertgesetzes — der Rechtsordnung selbst, deren Zweck wirkliche Beachtung ist. Die allgemein geltende Rechtsbeachtungspflicht folgt aus dem Wesen der Rechtsordnung als einer normgebenden Herrschaftsordnung der Rechtsgemeinschaft[43]."

Bei diesem Erkenntnisstande ist die Wissenschaft bis heute geblieben. Nach *Engisch* und *Goldschmidt* sind im wesentlichen nur noch deren Argumente wiederholt worden.

Im Sinne *Engelmanns* wird die Frage nach der Herkunft der Sorgfalts- oder Erkundigungspflicht neuerdings von *Hardwig* beantwortet: „Die Pflicht zur Kenntnisnahme seiner Pflichten ergibt sich aus dem Sinn des Rechts unmittelbar als einer Regelung sozialen Verhaltens[44]." Das Recht könne seine Funktion gar nicht erfüllen, „wenn es in das Belieben eines jeden gestellt wäre, ob er seine Rechtspflichten zur Kenntnis nehmen wolle oder nicht".

---

[38] S. 323.
[39] S. 323.
[40] S. 347.
[41] S. 338.
[42] Frank-Festgabe I S. 439 Anm. 7.
[43] Rechtsbeachtungspflicht S. 41.
[44] ZStW 78, 1 ff., 3.

Auch der Große Senat hat in seiner berühmten Entscheidung[45] nicht deutlicher gemacht, woher er die Erkundigungspflicht bezieht. Jedenfalls ist eine Begrenzung, wie *Engisch* und *Goldschmidt* sie vorgeschlagen haben, nicht gemeint. Auch ist nicht ersichtlich, inwieweit sich die Auffassung des BGH von der „Diligenzpflicht" über die Tatsache hinaus unterscheidet, daß die „Diligenz" auf die Erkundung von (rechtswidrigen!) *„Erfolgen"*, das „Sichtbewußtmachen" auf das *Unrecht* bezogen werden soll.

Die Vordergründigkeit einer allgemeinen „Rechtserkundungspflicht" liegt vielmehr auf der Hand, wenn man den BGH in aller Unbefangenheit formulieren sieht, die Rechtsprechung nehme, „um die allgemeine Befolgung des Gesetzes sicherzustellen, für sich die Aufgabe in Anspruch..., die Gesetzesanwendung so zu handhaben, daß die beteiligten Volkskreise genötigt sind, sich über die geltenden Bestimmungen zu unterrichten"[46]!

III. Pflicht in der Schuld

Wird schon nur selten deutlich gesagt, wo die Pflichten herkommen, von deren Existenz man so selbstverständlich ausgeht, so ist jedenfalls in der neueren Literatur so gut wie keine Aussage darüber zu finden, wo diese Pflichten eigentlich im Verbrechensaufbau stehen sollen.

Zwar setzt sich langsam die Ansicht durch, daß jedenfalls das *Unrecht* (wenigstens *auch*) als Pflichtverletzung erscheine: als Verletzung einer Handlungs- oder Unterlassungspflicht. Die „Sorgfaltspflicht" in ihren verschiedenen objektiven und subjektiven Ausprägungen, die „Rechtsbeachtungs-", die „Erkundungs-", die „Gewissensanspannungspflicht" ist damit noch nicht katalogisiert. Trotzdem darf davon ausgegangen werden, daß die allgemeine Auffassung dahin geht, solche Pflichten hätten ihren Platz „in der Schuld".

1. Vertreter

Ausdrücklich ist dies allerdings nur früher gesagt worden.

a) Goldschmidt

kennt „Rechtsnormen" und „Pflichtnormen"; jede dieser beiden Normenkategorien hat zwei Funktionen („Bewertung" und „Bestimmung") bei jeweils identischem Gegenstand, d. h., daß die Rechtsnorm „das

---

[45] BGHSt 2, 194 ff.
[46] BGH JZ 1957, 128.

äußere Verhalten, die Kausalität", die Pflichtnorm „das innere Verhalten, die Motivation betrifft". „Soweit für Fahrlässigkeit gehaftet wird, tritt dazu das Vorsichtsgebot, sich bei Vornahme einer bestimmten Handlung den Erfolg vorzustellen". Das „Vorsichtsgebot" ist eine „zweite Pflichtnorm", die *Goldschmidt* aus der Rechtsnorm („du sollst nicht töten") ableitet und folgendermaßen darstellt: „Stelle dir bei Vornahme einer tödlich wirkenden Willensbetätigung diese Wirkung vor[47]."

Dem hält *Armin Kaufmann* mit Recht entgegen, daß nur Werturteile über finale Handlungen Grundlage einer Norm[48] sein können. Zum Begriff der finalen Handlung gehört aber nicht die Möglichkeit einer *normgemäßen* Motivation. Selbst wenn man anerkennt, daß es ein negatives Werturteil sowohl über einen „Akt" als auch über die diesen begründende Motivation gibt, so ist es — wie *Kaufmann* ausführlich nachweist — doch nicht richtig zu sagen, zu jedem Werturteil gehöre notwendig eine Norm, also — in der Terminologie *Goldschmidts:* — zu jeder „Bewertung" gehöre auch eine „Bestimmung". Die „Pflichtnorm" kann vielmehr höchstens ein „Bewertungs-", niemals aber ein „Bestimmungsmoment" enthalten. Damit ist der Pflichtnorm die Pflichtkomponente, die auf die normgemäße Motivation bezogen ist, „sofern der einzelne nicht schon aus anderen Gründen zu rechtmäßigem Verhalten entschlossen ist"[49], entzogen.

Die „Pflichtnormentheorie" hat sich denn auch nicht durchsetzen können.

b) Eberhard Schmidt

Für *Eberhard Schmidt* hat — ähnlich wie für *Goldschmidt* — jede Rechtsnorm zwei Funktionen: Bewertung und Bestimmung. Aber *Schmidt* kennt keine Pflichtnormen. Vielmehr haben die beiden Funktionen der Norm jeweils verschiedene Gegenstände. „‚Gegenstand' der Bewertung (ist) das äußere Verhalten als Veränderung der sozialen Außenwelt[50]." „Aber das Recht würde nicht die den Bestand der staatlich geordneten Gemeinschaft garantierende, weil regelnd erhaltende Normenordnung sein, wenn seine einzige Funktion darin bestünde, einen objektiven Wertmaßstab für die Handlungen der einzelnen Gemeinschaftsglieder abzugeben[51]." Vielmehr wendet sich das Recht „als ein vom Einzelwillen mit aufgebauter und

[47] Frank-Festgabe I S. 439.
[48] Normentheorie S. 107.
[49] *Goldschmidt* S. 439.
[50] *Liszt-Schmidt* S. 223 Anm. 3.
[51] S. 223.

somit letzten Endes auch vom Individualstandpunkt aus autonom erscheinender Gemeinschaftswille an die Seele des Einzelnen und sagt *ihm*, was sein soll und was nicht sein soll"[52]: das ist die „Bestimmungsfunktion" der Norm. Damit wird eine — auf das Handlungsprojekt bezogene — Wertvorstellung erweckt, „die im Motivationsprozeß eine entscheidende Rolle zu spielen vermag und nach dem Willen der Rechtsgemeinschaft auch regelmäßig spielen *soll*"[53]. Der normative Charakter der Schuld könne nur so erfaßt werden, daß man „von Begriff und Wesen der an den inneren Menschen gerichteten Pflicht" ausgehe[54]. Eine solche Pflicht sei allerdings insoweit begrenzt, „als mit Rücksicht auf die (in ihrem psychologischen Können nun einmal begrenzte) menschliche Natur ein ‚Sich-richten' möglich ist"[55].

Fahrlässigkeit ist dann anzunehmen, „wenn der Täter die rechtswidrige Handlung begeht, ohne den tatbestandsmäßigen Erfolg oder seine Sozialschädlichkeit ‚vorauszusehen', obwohl ihm nach Lage der Sache diese Voraussicht in beiden Beziehungen und demgemäß ein rechtmäßiges Verhalten zugemutet werden kann"[56].

Das bedeutet, daß zunächst auch hier die Rechtswidrigkeit im Sinne einer *Verbots*übertretung, also durch eine pflichtwidrige *Handlung* (und nicht Unterlassung) konstituiert wird. Des weiteren ist an die Pflicht zur rechtmäßigen Motivation zu erinnern, die im Rahmen des allgemeinen Schuldbegriffs als zweite, nämlich als Bestimmungsfunktion aus der Norm abgeleitet worden war.

Bei der Fahrlässigkeit stellt *Eberhard Schmidt* nun fest, daß sie sich durch Voraussichtsmängel auszeichne, deren Vorhandensein die Feststellung „pflichtwidriger Motivation" verhindere: „Wenn A nicht vorausgesehen hat, daß sein Schuß einen Menschen töten werde, so hat es nur dann einen Sinn, im Hinblick auf das Tötungsverbot die Fehlerhaftigkeit (Pflichtwidrigkeit) seiner zur Abgabe des Schusses führenden Motivation zu prüfen, wenn sich zuvor sagen läßt: A hätte die Tötung des Menschen voraussehen *sollen* und *können*[57]."

Zwischen die Unterlassungspflicht in der Rechtswidrigkeit und die Motivationspflicht (als allgemeines Schuldelement) wird also noch eine dritte Pflicht geschoben: „Es muß ... eine Rechtsnorm vorhanden sein, die dem Täter eine Voraussicht gerade in der Richtung gebietet, in der der konkrete Voraussichtsmangel liegt[58]." Systematisch handelt

[52] S. 223.
[53] S. 223.
[54] S. 224.
[55] S. 224.
[56] S. 273.
[57] S. 275.
[58] S. 277.

es sich nicht „um eine zweite Rechtswidrigkeit", sondern „eine Pflichtwidrigkeit"[59], also ein (zweites normatives) *Schuld*element.

Nach *Armin Kaufmann* ist auch die Lehre *Schmidts* „nicht haltbar". Es ist nämlich „logisch notwendig", daß die Gegenstände von Werturteil und Norm (also von Bewertungs- und Bestimmungsfunktion der Norm im Sinne *Schmidts*) identisch sind: „Jeder ‚Bestimmungsnorm' (geht) ein ihr genau entsprechendes Werturteil voraus[60]." Demgegenüber ist „bei Eberhard Schmidt ... die ‚Handlung', zu deren Vornahme (Gebot) oder Unterlassung (Verbot) sich der Mensch von der Norm ‚determinieren' und ‚motivieren' läßt, nicht die gleiche" (denn „Handlung" ist für *Eberhard Schmidt* „Veränderung der sozialen Außenwelt durch willkürliches Verhalten"[61]) „wie jene Handlung als Gegenstand der ‚Bewertungsfunktion' der Norm"[62]: Ergebnis des „Motivationsprozesses" ist nämlich entweder ein Entschluß zu einer (finalen) Handlung („Vorsatz") oder das Ausbleiben eines solchen.

Der Rechtsgenosse ist vielmehr zu (finalen) *Handlungen* (und damit auch zu entsprechenden *Motivationen zu* Handlungen), nicht aber zu *Motivationen anhand* bestimmter Umstände oder Erkenntnisse[63] verpflichtet. Fehlt es aber an einer solchen Pflicht, so entfällt damit zugleich auch das „Voraussichtsgebot".

c) *Vorsatztheorie und Rechtsprechung*

Insbesondere bei den Nichtfinalisten ist auch heute noch die Sorgfalts- (oder Unrechtserkenntnis-)Pflicht in der Schuld anzutreffen.

„Der Schuldvorwurf der Fahrlässigkeit setzt ... voraus, daß der Täter eine ihn *persönlich treffende Pflicht* zu sorgfältigem Handeln *verletzt*. Diese Pflicht trifft jedermann aus der Notwendigkeit, um die Erhaltung von Rechtsgütern besorgt zu sein und deren Verletzung zu vermeiden", sagt *Schröder*[64]. Ähnlich spricht *Henkel* bei der „Schuldbetrachtung" der Fahrlässigkeit von der „Verletzung jener zweiten Sorgfaltspflicht, die als die ‚subjektive' bezeichnet zu werden pflegt, nämlich die subjekts(persönlichkeits)bezogene Pflichtanforderung ... Die ‚subjektive' Pflichtverletzung" kann auch liegen „im Nichterkennen der Unrechtmäßigkeit des Verhaltens (Rechtsirrtum)"[65].

---

[59] S. 277.
[60] Normentheorie S. 84.
[61] *Liszt-Schmidt* S. 154.
[62] *Armin Kaufmann* Normentheorie S. 83 f.
[63] Zu diesem Differenzierungsproblem vgl. die Ausführungen im 4. Abschnitt III., 1.
[64] *Schönke-Schröder* § 59 Rdn. 170 im Anschluß an RGSt 19, 53.
[65] Mezger-Festschrift S. 285.

Schließlich hat auch der BGH die Verletzung der „Bewußtmachungspflicht“ als eine Voraussetzung der Vorwerfbarkeit angesehen.

2. Einwände

Armin Kaufmann hält diese Thesen aber auch dann für verfehlt, wenn man seinen methodischen Ansatz bei der finalen Handlung als Unrechtsgegenstand nicht teilt.

a) Pflichtenturmbau

Er betont, „daß für die Frage, ob die Verletzung der *einen* Pflicht vorwerfbar ist, die Verletzung oder Nichtverletzung *anderer* Pflichten gänzlich irrelevant ist“[66]. Er hat die Feststellung einer solchen Häufung von Pflichten in Unrecht und Schuld als ein „ernstes“ logisches Mißverständnis bezeichnet und mehrfach mit Nachdruck darauf hingewiesen, daß eine solche Konstruktion in einem regressus ad infinitum enden müsse: „Auch die *Verletzung* der Sorgfaltspflicht zur Prüfung oder Erkundigung könnte ja nur dann vorwerfbar sein, wenn mit Bezug auf sie nicht ein unvorwerfbarer Rechtspflichtirrtum vorliegt. Da der Täter natürlich sich in aller Regel auch seiner Prüfungspflicht nicht bewußt war, müßte auch dieser Irrtum wiederum vorwerfbar sein; dazu wäre eine dritte Pflichtverletzung erforderlich, das Nichterfüllen der Pflicht, sich nach der Existenz von Prüfungs- oder Erkundigungspflichten zu erkundigen. Der Turmbau der Pflichten und Vorwerfbarkeiten wäre fortzusetzen, ohne daß ein logisch befriedigender Endpunkt gefunden werden könnte. Anders ausgedrückt: Der Verbotsirrtum ist nur verschuldet, wenn eine Prüfungspflicht verletzt wurde. War sich der Täter der Prüfungspflicht nicht bewußt, so ist dieser Irrtum nur vorwerfbar, wenn die Pflicht, die Existenz der Prüfungspflicht zu prüfen, verletzt wurde usw.[67].“

In diesem Sinne hatte *Engisch* festgestellt, daß es der Pflichten auch einmal ein Ende haben müsse: Um an die Nichterfüllung der Rechtsbeachtungspflicht einen Vorwurf knüpfen zu können, sei es erforderlich festzustellen, daß dem Täter erkennbar war, daß bestimmte Rechtsbeachtungsmaßnahmen überhaupt in Frage kamen. Diese Erkennbarkeit könne aber im *Endergebnis* nicht wieder eine solche kraft Anspannung des Willens sein, „da wir andernfalls in einen regressus ad infinitum geraten würden“[68].

---

[66] Unterlassungsdelikte S. 146.
[67] Unterlassungsdelikte S. 145, vgl. auch S. 11; ebenso Schmidt-Festschrift S. 330.
[68] Untersuchungen S. 370.

b) *Entbehrlichkeit der Pflicht*

Darüber hinaus legt dieses Argument folgende Überlegung nahe: Ist es richtig, daß sozusagen „hinter" jeder Pflicht oder jedenfalls am Ende aller Pflichten doch immer noch die Vorwerfbarkeit der Pflichtverletzungen festgestellt und gesondert begründet werden muß, so fragt sich in der Tat, wozu es mehrerer „Zwischen-" oder „Verbindungs-Pflichten" bedarf. Warum sollte man dann nicht auch *gleich* eine Antwort geben können auf die Frage, ob dem Täter die Verletzung der Unterlassungspflicht (beim Begehungsdelikt) vorgeworfen werden kann, ob er m.a.W. fähig war, die Unterlassungspflicht zu erkennen und zu befolgen?[69]

IV. Pflicht im Unrecht

1. Vertreter

Die Fragestellung, was Sorgfalts- und ähnliche Pflichten „in der Schuld" verloren haben, ist durch *Engisch* systematisch vorbereitet worden.

a) *Engisch*

rubriziert die „Außerachtlassung der erforderlichen Sorgfalt" ohne Umschweife als „Tatbestandsmerkmal"[70]. Hinsichtlich der systematischen Stellung der „Rechtsbeachtungspflicht" macht *Engisch* einen „Vorschlag", der „überraschen mag": nämlich auch „die Nichterfüllung der Rechtsbeachtungspflicht der *Tatseite*" zuzuordnen, „freilich nur der Tatseite der Fahrlässigkeitsverbrechen"[71]. Denn „diejenigen Umstände ..., die *Gegenstand* der Erkenntnis sind, unterfallen den Merkmalen des gesetzlichen Tatbestandes"[72].

Die Verletzung der Sorgfaltspflicht und der Pflicht zur Erkenntnis des „Fahrlässigkeitsunrechts" wird also — modern katalogisiert — zum Unrecht geschlagen[73], die *Fähigkeit* zur Erfüllung dieser Pflicht gehört zur Schuld.

---

[69] Diese Überlegung trifft allerdings nicht diejenigen Autoren, die bei der Pflichtverletzung haltmachen und nach deren Vorwerfbarkeit nicht weiter fragen, auch nicht die Pflicht selbst oder deren Verletzung in irgendeiner Form vom Können des einzelnen abhängig machen.

[70] Untersuchungen S. 344.

[71] S. 344.

[72] S. 345 f.; ebenso in Juristentags-Festschrift S. 430 Anm. 63.

[73] Damit hat *Engisch* den Finalisten den Weg gewiesen, das Unrecht des fahrlässigen Delikts mit der objektiven Sorgfaltswidrigkeit anzureichern (*Armin Kaufmann* Unterlassungsdelikte S. 145 Anm. 131).

Ist nun diese Pflicht zur Unrechtserkenntnis aus der Schuld herausgelöst, so fragt sich, wie sie sich mit der bereits im Unrecht befindlichen Pflicht zur Unterlassung der rechtswidrigen Handlung verträgt.

Zu einer Pflichtverdoppelung oder zu Pflichtenkollisionen innerhalb des Tatbestandsbereichs kann es allerdings nach *Engisch* nicht kommen. Denn „die Vernachlässigung von Sorgfaltspflichten ... kann sowohl Vornahme einer unerlaubten gefährlichen Handlung wie Außerachtlassung einer gebotenen Vorsichtsmaßregel wie auch Verabsäumung der Rechtsbeachtungspflicht sein. *Das richtet sich nach den besonderen Umständen*“[74].

Jedenfalls gilt für *Engisch* zunächst, daß „die Sorgfalt ihren Inhalt im Hinblick auf die besonderen gesetzlichen Tatbestände (empfängt), die die Zwecke bestimmen, an denen sich die Sorgfalt inhaltlich orientiert — denn die gesetzlichen Tatbestände bezeichnen ja dasjenige, dessen Verwirklichung zu vermeiden ist —“[75]. Dann aber sei es wiederum naheliegend, die Sorgfaltspflicht zum Bestandteil der Normen zu machen, die den besonderen gesetzlichen Tatbeständen gedanklich korrespondieren[76].

Engisch schließt sich bei der Einzelausgestaltung dieser „Beziehung der Sorgfalt zur Rechtsordnung“ *Binding* an: „Die Strafandrohung ist ... die denkbar deutlichste Äußerung, daß ein Verhalten nicht sein soll, und gibt damit zu verstehen, daß die möglichen Subjekte des strafbaren Verhaltens dafür zu sorgen haben, daß sich der Tatbestand nicht verwirkliche ... Mit der Aufstellung eines gesetzlichen Tatbestandes (steht fest), daß das in diesem Tatbestand näher bezeichnete Verhalten nicht gesollt ist, also vermieden werden soll“[77], „m.a.W.: Die Norm, Tötungen zu vermeiden, ist identisch mit der Norm, Sorgfalt zur Vermeidung von Tötungen anzuwenden. Die letztere Norm drückt nur die erstere auf eine andere Weise aus“[78].

Auch die Rechtsbeachtungspflicht wird als Sonderfall dieser „Vermeidungsnorm“ begründet. Deren Bezugspunkte sind zwar erstaunlich heterogen: Unter anderem soll sich der Täter Aufklärung darüber verschaffen, ob Tatumstände vorliegen, die sich mit einem von ihm geplanten Verhalten zu einer Tatbestandsverwirklichung zusammenschließen könnten, oder er soll zur Erkenntnis durchdringen, daß Rechtssätze bestehen, die das, was er tun oder unterlassen will, ver-

[74] Untersuchungen S. 326.
[75] S. 332.
[76] S. 332.
[77] S. 335 f.
[78] S. 337.

bieten bzw. gebieten, aber: „Immer ... ist der letzte Zweck: die Erkenntnis der besonderen Art des Unrechts, das begangen zu werden droht[79]."

Der „letzte Zweck" ist aber durchaus relativ zu verstehen. Zwar soll die Pflicht zur „Erkenntnis der besonderen Art des (drohenden) Unrechts" zur „Schaffung der (erkenntnismäßigen) Voraussetzungen für rechtmäßiges Handeln"[80] führen. Aber aus dem „Endzweck" der Vermeidung einer bestimmt gearteten Tatbestandsverwirklichung, deren Eintritt bevorsteht, ergibt sich der Mittelzweck, zur Vermeidung jener Tatbestandsverwirklichung die nötigen intellektuellen Voraussetzungen zu schaffen"[81]. Damit ist der Bezug zur Vermeidungsnorm hergestellt.

b) *Hardwig*

In ähnlichen terminologischen Bahnen verlaufen die Gedankengänge *Hardwigs*, der die „Rechtsfahrlässigkeit" der Vorsatztheorie mit neuen dogmatischen Akzenten versehen hat. Unter „Primärpflicht" versteht er offenbar die Unterlassungspflicht, was aber etwas dadurch verdunkelt wird, daß *Hardwig*[82] wie *Engisch* formuliert: „Du sollst die Tötung eines Menschen vermeiden[83]." „Sekundärpflicht" ist die Sorgfaltspflicht: „Du sollst alle Sorgfalt anwenden, um die Tötung eines Menschen zu vermeiden[84]." Sie ist aufzuteilen in „Pflicht-" und „Tatfahrlässigkeit". „Pflichtfahrlässigkeit" ist auch die Verletzung der „Pflicht zur Kenntnisnahme der ‚Primärpflicht'".

Mit der „Vermeidungsnorm", stellt *Armin Kaufmann* fest, sei das *Ver*bot als Denkform bereits verlassen und ein allgemeines *Ge*bot aufgestellt: „Die Norm, welche die ‚Vermeidung' einer ‚Tatbestandsverwirklichung' verlangt, dazu auch die ‚Anwendung der entsprechenden Mittel', ist genau besehen ein Gebot, so zu handeln, daß ein (kausal verstandener) Tatbestand nicht erfüllt wird. Es handelt sich also gerade um eine formale Umkehrung: Das Gebot wird zur ‚Hauptnorm', das Verbot zu einem ‚sekundären' Unterfall des Gebotes[85]."

Es zeige sich einmal, meint *Kaufmann*, daß die Annahme unselbständiger Nebenpflichten nicht geglückt sei, denn „die Erfüllung einer Pflicht kann nicht Grundlage des Verstoßes gegen eine andere Pflicht

---

[79] S. 308.
[80] S. 310.
[81] S. 313.
[82] ZStW 78, 1 ff.; ihm hat sich *Henkel* Mezger-Festschrift S. 268 f. angeschlossen (vgl. auch dort S. 283 f.).
[83] ZStW 78, 3.
[84] S. 3.
[85] Normentheorie S. 119 f.

sein"[86]. Jede Norm, gleichgültig wie sie im Einzelfall erkennbar ist und erkannt wird, sei selbständig und könne selbständig als Motiv wirken[87].

Aber auch an dieser letzteren Voraussetzung fehle es. Die Norm: "Vermeide Tatbestandsverwirklichungen!" könne nämlich „nur in der Motivationslage des Vorsatzes und der bewußten Fahrlässigkeit wirken"[88]. „Für die Vorsatztaten aber bedürfte es dieser Verbotsfassung nicht; es genügt vollkommen die Form: ‚Ihr sollt nicht töten'!"[89] Wer nicht wisse, daß er einen tatbestandsmäßigen Erfolg herbeiführen wird (oder könnte), könne sich an ihr nicht orientieren[90].

Kaufmann beruft sich schließlich auch auf *H. A. Fischer:* Nach *Fischer* mache die Umdeutung von Unterlassungsbefehlen in Befehle positiven Handelns dem Gesetzgeber den Vorwurf grober Ungenauigkeit, „denn wenn er positive Handlungen begehrt, soll er sie klar bestimmen und nicht durch Negationen nur ahnen lassen"[91]. Jedem Gebot, fügt *Kaufmann* hinzu, korrespondiere wiederum ein eigener Tatbestand, der die Unterlassung der normierten Handlung umschreibe. „Keine (Handlungs-)Pflichtwidrigkeit ohne (Gebots-)Tatbestandsmäßigkeit![92]."

Im Jahre 1959 konnte *Armin Kaufmann* es als „herrschende Auffassung" bezeichnen, daß dem fahrlässigen Delikt ein solches „Unterlassungsmoment" eigen sei[93]. Zehn Jahre danach hat sich daran nichts geändert.

c) Armin Kaufmann („Normentheorie")

Für *Armin Kaufmann* selbst „entscheidet sich die Frage nach der Norm, gegen die fahrlässiges Handeln verstößt, letztlich doch nach der Struktur des Gegenstandes des Werturteils, das über dieses fahrlässige Verhalten zu fällen ist"[94].

In seiner „Normentheorie" ist sich *Kaufmann* noch nicht abschließend schlüssig geworden über „die Fahrlässigkeit": Als Gesamtkomplex lasse sich das fahrlässige Verhalten weder dem Bereiche der Unterlassungen noch dem der Handlungen zuweisen[95]. Das Phänomen,

---

[86] S. 116.
[87] S. 120.
[88] S. 120.
[89] S. 114.
[90] S. 120.
[91] Die Rechtswidrigkeit S. 17.
[92] *Armin Kaufmann* Unterlassungsdelikte S. 12.
[93] Nachweise s. Unterlassungsdelikte S. 167 f. und Anm. 194.
[94] Normentheorie S. 120.
[95] S. 285.

das *Kaufmann* später dann zur Grundlage seiner Fahrlässigkeitsdogmatik gemacht hat, wird aber hier schon richtig aufgezeigt. „Soweit ... ein Sorgfaltsfähiger sorgfaltslos handelt, liegt eine Unterlassung (ein Gebotsverstoß) vor; soweit aber ein Sorgfalts*un*fähiger die *ihm* verbotene Handlung verwirklicht, ist diese Zweckmäßigkeit selbst rechtlich relevant (ein Verbotsverstoß). Somit teilt sich das fahrlässige Verhalten *von Fall zu Fall* auf zwischen dem Bereiche der mißbilligten *Unterlassung* und dem der mißbilligten *Aktivität*[96]."

Seit *Kaufmanns* „Wiener Vortrag" ist aber nun geklärt, daß es nicht „die Fahrlässigkeit" gibt als Gesamtkomplex, sondern sowohl die fahrlässige (= sorgfaltswidrige) Handlung als auch die fahrlässige (= sorgfaltswidrige) Unterlassung, aber auch nur diese, und nicht etwa eine Verbotsnorm mit Gebotskomponente oder umgekehrt[97].

2. Exkurs: Sorgfalt und Unrecht

An sich bedürfe es keiner Darstellung der neuen Fahrlässigkeitsdogmatik *Kaufmanns;* sie betrifft nämlich ausschließlich das Fahrlässigkeits*unrecht.* Und eine Übertragung dieser Erkenntnisse auf den — hier allein interessierenden — Bereich der Schuld ist für *Kaufmann* ausgeschlossen, denn der „allgemeine Grundsatz (der Schuldtheorie) kann allgemeine Gültigkeit beanspruchen, *auch beim fahrlässigen Delikt*"[98]. Der „allgemeine Grundsatz der Schuldtheorie" wird aber von *Kaufmann ohne Rückgriff* auf irgendwelche Pflichten begründet. Das wird im einzelnen noch darzustellen sein.

a) Armin Kaufmann („Wiener Vortrag")

Nun ist aber gerade der „Wiener Vortrag" arg mißverstanden worden. *Hardwig* schließt: Da jede Pflichtverletzung Unrecht ist — „diese Erkenntnis hat ... *Armin Kaufmann* so deutlich herausgearbeitet, daß sie nicht mehr verloren gehen kann"[99] —, und auch der Verbotsirrtum „auf einer Verletzung der Sorgfaltspflicht" „beruht", stellt „der Verbotsirrtum ein Moment des Unrechts dar".

Für diesen Schluß führt *Hardwig Kaufmann* als Gewährsmann an, „der im Verbotsirrtum mit Recht nicht nur ein Schuldmoment, sondern im objektiven Bereich eine Sorgfaltspflichtverletzung und damit ein Unrechtsmoment sieht"[100].

---

[96] S. 285.
[97] S. 46.
[98] S. 52.
[99] *Hardwig* ZStW 78, 1 ff., 4.
[100] S. 5.

Soweit es einer Aufklärung dieses Mißverständnisses bedarf, muß deshalb auf *Kaufmanns* Thesen eingegangen werden.

Zunächst — um am Ende der „Deduktion“ *Hardwigs* anzufangen — hat es *Kaufmann* als „heute außer Streit“ befunden, „daß die vielberufene Pflicht zur Erfolgvoraussicht, falls sie überhaupt eine legitime Rolle spielt, nicht hierher (scil.: ins Unrecht), sondern allenfalls zur Schuld i.e.S. gehört“[101]. Zwar hat *Kaufmann* „in einem Punkte kein(en) Zweifel“: „Die Fahrlässigkeit ist die Domäne des Verbotsirrtums (nicht — wie *Hardwig* es gelesen hat: — des „Pflichtirrtums“ in seinem Sinne![102]) schlechthin!“[103]. Und *Kaufmann* sagt auch, daß die Sorgfaltsverletzung „ein Erfordernis der *Rechtswidrigkeit* des fahrlässigen Delikts ist — nicht ein Problem der Schuld i.e.S.“[104]. Aber der „Schluß“, den *Hardwig Kaufmann* aus diesen beiden Sätzen ziehen läßt, wäre für einen Anhänger der Schuldtheorie geradezu abwegig. *Kaufmann* will mit der Fahrlässigkeit als „Domäne des Verbotsirrtums“ natürlich nicht sagen, daß der Verbotsirrtum die „Domäne der Fahrlässigkeit“ sei, daß m.a.W. Unrechts*erkenntnis*probleme sich als Fahrlässigkeits-, also Sorgfalts-(Pflicht-), also Unrechtsprobleme etikettiert wiederfänden. Vielmehr hatte *Kaufmann* damit nur im Sinn, den statistischen Befund hervorzugeben, daß das Fahrlässigkeits*unrecht* selten mit Unrechtsbewußtsein, sehr häufig aber im Verbotsirrtum begangen wird — und dort (beim Verbotsirrtum in der Fahrlässigkeit) entstehen die gleichen Vermeidbarkeitsprobleme und sind prinzipiell ebenso zu lösen wie beim Verbotsirrtum hinsichtlich eines vorsätzlichen Delikts.

Kaufmann ist also von nichts weiter entfernt, als „im Verbotsirrtum bereits ein (objektives) Fahrlässigkeitsmoment“[105] zu sehen.

Hinsichtlich der Frage der Sorgfalts*pflicht* kann man nun *Kaufmann* vielleicht vorwerfen, nicht *deutlich genug* gesagt zu haben, was er davon hält. Aber er *hat* es immerhin gesagt: „Es dreht sich um die Beurteilung von *Handlungen*, und damit bewegen wir uns primär im Bereich der *Verbote*. Was hier leicht irritiert, ist die Tatsache, daß wir die gebotene Sorgfalt meist positiv formulieren, als gebotene *Leistung*, und den Sorgfaltsmangel entsprechend häufig als ‚unterlassene‘ Sorgfalt[106].“ Auch *Kaufmann* selbst spricht häufig von einer „Sorgfaltsverletzung“, vom „Sorgfaltsmangel“ oder von Sorgfalts*normen*“ — und mag damit in der Tat seine Leser irritieren.

---

[101] Wiener Vortrag S. 50.
[102] *Hardwig* S. 24.
[103] Wiener Vortrag S. 52.
[104] S. 45.
[105] ZStW 78, 5.
[106] Wiener Vortrag S. 46.

Aber er spricht — entgegen mehrfacher Beteuerungen *Hardwigs* — niemals von einer *Sorgfaltspflicht* oder deren Verletzung: „Vielmehr ist es *ver*boten, eine Handlung in bestimmter Sobeschaffenheit durchzuführen: eine Giftflasche *ohne* Vorkehrungen hinzusetzen und einzubiegen *ohne* herabgeminderte Geschwindigkeit[107]."

Gibt es aber beim Begehungsdelekt kein Sorgfalts*gebot*, so fehlt es auch an einer „Sekundärpflicht", die auf eine „Primärpflicht" (die das Unterlassen des rechtswidrigen Aktes beträfe) bezogen wäre. Und entfällt eine Sekundärpflicht, so ist es auch aus mit einem Verbotsirrtum als „Moment des Unrechts".

b) *Sorgfalts- und Erkundungspflichten*

Kaufmann hat allerdings *nicht* bestritten, daß es Sorgfaltsgebote auf der *Unterlassungsseite* geben kann, Gebote also zur sorgfältigen Vornahme einer (Unwert-)erfolgsabwendenden Handlung[108].

Man könnte es darüberhinaus auch nicht als von vornherein sinnwidrig bezeichnen, wenn jemand sagen würde, eine Unterlassungspflicht könne ihren Grund nicht *prinzipiell* nur aus sorgfaltswidrigen *Sach-*, sondern *auch aus* sorgfaltswidrigen *Rechtsaufklärungs*handlungen beziehen, bzw., es sei nicht nur Sach-, sondern u. U. auch Rechtsaufklärung geboten.

Zur Erläuterung folgender Fall:

A zielt auf ein „Wildschwein"; in Wahrheit ist es das Kräuterweib. B, der das sieht, ruft A zu: „Halt! Nicht schießen!" A zögert, schaut sich noch einmal genau die schwarzen Flecken im Unterholz an, kommt aber dann zu der Überzeugung, das sei sicherlich kein Mensch, sondern ein Wildschwein, B habe ihn nur auf die Schonzeit aufmerksam machen wollen. Er schießt.

Hier taucht die Frage auf, ob nicht schon diese *Zweifelbeseitigung* sorgfaltswidrig war in Bezug auf das Leben anderer Menschen (§ 222 StGB), denn er hätte doch jedenfalls den B fragen können, warum er nicht schießen dürfe.

Man könnte vielleicht folgendermaßen argumentieren: Die Frage nach der Rechtswidrigkeit des *Schießens*, die sich aus der Diskrepanz zur Sorgfaltshandlung eines besonnenen Jägerhomunkulus ergibt, stellt sich in Wahrheit als Frage nach dem sorgfältigen *Zweifelaufklären* heraus: Diese Handlung, das sobeschaffene Zweifelaufklären hätte unterbleiben sollen, denn der Täter hat seine Zweifel hinsichtlich der Möglichkeit eines Erfolgseintritts ohne diejenigen

---

[107] S. 46 f.
[108] s. dazu aber die Überlegungen auf S. 112 ff.

Anstrengungen beseitigt, die der Bedeutung des — wie er sich zunächst vorstellte — möglicherweise eintretenden Erfolges angemessen gewesen wären[109].

Oder aber kann man sagen, daß der Täter habe eine gebotene Handlung rechtswidrig *unterlassen*, nämlich seine Zweifel nicht sorgfältig aufgeklärt?

Jedenfalls würde es nicht genügen festzustellen, der Täter habe seine Rechtspflicht verletzt, „sich über die einschlägigen gesetzlichen Bestimmungen zu unterrichten und auf dem laufenden zu halten", eine Pflicht, die „für alle" bestehen soll, „die eine besondere Erlaubnis zu seiner Tätigkeit haben müssen, wobei die Erlaubnis nur gegen den Nachweis der Kenntnis der einschlägigen Vorschriften erteilt wird"[110]. Die Rechtspflicht müßte vielmehr aus § 222 StGB bezogen werden und konkret auf den Schutz von Menschenleben gerichtet sein[111].

Eine eingehendere Erörterung dieser zusätzlichen Problematik muß aber im Rahmen dieser Arbeit unterbleiben.

Einmal nämlich handelt es sich um das allgemeine — wenn auch höchst diffizile und noch nicht endgültig abgeklärte — Problem der Abgrenzung von Handlung und Unterlassung, zum andern betreffen die damit zusammenhängenden Fragen das Fahrlässigkeits*unrecht*, das seinerseits einer genaueren Analyse harrt.

Immerhin aber hat sich — und nur darauf kam es hier an — ergeben: Soweit wir — bei der Begehungsfahrlässigkeit — bereits eine Pflicht zum Unterlassen der Handlung (wegen Sorgfaltswidrigkeit) festzustellen imstande sind, kann eine *weitere* positive Pflicht zur Sachverhalts- oder Rechtsaufklärung weder in der Schuld noch im Unrecht einen Stellenwert haben.

V. Das Erkennenkönnen

Angesichts der Ergebnisse der „Pflicht-Analyse" mag nunmehr die Frage naheliegen, was eigentlich damit bezweckt wird, daß man so hartnäckig von einer Unrechtserkenntnis*pflicht* ausgeht. Bevor versucht wird, darauf eine Antwort zu geben, soll zunächst auf das Problem der Unrechtserkenntnis*fähigkeit* eingegangen werden, welches mit dem der Pflicht sehr häufig unlösbar verschlungen worden ist.

---

109 Vgl. dazu *Maurach* AT S. 489.
110 *Mattil* ZStW 74, 242 im Anschluß an entsprechende Rechtsprechung.
111 So schon mit Recht *Engisch* Untersuchungen S. 318 f.

Welches also sind — und diese Frage kann unabhängig davon gestellt und beantwortet werden, ob man der Vorsatz- oder der Schuldtheorie zu folgen geneigt ist — die Voraussetzungen oder Elemente des Erkennenkönnens?

Es geht darum, welche Umstände beim Täter vorausgesetzt werden müssen, um das Urteil „Erkennbarkeit“ (des „Erfolges“, des Unrechts schlechthin) fällen, also sagen zu können, der Täter sei fähig gewesen, einen bestimmten, vorher nicht so vorhandenen, Kenntnis-, Vorstellungs-, Bewußtseinsstand zu erreichen.

1. Dogmengeschichte und neuere Lehren

Arthur Kaufmann[112] und *Engisch*[113] geben so treffliche dogmengeschichtliche Überblicke über das Problem der sog. individuellen Erkennbarkeit, daß an dieser Stelle eine Beschränkung auf folgende Hinweise möglich wird:

a) objektive Theorie

Daß überhaupt auf die Individualität des einzelnen abzuheben sei, hat schon *Liepmann* bestritten, der betonte, es widerspreche der „objektivierenden Tendenz“ des Rechts, „den Grad der Haftung je nach der individuellen Anlage des Handelnden zu verschärfen oder herabzusetzen“[114].

Hold von Ferneck war der gleichen Ansicht: Der Gesetzgeber könne nicht das Erfordernis aufstellen, daß der Erfolg in jedem einzelnen Falle, für jeden einzelnen Täter voraussehbar war; es genüge, daß der Erfolg in der Regel der Fälle, also regelmäßig voraussehbar war. „Hat der Täter im einzelnen Falle den regelmäßig voraussehbaren Erfolg nicht vorausgesehen, so verschlägt dies nichts. Der Gesetzgeber präsumiert und muß präsumieren, daß Erfolge, die regelmäßig voraussehbar sind, in jedem einzelnen Falle vorausgesehen werden... Schuld im Rechtssinne ist also nicht eine ‚subjektive Beziehung‘, sondern generelle Voraussehbarkeit[115].“

Ähnlich geht neuerdings *Hardwig* von einem „allgemeinen Rechtsgebot“ aus, das folgendermaßen lauten soll: „Vermeide nach deinen besten Kräften die Verletzung einer Rechtspflicht, einmal indem du deine Rechtspflichten in Erfahrung bringst, und zweitens indem du die zur Kenntnis genommene Rechtspflicht auch tatsächlich beach-

---

[112] Schuldprinzip S. 223 ff.
[113] Untersuchungen S. 410 ff.
[114] Einleitung S. 144.
[115] Idee der Schuld S. 53 ff.

test[116]." Die von *Armin Kaufmann* nahegelegte Frage, ob es dann nicht für den, der diese „Pflicht zur Kenntnisnahme seiner Pflichten" nicht kennt, auch noch eine Pflicht geben müsse zu erkennen, daß er verpflichtet sei, seine Pflichten zur Kenntnis zu nehmen, und wo diese Pflichten endlich in eine Erkenntnisfähigkeit mündeten, wird von *Hardwig* schlicht erledigt: Beide Gebote, also die — nennen wir sie so: — Pflichtkenntnispflicht und Pflichtbeachtungspflicht, seien „einschließlich der Sorgfaltspflichten so selbstverständlich, daß niemand sich darauf berufen könnte, er habe sie nicht gekannt. Sie ergeben sich unmittelbar aus dem Sinn eines geordneten Zusammenlebens"[117].

Hardwig macht sich also nicht einmal mehr die Mühe, an das Ende des Pflichtenturmbaus einen Fähigkeitsansatz zu kleben: Für ihn gibt es Pflichten, von denen es ausgeschlossen ist, daß jemand nicht jeden Augenblick ihrer bewußt wäre.

Vorsichtiger — wenn auch der Sache nach wohl so streng wie *Hardwig* — formuliert *Lange:* „Ein gewisser Grundstock von rechtlichen und sozialethischen Vorstellungen muß und darf bei jedem, an den sich die Normen wenden, vorausgesetzt werden[118]." Damit wird die Möglichkeit eines Verbotsirrtums weitgehend abgeschnitten. Offenbare Unrechtigkeiten, die bei dieser Position auf dem Gebiete des sog. Nebenstrafrechts eintreten könnten, werden dadurch relativiert, daß *dort* die *Vorsatztheorie* angewandt, also Unrechtsbewußtsein gefordert wird[119]; freilich nur, soweit nicht — wie im Regelfall — auch „Fahrlässigkeit" unter Strafe steht[120].

Die Essenz der objektiven Theorie[121] wird von *Arthur Kaufmann* auf die prägnante Formel[122] gebracht: „Das Können der anderen wird zu einem Sollen beim Täter[123]." Die „anderen", das ist der Durchschnittsmensch, der gute Staatsbürger, der Durchschnittsangehörige eines Berufes, des Standes oder der Klasse des Täters.

So meint etwa *Eberhard Schmidt,* es sei „nicht auf das psychophysische Können des Einzelnen im konkreten Fall" abzustellen, vielmehr komme es auf die „Wirkungsmöglichkeit der Bestimmungsnorm

---

[116] ZStW 78, 1 ff., 3.
[117] S. 3.
[118] *Kohlrausch-Lange* S. 218.
[119] S. 219.
[120] Vgl. dazu auch *Armin Kaufmann* in „Staatslexikon", 6. Aufl., Stichwort „Verwaltungsstrafrecht".
[121] Sie hat in *Mannheim* (Maßstab S. 25 ff.) und *Kohlrausch* (Sollen S. 24 ff.) ihre hervorragendsten Vertreter gefunden. Weitere Nachweise bei *Engisch* Untersuchungen S. 426 Anm. 40 und *Arthur Kaufmann* Schuldprinzip S. 225 Anm. 42.
[122] Eine Analyse dieser Formel wird weiter unten S. 89 ff. vorgenommen.
[123] Schuldprinzip S. 225.

im Motivationsprozeß des Durchschnittsbürgers“[124] an. Eine solche sei zu erwarten, wenn der Täter zurechnungsfähig sei, ferner die Gesamtsituation „nichts enthält, was a) ein *Auftreten* der ‚Pflicht‘ im Vorstellungsbereiche oder b) ein *Wirken* der ‚Pflicht‘ im Motivationsprozeß als unmöglich (vom Standpunkte unserer Erfahrung aus) erscheinen läßt“[125]. Die Schuld ist „Werturteil“[126], aber der Schuldvorwurf ist auch — und das interessiert hier besonders — „in *psychologischer* Hinsicht ... abhängig davon, daß der Täter mindestens die (erfahrungsgemäße) Möglichkeit hatte, sich den durch seine Handlung bewirkten tatbestandsmäßigen Erfolg vorzustellen und zugleich des Nicht-Sein-Sollens dieser Handlung im Gemeinschaftsleben, also ihrer Sozialschädlichkeit inne zu werden“[127].

Zu den Objektivisten gewendet meint *Engisch*, zwischen Schuldhaftung und Individualisierung einerseits und Erfolgshaftung und Generalisierung andererseits gebe es keinen Mittelweg[128]; nach *Arthur Kaufmann* verfehlt die objektive Theorie die Schuld überhaupt[129]- denn sie läuft hinaus „auf die Leugnung der sittlichen Natur der strafrechtlichen Schuld“.

b) Engisch

selbst geht aus von dem Begriff der „realen Möglichkeit“: „Die Möglichkeit, zur Erkenntnis der Tatbestandsverwirklichung durchzudringen, würde ... bedeuten, daß aufgrund bestimmter ins Auge gefaßter Umstände eine Erkenntnis der fraglichen Art weder notwendig noch ausgeschlossen, aber einer durchschnittlichen Erfahrung entsprechend ist[130].“ Es kommt also darauf an, „auf Grund welcher Umstände die Möglichkeitsbeurteilung vorzunehmen ist“[131]. Wenn nun „die gemeine Meinung“ die Ausgangsbasis für das Möglichkeitsurteil um die gehörige, pflichtgemäße, erforderliche Sorgfalt erweitert —: „hinsichtlich des Interesses denkt sie sich ... das wirkliche Verhalten des Täters durch das normgemäße ersetzt“[132] — so ist das nach *Engisch* nicht richtig. Die eigentliche und alleinige Basis des Möglichkeitsurteils[133] bilden vielmehr die Umstände des konkreten Falles „unter Abstraktion von der wirklichen sowohl wie von der ‚gehörigen‘ Auf-

---

[124] *Liszt-Schmidt* S. 225.
[125] S. 226.
[126] S. 228.
[127] S. 226 f.
[128] Untersuchungen S. 433.
[129] Schuldprinzip S. 226.
[130] Untersuchungen S. 413.
[131] S. 413.
[132] S. 414.
[133] S. 416.

merksamkeit oder einer ähnlichen Triebfeder des Täters"[134]. Dann aber stellt sich „das meisterörterte Problem der Fahrlässigkeitslehre: die Auswahl der ... konkreten Umstände". Hier bekennt sich *Engisch* nach einer sorgfältigen Analyse zur sog. subjektiven Theorie.

Die Voraussetzungen des Erkennenkönnens i. S. *Engischs* brauchen im einzelnen nicht dargestellt zu werden. Das Augenmerk soll vielmehr darauf gerichtet werden, daß Engisch es für richtig hält zu sagen: „Die Erkenntnis der Tatbestandsverwirklichung unter den Umständen des Falles entspricht einer durchschnittlichen Erfahrung[135]." An dieser Stelle setzt das Problem ein.

Den Vorwurf, die Gefahr verkannt zu haben, daß man an die Stelle der *Erkennbarkeit* die Erkenntnis*pflicht* setzt oder gar das erstere durch das letztere begründet, kann man *Engisch* nicht machen.

Er stößt nämlich „neben der Erkennbarkeit durch Sorgfalt auf eine zweite Form der Erkennbarkeit"[136]. Nun behandelt aber *Engisch* auch diese „zweite Form" als „Möglichkeit der Erkenntnis" im Sinne einer menschlichen Eigenschaft — und tut damit einen Schritt zu wenig. Er behauptet zwar, die „Vorhersehbarkeit" nicht generell (wie die sog. objektive Theorie), sondern individuell zu bestimmen, und beruft sich darauf, „die von ihr (scil.: der subjektiven Theorie) geforderte Basis (entspreche) allein der Schuldidee und (sei) deshalb allein gerecht"[137].

Es *scheint* allerdings nur, als ob dieses strenge „Entweder-Oder" auf einer ebenso strikten, qualitativen Differenzierbarkeit beruhe (die sich etwa in einem veränderten Ansatz ausprägen könnte). In Wahrheit unterscheiden sich objektive und subjektive Theorie nur *quantitativ:* die objektive Theorie legt nicht alle (nach der subjektiven Theorie und von *Engisch* im einzelnen behandelten) maßgeblichen Umstände dem Möglichkeitsurteil zugrunde[138], sondern nur einen Teil. Es verwundert deshalb gar nicht, daß *Engisch* den Satz des Objektivisten *Kohlrausch,* wonach nicht deshalb gestraft werde, „weil dieser Täter unter den konkret gegebenen inneren und äußeren Umständen recht handeln ‚konnte', sondern weil ein solcher Täter unter solchen inneren und äußeren Umständen recht handeln ‚konnte' "[139], durchaus auch mit dem Anliegen der subjektiven Theorie für vereinbar hält — geht es doch auch dieser nur darum, „was ‚ein solcher Täter unter solchen inneren und äußeren Umständen' bedeutet"[140].

---

[134] S. 418.
[135] S. 417.
[136] S. 371.
[137] S. 429.
[138] S. 426.
[139] Sollen S. 24.
[140] Untersuchungen S. 427.

Mögen nun die einzelnen Elemente dieses Maßstabes differieren — die Strukturen sind dieselben. Die Richtigkeit dieser Strukturen schon steht indessen in Frage — durch *Engisch* selbst.

Engisch wendet sich dagegen, die wirklich aufgewandte oder nicht aufgewandte Aufmerksamkeit ersetzt zu denken durch die „gehörige" Sorgfalt, jedenfalls in dem Sinne, daß „das Erkennenkönnen hier nur bedeuten sollte: Es besteht die Möglichkeit, daß der Täter unter den angegebenen Voraussetzungen erkannt hätte. Denn wenn wir wegen schuldhafter Tatbestandsverwirklichung zur Verantwortung ziehen wollen, müssen wir nachweisen, daß der Tatbestand wirklich zufolge mangelnder Sorgfalt verwirklicht worden ist, daß also der Täter bei Anwendung der pflichtgemäßen Aufmerksamkeit, bei Erfüllung der Rechtsbeachtungspflicht mit Gewißheit oder großer Wahrscheinlichkeit die Gefahr der Tatbestandsverwirklichung erkannt und im Anschluß hieran verminden hätte"[141].

Engisch verneint ferner jene „Sorgfalt, die das Können des Täters, wenn auch nicht in allen individuellen Einzelheiten, so doch nach einigen schematischen Gesichtspunkten als Faktor in sich aufnimmt (Können eines Berufsgenossen des Täters, Können eines Durchschnittsmenschen usw.)". Ein solches objektiv beurteiltes Können nehme leicht den Charakter eines Sollens an[142]. Etwas später sagt er noch deutlicher, daß „die Erkennbarkeit für die objektive Theorie strenggenommen ein Erkennensollen ist"[143].

Unterscheiden sich aber objektive und subjektive Theorie lediglich darin, daß jene Anforderungen unterschiedlich bestimmt werden, die an die „Täterfähigkeiten" gestellt werden, dann ist — strenggenommen — auch die Ansicht *Engischs* selbst jedenfalls grundsätzlich genauso zu kategorisieren. Vielleicht nimmt das von ihm beurteilte Können nur ein wenig weniger leicht „den Charakter eines Sollens an".

Wie wenig sich *Engischs* Thesen *qualitativ* von denen der Vertreter der objektiven Theorie abheben, zeigen folgende Zitate: Erkennbarkeit ist gegeben, wenn „die Erkenntnis der Tatbestandsverwirklichung unter den Umständen des Falles ... einer durchschnittlichen Erfahrung" entspricht. „Die Feststellung der Erkennbarkeit auf Grund der Umstände des Falles (abgesehen von der wirklichen Aufmerksamkeit) geht also auch hier der Feststellung der Bedeutung der gehörigen Sorgfalt resp. ihrer Außerachtlassung voraus. Der Begriff des Erkennenkönnens verweist auch hier auf die Urteilsbasis der konkreten Umstände[144]."

---

[141] S. 417.
[142] S. 350 Anm. 3.
[143] S. 366.
[144] S. 417.

c) Arthur Kaufmann

stimmt mit den Ergebnissen *Engischs* ausdrücklich überein, wenn er auch um einige Nuancen „objektiver“ als *Engisch* formuliert: Die Feststellung, daß der Täter bei seinen individuellen Fähigkeiten den nicht erkannten Erfolg hätte erkennen und alsdann auch vermeiden können, könne nur bedeuten, daß erfahrungsmäßig andere unter im wesentlichen gleichen Umständen und Voraussetzungen den Erfolg vorausgesehen und vermieden haben[145]. *Arthur Kaufmann* verkennt dabei freilich nicht: „Die Frage aber, was der Täter ‚selbst‘ wirklich konnte, wird nicht beantwortet[146].“ Statt sich nun selbst um eine solche Antwort zu bemühen, beläßt es *Arthur Kaufmann* bei dem resignierenden Hinweis darauf, daß die allein der Schuldidee entsprechende subjektive Theorie sich also nicht konsequent durchführen lasse, was bedeute, daß bei der unbewußten Fahrlässigkeit das Schuldprinzip nicht rein durchgeführt werden könne[147].

Daß *Arthur Kaufmann* seine Überlegungen an dieser Stelle abbricht, hat *Lang-Hinrichsen* sehr verwundert. „Es — ohne nachhaltigen Protest — hinzunehmen, daß täglich zahllose Menschen wegen unbewußt fahrlässiger Delikte ins Gefängnis geschickt werden, die — nach Ansicht *(Arthur Kaufmanns)* — keine materielle kriminelle Schuld auf sich geladen haben, daß also am laufenden Band gegen einen ‚absoluten sittlichen Grundsatz‘, gegen das ‚richtige Recht‘ verstoßen wird, ist schwer faßbar[148].“ *Arthur Kaufmann* gehe damit zum Teil wesentlich hinter das zurück, was bisher nach langen wissenschaftlichen Bemühungen anerkannt worden sei[149].

d) Maurach

faßt das heute überwiegende Schrifttum und die Erkenntnisse der Rechtsprechung dahingehend zusammen, daß sich das „ob“ der Voraussehbarkeit von Tragweite und Bedeutung seiner Handlung „begrifflich nur nach der Persönlichkeit eben *dieses* Täters und nach den konkreten Verhältnissen bestimmen“ lasse, unter denen *er* handelte: „... sein tatsächlicher Bildungs- und Ausbildungsstand, seine intellektuelle Begabung und Gedächtniskraft, das Ausmaß seiner speziellen Sachkenntnis; ferner seine psychische Konstitution im entscheidenden Moment: Übermüdung, Abspannung, Erregung, Geistesgegenwärtigkeit, die Schockwirkung während der Reaktionszeit, end-

---

145 Schuldprinzip S. 228 f.
146 S. 229.
147 S. 229 f.
148 Civitas S. 213.
149 S. 212.

lich auch die hemmenden Auswirkungen besonderer Zwangs- oder Gewissenskonfliktlagen. Hierbei ist jede Schematisierung zu vermeiden[150]."

Dieser Voraussetzungskatalog legt nahe, den Menschen als Reaktionsautomaten aufzufassen. Immerhin hat man eine erkleckliche Anzahl von Daten gesammelt, deren Summe — so könnte man sagen — nur eines ergeben kann: Unter diesen Umständen *mußte* (i. S. einer psychologischen Zwangsläufigkeit) der Täter erkennen. Also *konnte* er auch.

Ob ein solches Argument schlüssig wäre, ist noch zu prüfen[151].

2. Der „Anlaß"

Dem Unbehagen gegenüber der Beschränkung auf eine wenn auch nur noch „minimal"-objektive Bestimmung der Täterfähigkeiten ist in neuerer Zeit gelegentlich Raum gegeben worden. Bezeichnenderweise richten sich die Einwände nicht etwa gegen eine bestimmte Definition von „Erkenntnisfähigkeit" schlechthin, sondern nur gegen die spezifische Wendung der schuldtheoretischen „Vermeidbarkeit des Verbotsirrtums". Niemand, nicht einmal *Arthur Kaufmann,* zweifelt daran, daß „unbewußte Fahrlässigkeit" bestraft werden müsse.

Es sind einmal Stimmen aus der Praxis, die der Entscheidung BGHSt 2, 194 ff. nicht mehr zu folgen vermochten, zum anderen aber neuere Überlegungen von seiten der Anhänger der Vorsatztheorie laut geworden; schließlich haben auch Vertreter der Schuldtheorie entsprechende Untersuchungen angestellt.

Beispielsweise hält *Mattil* einen Mann für „überfordert", der vom Sammlungsgesetz, dem Gesetz über das Kreditwesen noch nichts gehört hat, aber das Gegenteil von dessen Gebot gewohnt ist, wenn er durch Nachdenken herausbekommen soll, daß er zum Geldsammeln, zum Betrieb einer Motorradfinanzierung der behördlichen Genehmigung bedarf. Es fehle ihm jeder äußere Anhaltspunkt, ein Ansatz, an den sich Überlegungen anlehnen könnten, die „zu einer Ergänzung und Vorstellung des Ganzen, auf das es ankommt, führen"[152] würden.

Ebenso sieht sich *Schmidhäuser* zu „Bedenken gegen die Schuldtheorie" geführt — freilich ohne diese Bedenken auch auf die „Rechtsfahrlässigkeit" zu übertragen, wo sie, wenn überhaupt, erst recht angebracht wären: Die Schuldtheorie fingiere zwar nicht, daß der Täter in den Fällen der „raschen Taten" das Unrechtsbewußtsein gehabt

---

[150] AT S. 488.
[151] s. u. V., 3 b.
[152] ZStW 74, 216 f.

habe. „Aber sie fingiert, daß er es in der betreffenden Tatsituation hätte erlangen können[153].“ Denn: „Wer glaubt, handeln zu dürfen, sieht keinen Anlaß, sich zu erkundigen. Nur der Zweifelnde sucht Rat[154].“

Die *Rechtsprechung* hatte schon immer — allerdings ausschließlich beim „fahrlässigen Falscheid“ — darauf abgehoben, „daß im Augenblick der Tat bestimmte äußere Hilfsmittel vorhanden gewesen“ sein müssen, „die bei gehöriger Sorgfalt... die Erinnerung hätten hervorrufen müssen“. „Denn der Vorgang der Erinnerung ist kein willkürlicher[155].“

Auch *Welzel* beschäftigte sich mit diesem Problem und versuchte dem Endpunkt des Pflichtregresses in der Fähigkeit mit dem „Anlaß“ Ausdruck zu geben: Zum Schuldvorwurf genüge „niemals die bloße Tatsache der mangelnden Erkundigung, vielmehr muß für den Täter ein *konkreter Anlaß erkennbar* vorgelegen haben, aus dem sich für ihn eine Pflicht zur Erkundigung über die Rechtslage ergab“[156].

Die Analyse ergibt: Der Täter hat den Anlaß zur Erkundigung des spezifischen Unrechts nicht erkannt, obwohl er ihn als Anlaß hätte erkennen können. Der „erkennbare Anlaß“ ist Ausdruck dafür, daß sich ein rechtstreuer Homunkulus *veranlaßt* gesehen hätte, sich um Unrechtserkenntnis zu bemühen — eine Voraussetzung, die dem konkreten Täter gerade abgeht: er *hatte* den Anlaß, aber er *„sah“ keinen Anlaß,* denn der Anlaß war ja eben nur erkenn*bar.*

Das bedeutet aber nichts anderes, als daß das individuelle Rechtstreuemanko nun doch wieder durch eine „Anlaßerkenntnispflicht“ ausgefüllt und dann darüber hinaus die Fähigkeit zum Erkennen eines Umstandes als Anlaß (z. B. zum Erkundigen usw.) erfragt werden müßte.

---

[153] Mayer-Festschrift S. 321.

[154] S. 337.

[155] BGHSt 14, 52 ff., 54; ebenso schon RGSt 22, 297 ff., 298, wo „thatsächliche Anhaltspunkte“, und RGSt 25, 122 ff., 123, wo „konkrete Umstände“ gefordert werden, „die die Angeklagte darauf hinweisen mußten, daß ihre Erinnerung getrübt sein könne, oder daß ihre Wahrnehmungen von vornherein nicht klar, bestimmt und zuverlässig gewesen seinen“; in der Folge noch RGSt 57, 234 und RGSt 63, 370 ff., 371.

Vgl. zur *Dauer* eines „Anstoßes“ zur „pflichtmäßigen Betätigung der Denk- und Willenskräfte“ RGSt 75, 32 ff., 34, zur Frage der „Erinnerung“ in Fällen, in denen „weder ein Anhaltspunkt noch auch nur ein Anlaß zum Mißtrauen gegen die Treue und Zuverlässigkeit des Gedächtnisses gegeben ist“ RGSt 42, 236 ff., 237.

[156] JZ 1956, 241, ähnlich Lehrbuch S. 167: „Die konkreten Umstände (müssen) dem Täter einen Anlaß (zur Erkundigung) geben.“ Dem hat sich *Engisch* ZStW 70, 576 ausdrücklich angeschlossen. Der 5. Senat in BGHSt 5, 284 ff., 289 hat formuliert: Der Täter „mag zwar ... keinen Anlaß (scil.: zur Erkundigung) gesehen haben ... Seine Überlegungen blieben aber ... an der Oberfläche“.

Das Problem der Voraussetzungen der Erkennbarkeit, das *Welzel* mit „Anlaß“ umschrieben hat, wurde von *Armin Kaufmann* erneut aufgegriffen.

Im Rahmen der Schuldprobleme beim Unterlassungsdelikt betont *Kaufmann*, für die Möglichkeit, durch Erkundigung zur Gebotskenntnis zu gelangen, sei häufig das Wissen von Bedeutung, daß überhaupt ein bestimmter Lebensbereich geregelt ist. „Wer mit Wein handelt, weiß fast immer, daß über die Behandlung von Wein Vorschriften existieren. Damit besitzt er jenes Teilwissen, das ihn dazu führen könnte, sich über Art und Umfang der einschlägigen Gebote und Verbote Gewißheit zu verschaffen[157].“

Damit ist klar ein Mindesterfordernis für einen Anlaß herausgestellt worden, dessen Fehlen *Mattil* beklagt hatte: es bedarf eines (wenn auch Teil-)Wissens, nämlich des aktuellen Bewußtseins darum, daß der bestimmte Lebensbereich, in dem der Täter aktiv zu werden gedenkt, „geregelt“ ist[158].

Schon *Engisch* war der Ansicht, daß die Fähigkeit, konkrete Verhaltensweisen als gefährlich zu erkennen, ein *abstraktes Erfahrungswissen* voraussetzt[159]. Entsprechendes gelte auf dem Gebiete der Rechtserkenntnis. „Wer von einer bestimmten Besteuerungsart nie etwas erfahren hat, kann nicht wissen, daß für ihn persönlich eine Steuer dieser Art in Frage kommt, und er kann auch nicht zu dieser Erkenntnis gelangen, daß er sich über den näheren Inhalt der Steuerpflicht erkundigen muß[160].“

Was *Engisch nicht* fordert — das sei hier nur einmal angemerkt — ist, daß der Täter dieses „Erfahrungswissen“ bzw. die „Rechtsregelkenntnis“ gerade *aktuell parat* hat. Andererseits erklärt sich *Engisch* nicht näher, so daß man ihn nicht so auslegen kann, daß, wer *irgendwann einmal* etwas von einer bestimmten Besteuerungsart erfahren hat, dann auch jetzt wissen kann, daß für ihn persönlich eine Steuer dieser Art in Frage kommt.

In diesem Sinne war aber *Armin Kaufmann* früher einmal der Auffassung, daß, wer Kenntnis von der Norm besitze, sich die Norm ins aktuelle Bewußtsein rufen könne und „die eine intellektuelle Voraussetzung der Fähigkeit zur Pflichtbefolgung“[161] erfülle.

---

[157] Unterlassungsdelikte S. 146.

[158] Daß darunter auch ein Bewußtsein der Möglichkeit, also der Zweifel zu verstehen ist, wurde bereits oben, Seite 34 ff., erläutert.

[159] Untersuchungen S. 420.

[160] S. 421.

[161] Normentheorie S. 164.

Es ist zweifelhaft, ob *Kaufmann* damals gemeint hat, daß die (inaktuelle) „Kenntnis" der Norm in jedem Falle und zwangsläufig die Fähigkeit zur Unrechtseinsicht begründe. Denn *Kaufmann* schränkt seine Feststellung ein: Die einmal ins Bewußtsein getretene Norm bleibe als jederzeit aktualisierbare Kenntnis der Norm erhalten, „soweit sie nicht vollständig ‚vergessen' wird"[162]. Jedenfalls nimmt *Kaufmann* diese These nicht mehr wieder auf, wenn er die Fähigkeit zur Unrechtseinsicht bei den Unterlassungsdelikten behandelt. Nunmehr hebt er allein noch auf die „Selbstableitung" ab.

Als Voraussetzung dafür, daß der Täter „Fähigkeit zur Pflichterkenntnis" hat, bestimmt *Kaufmann* für den „Bereich der Gebote" (das folgende verdient aber — mutatis mutandis — Berücksichtigung für den Schuldbegriff schlechthin): Die Kenntnis der tatbestandsmäßigen Situation müsse bei dem Verpflichteten zumindest den leisen Zweifel erregen, ob hier nicht etwas geschehen muß, ob er hier nicht etwas tun soll. Derjenige, bei dem sich nicht das geringste Bedenken regt, könne auch nicht darauf verfallen, sich zu erkundigen, ob ihm ein Handeln geboten ist[163].

Mit dieser Feststellung weist *Armin Kaufmann* über die mittlerweile steril gewordenen Argumenten - Stereotypen der normativen Schuldlehre hinaus zu neuen Ansätzen: Es ist falsch, „von außen her" im Sinne einer *Möglichkeit* auf die Schuld zu schließen, vielmehr muß „von innen heraus" die *Fähigkeit* zum Erkennen erfragt werden.

Es geht darum, die Voraussetzungen für eine menschliche Entscheidung *zu etwas*, nämlich zu einer „Handlung" oder „Unterlassung" zu bestimmen. Das setzt voraus die Lösung des Problems, wie „jemand bestimmte Vorstellung haben, zu richtigen Ergebnissen gelangen" kann[164].

3. Ansatz bei der Handlungsfähigkeit

Eine Lösung dieses Problems soll nunmehr versucht werden.

Zunächst dürfte unmittelbar einleuchten, daß die Erkenntnis eines Umstandes (im Sinne von sinnlicher Wahrnehmung) ein Prozeß, ein Geschehen ist. Dieser Prozeß geht aus von einem bestimmten Erkenntnisumfang („Ich kenne diesen Sachverhalt"); er ist beendet,

---

[162] S. 164.

[163] Unterlassungsdelikte S. 146; ähnlich BGH JR 1954, 188, anders BGHSt 5, 284 ff., 289; nicht ganz so weit wie *Armin Kaufmann* geht *Schneider* Vermeidbarkeit S. 42, der die Feststellung verlangt, was den Täter „zwingend hätte dazu veranlassen können", Erkundigungen einzuziehen.

[164] *Engisch* Untersuchungen S. 411.

wenn sich dieser Umfang vergrößert hat, nachdem eine weitere Gegebenheit in das Bewußtsein fortschreitend eingegangen ist („Ich kenne nun weitere Umstände dieses Sachverhalts, ich kenne ihn genauer").

Dieses „Eingehen"von Umständen in unser Bewußtsein ist *steuerbar,* man kann seine Kenntnisvergrößerung *anstreben:* Der Vater macht sein Kind auf das Flugzeug am Himmel aufmerksam. Das Kind hebt die Augen und schweift über den Himmel, um das Flugzeug zu entdecken.

Aber nicht nur das bewußte Erfassen *bestimmter* Umstände fällt in diese Kategorie. Auch die allgemeine Prüfung, „ob die Luft rein ist", verschafft die vergrößerte Kenntnis der „Reinheit" oder „Unreinheit" der Luft.

Ähnliches gilt auch für die „Erkenntnis" als Ausdruck eines bestimmten Qualifizierungsvorganges hinsichtlich einer bereits sinnlich wahrgenommen Gegebenheit: Der „schwarze Fleck" wird als „Wildschwein" „erkannt"[165].

a) Erkenntnis als Handlung

Es scheint nun, als ob die Erkenntnis die Resultante, der „psychologische Effekt"[166] von *Handlungen,* von Willensakten sei. Daß dies der Fall sei, ist in der strafrechtlichen Literatur durchaus vertreten worden.

Engelmann hat darauf hingewiesen, daß die Rechtsbeachtungspflicht nicht eine Kenntnispflicht, sondern eine Kenntnis*verschaffungs*pflicht ist, sie fordert also nicht bestimmte Vorstellungen und Erfahrungen als solche, sondern innere und äußere Willenshandlungen, die demZweck der Erlangung solcher Vorstellungen dienen[167].

Auch *Engisch* meint gegen *Binding,* „die Pflicht zur Verschaffung der erforderlichen Kenntnisse, die ‚Vorprüfungspflicht' ", könne nicht „ausschließlich als Pflicht zu ‚geistig-sinnlicher Erkenntnisarbeit'" auf-

---

[165] *Schewe* hat darauf aufmerksam gemacht, daß Wahrnehmung und Erkennen immer zugleich *Re-Produktion* von bereits vorhandenen Gedächtnisinhalten sind: „Wenn ein Tisch als Tisch, ... Unrecht als Unrecht erkannt wird, so sind immer reproduktive Leistungen an dem Erkenntnisvorgang beteiligt: Erkennen bedeutet immer, ‚etwas als etwas erkennen'." Das heißt aber, daß „zur Wahrnehmung nicht die ‚Aktualisierung' von Gedächtnismaterial und die Einordnung des Wahrgenommenen in diese Bestände (hinzukommt), sondern die Reproduktion von Gedächtnismaterial und die Integration des Reproduzierten mit den von außen aufgenommenen Informationen ist konstituierender Bestandteil der Wahrnehmung selbst" (Bewußtsein S. 139 f.).

[166] *Engisch* Juristentags-Festschrift S. 430 Anm. 63.

[167] Rechtsbeachtungspflicht S. 37.

gefaßt werden, denn das „‚sich nach allen Seiten umsehen' bedeutet doch auch ein Wenden des Kopfes nach allen Seiten"[168].

Das „Gelangen zu (richtigen) Erkenntnissen" wäre danach durch (finale) *Handlungen* möglich.

Dann aber müßte man auf die Analysen *Armin Kaufmanns* zur Handlungsfähigkeit zurückgreifen und fragen können, ob der Täter fähig war zu der Handlung, die Unrechtsqualität seines Handlungsprojektes in sein Bewußtsein aufzunehmen.

b) Handlungsmöglichkeit

Nun kennt aber z. B. *Engisch* Fälle von Erkennbarkeit, in denen „besondere Willensakte ... gar nicht in Frage"[169] kommen. „Um erkennen zu können, daß das Rasen in Kraftwagen über belebte Straßen, daß die Nichtbeleuchtung gefährlicher Treppenaufgänge, daß das Werfen mit Steinen gefährlich ist, bedarf es keiner besonderen Willensanspannung, keiner Überlegung[170]." „Es handelt sich hier um eine Erkennbarkeit kraft innerer Evidenz der Gefährlichkeit eines Verhaltens pp., eine Erkennbarkeit, die wir bei dem Täter so lange voraussetzen, als uns nicht besondere Umstände daran irre werden lassen, daß das, was aller Welt sofort zum Bewußtsein gekommen wäre, ihm nicht erkennbar gewesen sein sollte[171]."

Der Schluß von der Tatsache, daß die Gefährlichkeit „aller Welt sofort zum Bewußtsein gekommen wäre", auf die Erkenn*barkeit* seitens des Täters leuchtet aber nicht ein. *Engisch* hätte doch — so scheint es — konsequent behaupten müssen, daß die Gefährlichkeit unter diesen Umständen auch dem Täter „zum Bewußtsein gekommen" ist! Nur dann käme kein „besonderer Willensakt in Frage".

So könnte tatsächlich auch der Zweck, zu dem man einen möglichst lückenlosen Voraussetzungskatalog (wie ihn etwa *Maurach* aufgrund seiner Analyse der Rechtsprechung[172]) aufgestellt hat („Erkennbarkeit, wenn die Situationsumstände a-g, die physischen Gegebenheiten h-s, die psychischen Befunde t-z festgestellt werden"), in dieser Richtung gefunden werden — und zwar als *prozessualer,* indem nämlich dem Täter im Einzelfall unwiderleglich bescheinigt wird, *er habe erkannt.* Denn die Voraus-

---

[168] Untersuchungen S. 309 und 313; bei der „sorgfältigen Erkenntnisverschaffung" sollen „häufig äußeres und inneres Verhalten sich verschlingen" (Juristentags-Festschrift S. 430 Anm. 63).
[169] Untersuchungen S. 369.
[170] S. 369 f.
[171] S. 369.
[172] Vgl. oben S. 83 f.

setzungen sollen doch die Annahme begründen, daß der Erkenntnisvorgang dann auch zwangsläufig so ablaufen mußte, wie er eben „normalerweise" abläuft.

Eine „psychologische Gesetzlichkeit der ‚Assoziation' von psychischen Inhalten" ist von den Psychologen nachgewiesen worden: „... Mehrere Bewußteinsinhalte — Vorstellungen, Gedanken, Empfindungen, Gefühle usw. —, die einmal gleichzeitig bewußt gewesen sind, (haben) von nun ab die *Tendenz*..., immer in derselben Gesellschaft zu bleiben. Mit dem Bewußtwerden des einen Inhalts werden auch die anderen *automatisch* wieder bewußt ... Das Gefühl muß nicht erst willkürlich hervorgerufen werden, *es kommt von selbst* und ist einfach da ... Das Auftauchen der Vorstellung hat *zwangsläufig* auch das Auftauchen des damit assoziierten Gefühls zur Folge[173]."

Und *Schewe* meint, bei gewissen Vorgängen erscheine „‚die Reproduktion' oder ‚Aktualisierung' von Gedächtnisinhalten als eine Leistung, die entweder erbracht oder nicht erbracht werden kann". Allerdings dürfe das nicht verallgemeinert werden, denn es gebe auch reproduktive Vorgänge, „die ‚ohne konstatierte Erinnerung', aber mit größter Sicherheit und Selbstverständlichkeit ablaufen"; „wenn man einen guten Bekannten trifft, so erscheint es geradezu befremdlich, von Gedächtnisleistungen, vom Wiedererkennen oder auch nur vom ‚Erkennen' zu reden — hier meint man mit ‚Erkenntnis' bereits die Wahrnehmung selbst"[174].

Schewe hat hier das gleiche Phänomen im Auge, das von *Engisch* als „Erkennbarkeit kraft innerer Evidenz" bezeichnet worden ist. Und es zeigt sich dann auch bei *Schewe*, daß es ihm nicht geht um das „Erkennen*können*", nicht um die „Reproduzierbarkeit", sondern um die (zwangsläufige) *Reproduktion*. So ist auch der Katalog, den *Schewe* aufstellt, darauf bezogen, daß „ein Zusammenschluß zwischen Wahrnehmung und Spur"[175] erfolgt, nicht darauf, daß ein solcher Zusammenschluß erfolgen *kann*. Folglich läßt sich auch aus *Schewes* Überlegungen für die Frage des Erkennenkönnens nichts gewinnen: sind die von ihm aufgezeigten Voraussetzungen erfüllt, ist m.a.W. „das Erleben als erkennende Identifikation eine Integration von aktueller Information und reproduziertem Gedächtnisinhalt", so „wird die ‚Aktualisierung' mit Notwendigkeit, ohne Zutun des Subjekts, unmerklich vollzogen; die (sachlich-sinnhafte) ‚Nähe' von aktueller Information und alter Spur führt (nach dem ‚Gestaltgesetz der Nähe') zwingend zur Reproduktion des Spurenmaterials und zum Zusammen-

173 *Platzgummer* S. 71 (Hervorhebungen von mir).
174 S. 138 f.
175 S. 141.

schluß mit der aktuellen Information — es ist unmöglich, einen Tisch nicht als Tisch, eine Tasse nicht als Tasse zu erkennen, wenn man den Gegenstand nur überhaupt mit hinreichender Deutlichkeit wahrnimmt"[176]. *Fehlt* es aber an einer dieser Voraussetzungen, so unterbleibt die Reproduktion. Auch wenn *Schewe* Qualitätunterschiede („geringer ‚Aktualisierungsdruck'"[177]) kennt — zu einem *Zwischenbereich* zwischen Kenntnis und Nichtkenntnis, in dem die *Erkennbarkeit* loziert sein müßte, wenn es sie außerhalb eines Willensverhaltens gäbe, wird nichts gesagt.

Was bedeutet aber dann „Fähigkeit"? Was heißt: Du hättest (erkennen usw.) können? Gibt es einen psychologischen Platz für solche Feststellungen, wenn nur solche psychischen Dispositionen nachgewiesen werden, von denen man sagen kann, daß sich das spezifische Subjekt-Objekt-Verhältnis *zwingend* bzw. *zwingend nicht* eingestellt hätte? Wie steht es dann mit der Zulässigkeit eines Rückschlusses auf das Vorhandensein von „Fähigkeit", wenn im Prozeß der Irrtum unwiderlegt bleibt?

Die These, daß das Können der anderen zum Sollen für den Täter werde, gewinnt hier einen neuen Sinn: Du hast nicht erkannt, obwohl du hättest erkennen können. *Daß* du hättest erkennen können, ergibt sich daraus, daß andere erkannt hätten. Du unterscheidest dich von den anderen in den Erkenntnis*voraussetzungen:* Du hättest erkannt, wenn dir nicht eine Voraussetzung gefehlt hätte, *die dir nicht fehlen durfte!*

Schon *Engisch* hatte (im Anschluß an *Exner* und *Leonhard*) erkannt, daß *ein* Umstand *immer* „hinweggedacht" werden muß, damit die Erkenntnisfrage überhaupt beantwortet werden kann: „Würde man sich in einem Falle, in dem feststeht, daß die Erkenntnis nicht eingetreten ist, auf die tatsächlich vorhandenen Ausgangspunkte beschränken" (die etwa auch das Desinteresse des Täters hinsichtlich der Erkenntnis enthalten würden!), so wäre man „von vornherein zur negativen Beantwortung (der Erkennbarkeitsfrage) verurteilt"[178].

Und auch *Platzgummer* erklärt, wo die Prämisse steckt, die vor die (zwingende) „psychologische Gesetzlichkeit" gesetzt ist: Nur derjenige, der „mit einem richtig entwickelten Gewissen begabt ist, wird entweder durch frühere Willensentschlüsse bereits eine Verhaltenstendenz erworben haben, die den asozialen Antrieb sofort beiseite schiebt und jeden ernstlichen Konflikt überhaupt vermeidet, oder er

---

176 S. 141 f.

177 S. 141.

178 Untersuchungen S. 413, ähnlich in der „Lehre von der Willensfreiheit" S. 24 f.

wird doch wenigstens dazu gelangen, den Antrieb mit den als verbindlich erkannten Wertordnungen zu konfrontieren"[179]. Gerade aus dem Nichtbeiseiteschieben des „asozialen Antriebs" erschließt sich aber dann der Mangel einer entsprechenden Verhaltenstendenz und auch das Fehlen deren Voraussetzung: der einzelne hat sein „Gewissen nicht richtig entwickelt". „Auch die Gefühlswarnung" stellt sich nur dann „mit Notwendigkeit" ein, wenn man „letztlich den in seiner Grundeinstellung maßgerechten, rechtsgetreuen Menschen" voraussetzt, „der mit seinem Verhalten habituell dieselben Wertungen verbindet wie der Gesetzgeber"[180].

Platzgummer geht sogar so weit, auch die Tatsache, daß der Täter nicht zur „Gefühlswarnung" kommt, weil es „an einer festen, dauernden Verknüpfung" von „Tatvorstellung" und „Gefühlswarnung" *fehlt,* als „psychologische Gesetzlichkeit" zu bezeichnen.

Man kommt also immer wieder dahin zurück: Jeder Voraussetzungskatalog läßt — nicht etwa aus empirischen Unzulänglichkeiten, sondern als Konsequenz seines eigenen Prinzips — eine Lücke. Diese Lücke findet sich im psychischen Bereich.

So wird denn Erkennbarkeit in dem Voraussetzungskatalog nicht als Erkenntnis*fähigkeit,* sondern als Erkenntnis*möglichkeit* verstanden.

Die Unterscheidung dieser Begriffe ist im gleichen Sinne zu treffen, wie *Armin Kaufmann* Handlungsfähigkeit und Handlungsmöglichkeit unterschieden hat.

Mit Handlungsmöglichkeit sind gemeint „einmal die physischen Kräfte, die manuellen und sonstigen Fertigkeiten einer Person. Ebenso gehören hierher aber auch die äußeren Gegebenheiten, ohne die eine bestimmte Handlung nicht durchgeführt werden kann... Auch müssen die Hilfsmittel, die zur Verwirklichung der Handlung nötig sind, vorhanden und verfügbar sein"[181]. *Aber:* Der Handlungsentschluß ist bei dieser Formel nur unterstellt. „Die *Willensverwirklichung* ist noch nicht dann ‚möglich', wenn das Einwirkungsobjekt und die Tatmittel bereitstehen; es bedarf vielmehr des *Einsatzes* dieser Faktoren, eben der ‚finalen Steuerung' [182]." „Die Fähigkeit zur Willensverwirklichung hat zur Grundlage, daß dasjenige erkannt ... ist, von dem das Fassen des Handlungsentschlusses ... abhängt[183]."

Begnügt man sich indessen mit der (Erkenntnis-)Handlungs*möglichkeit* als der Fähigkeit, einen lediglich gedachten Willensentschluß

---

[179] Bewußtseinsform S. 29 f. im Anschluß an *Rohracher.*

[180] S. 74; *Engisch* sieht dieses Moment in einem „Mangel an Besorgnis" (Juristentags-Festschrift S. 431).

[181] Unterlassungsdelikte S. 36.

[182] S. 36.

[183] S. 37.

zu realisieren, spart man also gerade den Willensentschluß aus, so ist die Erkennbarkeit auf „blinde Kausalität", auf den Zufall reduziert.

„Zufall" ist die Alternative zu einem Willensakt.

Zweifellos ist es keineswegs ausgeschlossen, daß es jemand, der sich versonnen der reichen Farben eines reifen Apfels freut, „einfällt" — er schweift mit seinen Gedanken über die Reihe Äpfel-Ernte-Herbst-Winter-Schnee-Skifahren-Killy-Zoll-Steuer-, ... daß er seine Steuererklärung noch abzugeben hat. Genauso möglich ist es, daß die Reihe bei „Winter" einen anderen Verlauf nimmt (... - Weihnachten-Geschenke-Karajan- ...) und ihm einfällt, er müsse mit seiner Frau wieder einmal ins Konzert gehen. Und schließlich ist es auch denkbar, daß dem einzelnen angesichts des Apfels plötzlich dessen „Eßbarkeit" „aufgeht" und er aus dieser Erkenntnis nun die Konsequenzen zieht.

Aber es wäre verfehlt zu sagen, der Mann sei „fähig" zu diesen Erkenntnissen. Die Behauptung, die Erkenntnis *beweise*, daß zuvor Erkennbarkeit bestanden habe, würde ihrerseits beweisen, daß man einen Fähigkeitsbegriff gebraucht, der nicht psychologisch, sondern nur normativ begründbar ist. Denn das Rückschlußargument müßte auch für den letztlich allein relevanten Fall gelten, daß, wo die Erkenntnis *ausgeblieben* ist, es auch an einer entsprechenden Fähigkeit gefehlt hat. *Hier* aber wird nicht mehr die Psychologie, sondern hier werden Normen bemüht, um die psychische Lücke zu füllen.

Nun kann man vielleicht darüber diskutieren, ob solche psychischen „Lücken", die den Ablauf eines psychisch-kausalen Erkenntnisprozesses verhindern, nicht in der Tat vernachlässigt werden dürfen, zumal sich die Lücke mit der Zahl der zu berücksichtigenden Voraussetzungen so sehr verkleinert, daß man mit *Welzel* geneigt sein mag, das Übersehenhaben der Norm „unbegreiflich" zu finden[184]. Aber man muß zuvor zugegeben haben, daß die Lücke niemals ganz verschwindet — es sei denn, der einzelne hätte tatsächlich erkannt.

Die vorliegende Untersuchung hat den Versuch unternommen, die Fähigkeit „von innen heraus", also psychologisch zu begründen. Da die Erkenntnis als Resultante einer *Handlung* angesehen wird, ist die Erkenntnis — dies hat sich bis jetzt negativ ergeben — als *Geschehens*-Erfolg (also als Erfolg *nicht* einer Handlung, eines Willensakts) uninteressant für die Frage, ob und wann eine Fähigkeit zur Erkenntnis besteht.

c) *Handlungs- und Motivationsfähigkeit*

Nunmehr sind (positiv) die Voraussetzungen der Erkenntnisfähigkeit zu prüfen.

---

[184] SJZ 1948, 370.

Wenn man die Erkenntnis als Ziel einer Handlung begreift, so müßten die Voraussetzungen der Erkenntnisfähigkeit mit denen der Handungsfähigkeit identisch sein. *Armin Kaufmann* hat zwar die Handlungsfähigkeit eingehend analysiert, aber seine Ergebnisse noch nicht ausdrücklich auf die Erkenntnisfähigkeit angewandt. Die Handlungsfähigkeit ist von *Kaufmann* bislang nur unter Unrechtsgesichtspunkten betrachtet worden. Deshalb bemüht er sich um den Nachweis, daß „Handlungsfähigkeit" noch nicht die Elemente der „Motivationsfähigkeit" enthalte.

Handlungsfähigkeit bedeutet Fähigkeit, eine bestimmte Handlung zu unternehmen.

Motivationsfähigkeit ist eine dadurch spezialisierte Handlungsfähigkeit, daß ein bestimmter Umstand eine motivatorische Rolle beim Unternehmen einer Handlung spielen kann[185].

Motivationsfähigkeit ist also für *Kaufmann* die Fähigkeit, sich aus Einsicht in das Unrecht zu einem Handlungs- oder „Unterlassungs"-Entschluß zu motivieren. Daran zeigt sich allerdings, daß über die spezifische Fähigkeit, das Unrecht zu *erkennen*, an sich nichts ausgesagt wird; die „Erkundungsfähigkeit" ist vielmehr „Teil" oder wiederum „Voraussetzung" der „Motivationsfähigkeit" und muß deshalb auch gesondert begründet werden können.

Die Trennung von Handlungs- und Motivationsfähigkeit bedeutet nun zwar, daß die Handlungsfähigkeit keine Elemente der Motivationsfähigkeit aufnehmen darf, nicht aber, daß, wenn Teile eines Motivationsprozesses als Handlungen erkannt werden, nicht auch insoweit wenigstens die Voraussetzungen der Handlungsfähigkeit gefordert werden dürfen[186].

d) Die Handlungsfähigkeit im einzelnen

Handlungsfähig ist nur, wer das Ziel seiner Handlung kennt. Ziel der „Erkenntnishandlung" wäre die Ausfüllung von Wissenslücken.

[185] „Wir neigen dazu, die Voraussetzungen der ‚Vorwerfbarkeit' in einen Begriff der ‚potentiellen Finalität' einzubeziehen, weil wir geläufigerweise als Substrat des Schuldvorwurfs das ‚Andershandelnkönnen' bezeichnen und dieses ‚Können' leicht als das Handelnkönnen bezüglich der *gebotenen* Handlung erscheint. Hierin liegt zugleich einer der Gründe dafür, daß ... die Elemente unserer ‚Handlungsfähigkeit' manchmal insgesamt, fast immer aber teilweise ‚in die Schuld' verlegt werden. Indessen betrifft jenes ‚Andershandelnkönnen' ... lediglich die Fähigkeit zur normgemäßen Motivation, also eine ‚Motivationsmöglichkeit' mit ganz speziellem Sinn. Mit ‚potentieller Finalität' im Sinne der konkreten Fähigkeit, eine bestimmte Handlung zu *verwirklichen*, hat das nichts zu tun" (Unterlassungsdelikte S. 40).

[186] Es ist also nicht schlechthin richtig, wenn *Krauß* formuliert: „Jedes Merkmal, das die Struktur der Finalität aufweist, (ist) Unrechtselement" (ZStW 76, 54).

Daraus folgt, daß die Handlung, einen Umstand zu erkunden, den man noch nicht kennt, immerhin *einen* positiven psychischen Befund voraussetzt: das Bewußtsein des auf eben diesen Umstand bezogenen Kenntnis*mankos*. Der Täter, der etwas *erkennen will*, muß wissen, daß er das „Etwas" noch nicht kennt. „Fähig zu Handlungen mit dem Ziel der Erkenntnis eines Umstandes" ist nur, wer weiß, daß er diesen Umstand noch nicht kennt. Nur wenn der Jäger weiß (oder für möglich hält), daß seine Diagnose hinsichtlich der schwarzen Flecken (Wildschwein) unzutreffend oder wenigstens unsicher ist, ist er fähig, weitere Erkundigungshandlungen vorzunehmen, um seine Kenntnislücke zu beseitigen. Dabei ist gleichgültig, ob die Erkenntnis dahin gehen soll, daß ein Umstand *überhaupt* „existiere" (im weitesten Sinne des Wortes), oder dahin, daß ein Umstand „als ein solcher" vorhanden sei.

aa) Armin Kaufmann

Überprüfen wir dieses vorläufige Ergebnis anhand der unterlassungsdogmatischen Äußerungen *Armin Kaufmanns:* Nichtkenntnis der „tatbestandsmäßigen Situation" ist gleichbedeutend mit „Fehlen" der Handlungsfähigkeit" — allerdings nur dann, wenn die Nichtkenntnis nicht auf Sorgfaltswidrigkeit beruht! Denkbar ist, daß der Untätige die „tatbestandsmäßige Situation" zwar zunächst für möglich gehalten, deren Vorliegen aber dann nach sorgfaltswidriger Prüfung irrig verneint hat. Davon kann bereits, aber auch erst gesprochen werden, wenn — im Beispiel *Kaufmanns* vom „alten Unfall" — der Kraftfahrer es für möglich hielt, daß hier unlängst ein Unglück geschehen und Hilfe notwendig war[187]: Nur, wer sich die Möglichkeit, daß die tatbestandsmäßige Situation vorliege, bewußt gemacht hat, kann in bezug auf diese Situation *überhaupt* handeln und *sorgfaltswidrig* handeln. Wenn er die tatbestandsmäßige Situation aber nicht für möglich gehalten hat, kann er weder sorgfaltwidrig noch überhaupt in bezug auf diese handeln.

Jede Handlungsfähigkeit setzt also eine Zielvorstellung voraus[188].

Daraus folgt: Ziel einer Erkenntnishandlung ist es, etwas zu erkennen, was man noch nicht kennt. Notwendige Zielvorstellung wäre dann das Bewußtsein, daß etwas „da" ist, was man noch nicht kennt. Fehlt es an diesem Bewußtsein, weiß man also nicht, daß es zweifel-

---

[187] Unterlassungsdelikte S. 173.

[188] Daß es sich dort um Unrechts-, hier aber um Schuldkategorien handelt, ist insofern bedeutungslos, als Handlungsfähigkeit hier wie dort ontologisch bestimmt werden muß, denn wir gehen davon aus, daß die Erkenntnis eine Handlung und mithin die Erkenntnisfähigkeit unter ontologischen (Handlungs-)Gesichtspunkten einzuordnen ist.

haft ist (daß man also nicht sicher ist), ob etwa der Eintritt eines Erfolges bevorsteht, oder allgemein: ob das Handlungsprojekt Unrecht ist, so muß die Erkennbarkeit des bevorstehenden Erfolgseintrittes bzw. der Unrechtsqualität des Handlungsprojektes verneint werden.

Der These, daß die Zielkenntnis eine Voraussetzung jeder Handlungsfähigkeit sei, widerspricht — wohl mit der h. L. — *Grünwald* jedenfalls für das fahrlässige Unterlassungsdelikt. Dort reiche die *Erkennbarkeit* der „tatbestandsmäßigen Situation" aus: Auch in Fällen, in denen der Untätige die „tatbestandsmäßige Situation" nicht erkannt hat, könne die Feststellung getroffen werden, daß es ihm möglich war, den Entschluß zum Eingreifen zu fassen und zu verwirklichen[189]; und zwar deshalb, „weil er von seiner Wissensbasis aus zum Bewußtsein der Gefahr und damit zu dem von der gebotenen Handlung und zum Entschluß einzugreifen kommen konnte und sollte"[190]. Aus der einen Fähigkeit folge „in diesen Fällen die andere"[191].

Vielleicht könnte man dem zustimmen, weil es sich um die Bestimmung des Unterlassungs*unrechts* (und noch nicht der Schuld!) handelt und dort die Handlungsfähigkeit ohnehin als eine menschliche *Eigenschaft* erscheint[192].

Aber *Armin Kaufmann* ist dezidiert anderer Ansicht: „Die Frage, ob jemand fähig zu der Handlung a ist, (ist) scharf zu trennen von der Frage, ob er sich durch eine Handlung b die Fähigkeit zu der Handlung a hätte verschaffen können". Beispiel: „Der Förster konnte sich umsehen, er konnte den Flußlauf beobachten und erkennen, daß dort ein Rehkitz mit dem Tode kämpfte; er ist dann *fähig zum Beobachten* der Umwelt oder selbst zum Ausspähen nach verletztem Wild. Von einer ‚Fähigkeit', das Rehkitz aus den Wellen *zu retten*, darf jedoch noch nicht gesprochen werden[193]."

Das bedeutet aber — übertragen auf das hier in Rede stehende Problem —: Fähigkeit zur Erkenntnis eines *Anlasses*, sich um Unrechtskenntnis zu bemühen, ist *noch nicht* Fähigkeit zur Unrechtserkenntnis, sondern eben nichts anderes als Fähigkeit zur Anlaßerkenntnis. Und diese setzt wiederum voraus einen Anlaß dafür, den Anlaß also (möglichen) Anlaß zu erkennen.

Seine Feststellung, daß jede Handlungsfähigkeit eine Zielvorstellung voraussetze, folgert *Kaufmann* „aus einer Betrachtung des Zu-

---

189 Mayer-Festschrift S. 301.
190 S. 301.
191 Ebenso *Welzel* Lehrbuch S. 216 und *Gallas* ZStW 67, 41.
192 Unterlassungsdelikte S. 39.
193 S. 41.

standekommens und des Ablaufes der finalen Aktsteuerung"[194] — ein Phänomen, das als bekannt vorausgesetzt werden darf.

Die Einwände richten sich auch kaum mehr gegen die Stringenz des finalen Ansatzes als gegen den Ansatz bei der Finalität (und dann auch der „potentiellen") überhaupt.

bb) Dogmengeschichte

Nun ist aber ein Teil der Lehre zu dem Ergebnis, das aus der Einsicht in die Struktur der finalen Handlung folgt, auch ohne diese Einsicht gekommen. Betroffen ist einmal die Behauptung, außer unter dem Aspekt eines Willensverhaltens könne eine „Erkennbarkeit" psychologisch überhaupt nicht begründet werden[195], zum andern die These, daß eine (handlungsbegründete) Erkennbarkeit eine Zielvorstellung (einen „Anlaß") voraussetze[196].

α) v. Almendingen

„Es gibt keinen Irrthum, welchen man, wenn man gewollt hätte, hätte einsehen können. Jeder Akt des Erkenntnißvermögens ist völlig unwillkürlich". Dieser Satz ist — soweit ersichtlich — zum ersten Male im Jahre 1804 niedergeschrieben worden. L. Hascher *von Almendingen* hat ihn[197] zum Eckstein seiner insbesondere gegen *Feuerbach* gerichteten überaus scharfsinnigen „Untersuchungen über das kulpose Verbrechen" gemacht. „Was ich in diesem Moment sehe, *muß* ich sehen, was ich nicht sehe, *kann ich nicht sehen.* Jeder Irrthum ist dem Irrenden Wahrheit..." „Zum Zustand des Bewußtseyns" kann man auch dann nicht gelangen, „wenn man will", „weil man, um einen solchen Willen zu haben, vor allen Dingen seinen Irrthum ahnen müßte, und weil man, eben darum, weil man einen Trugschluß macht, seinen Irrthum nicht ahnt"[198]. „Über das Bewußtseyn siegt nicht die Metaphysik des Rechtslehrers, und die Arroganz des Kriminalrichters, wenn er mir da, wo ich ein wirklich kulposes Verbrechen verübte, vorwirft: ich hätte, wenn ich gewollt hätte, meinen Irrthum entdecken können. Meine bescheidne Antwort: *ich hätte an die Folgen meiner Handlung nicht gedacht,* schließt jede Replik aus; oder will man mir weiter vorhalten: ich hätte, wenn

[194] S. 40.
[195] s. o. S. 88 ff.
[196] s. o. S. 84 ff.
[197] Untersuchungen S. 54.
[198] S. 55 und 59.

ich gewollt hätte, daran denken können, so werde ich wiederhohlen müssen: auch daran habe ich nicht gedacht[199]."

Nach *Engisch* sind diese Überlegungen in ihrer Allgemeinheit nicht völlig zutreffend: Die Leistung des Willens für die Erkenntnis werde unterschätzt[200]. Denn auch der Wille stehe im Dienste der Erkenntnis und werde diesem Zweck in weitem Umfang gerecht, „da Anstrengung der Sinne, Überlegung, Erkundung und Benutzung sonstiger Erkenntnismittel vieles Wissenswerte zu vermitteln in der Lage sind"[201].

In der Tat kann man — wie wir oben gesehen haben[202] — fähig sein, aufgrund Willensverhaltens Erkenntnisse zu sammeln, wenn man sich des Kenntnismankos bewußt ist. Aber die Einwände *Engischs* beziehen sich nur auf die Erkenntnis*mittel*, nicht darauf, ob *ohne* Bewußtsein der Kenntnislücke Erkenntnis möglich ist. Das jedoch leugnet *v. Almendingen*, und das steht hier in Frage.

β) Kohlrausch

Auch von *Kohlrausch* wird die Rückführbarkeit des Erkennenkönnens auf ein subjektiv-individuelles Substrat geleugnet: „Das individuelle Können .... wird zu einer staatsnotwendigen Fiktion[203]." „Wenn man ... an einen verletzenden Erfolg überhaupt nicht gedacht hat, so konnte man rebus sic stantibus nicht an ihn denken. Das Gesetz erwartet, verlangt aber, daß man ihn in Rechnung ziehe[204]."

Engisch bestreitet nicht die Folgerichtigkeit dieser Ansicht: „Ist das Ausbleiben einer Erkenntnis in einem konkreten Falle zureichend bestimmt durch die Gestaltung der äußeren Umstände, durch die Fähigkeiten und das Wissen des Täters und schließlich durch den (geringen) Grad seines Interesses am Eintritt oder Nichteintritt des Erfolgs resp. durch die (mangelhafte) Sorgfalt, die er zur Erlangung der Kenntnis aufgewendet hat, so ist die Frage, ob der Täter auf Grund *aller* Umstände die richtige Erkenntnis bekommen konnte, von vornherein zur negativen Beantwortung verurteilt"[205]. Aber *Engisch* wendet sich gegen den Ansatz: Die Frage muß „auf Grund eines

---

[199] S. 62; im gleichen Sinne hat sich auch *v. Bar* Gesetz und Schuld II S. 449 und Anm. 343a geäußert.
[200] Untersuchungen S. 415.
[201] S. 369.
[202] s. o. S. 94 f.
[203] Sollen S. 24.
[204] Reform I S. 210.
[205] Untersuchungen S. 413.

irgendwie anders definierten Tatbestands gestellt" werden, wenn sie „eine sinnvolle Antwort erhalten"[206] soll.

γ) Engelmann,

wohl der Urheber des Begriffs der „Rechtsbeachtungspflicht", stellt die Frage nach den Voraussetzungen dafür, daß die Verletzung dieser Pflicht zur Schuld zugerechnet werden kann, und behauptet dann: „Der Beurteilte muß sich der Rechtsbeachtungspflicht bewußt gewesen sein. Das Pflichtbewußtsein muß überhaupt angeregt worden sein, ein Anlaß, an die Pflicht zu denken, vorgelegen haben. Ist der im Irrtum Befangene völlig ahnungslos durch keinen Anlaß zum Pflichtbewußtsein angeregt, so ist seine Nichtbeachtung der Sach- und Rechtslage nicht irrtumsfrei und eine Zurechnung ist nicht möglich[207]."

Ein etwa noch bestehender Zweifel, daß *Engelmann* doch beim „erkennbaren Anlaß" i. S. *Welzels*[208] stehengeblieben sein könnte, wird durch folgende Bemerkungen ausgeräumt: „Er muß sich des Anlasses bewußt geworden sein. Ein das Bewußtsein der Rechtsbeachtungspflicht anregender Anlaß ist jeder Zweifel; ferner (u.a.) das Bewußtsein eigener Unkenntnis in Betracht kommender Tatsachen und Rechtsnormen, insbesondere das Bewußtsein mangelnder Sachkunde". *Engelmann* fährt fort: „Der Anlaß, der das Bewußtsein der Rechtsbeachtungspflicht angeregt hat, macht die persönliche Erkenntnisfähigkeit des im Irrtum Befangenen zunächst soweit frei, als er sich neuer Beweggründe zur Bestimmung seines Verhaltens (Handeln oder Nichthandeln) bewußt wird und dadurch eine weitere Erkenntnismöglichkeit und genauere Beurteilungsmöglichkeit gewinnt, als er zunächst hatte[209]."

Ersetzen wir nun entweder die „Rechtsbeachtungspflicht" durch die im konkreten Fall eingreifende *Unterlassungspflicht,* oder streichen wir bei der „Rechtsbeachtung" die *Pflicht,* so haben wir exakt die später von *Armin Kaufmann* geprägte Schuldposition.

4. Ansatz bei der Motivationsfähigkeit

Die Feststellung, daß Erkennbarkeit des Unrechts nur gegeben ist, wenn der Täter sich bewußt macht, daß er das (nach seiner Vorstellung möglicherweise vorhandene) spezifische Unrecht seines Handlungsprojekts *nicht kennt,* kann nun aber auch noch von einer anderen Seite her begründet werden.

---

[206] S. 413 f.
[207] Rechtsbeachtungspflicht S. 50.
[208] s. o. S. 85.
[209] Rechtsbeachtungspflicht S. 50 f.

Die „Erkenntnisfähigkeit" steht bei der Schuldtheorie in dem größeren Rahmen der „Vorwerfbarkeit", genauer: der „Fähigkeit zur Pflichtbefolgung" oder der „Fähigkeit zur normgemäßen Motivation". Die Erkenntnisfähigkeit ist Teil oder Voraussetzung der kurz sogenannten Motivationsfähigkeit.

Es soll deshalb versucht werden, aus der Einsicht in die psychischen Vorgänge bei einer Motivation auf die Voraussetzungen zu schließen, die notwendig sind, um von Motivationsfähigkeit sprechen zu können.

Dabei ist allerdings zu bedenken, daß es sich um zwei verschiedene Probleme handelt, wenn von dem *Ziel* der Motivation, und wenn von der Motivation *anhand eines Umstandes* die Rede ist. Es ist bereits oben[210] auf das alte Mißverständnis hingewiesen worden, daß das Recht den einzelnen *verpflichte,* sich im Sinne der rechtmäßigen Handlung oder Unterlassung *anhand* der Unrechtskenntnis *zu motivieren;* auch die Schwierigkeiten, die *Goldschmidt* mit der Motivationspflicht gehabt hat sowie die Art, wie er ihnen zu entgehen suchte, sind dargestellt worden. Das Recht verpflichtet nur dazu, sich zur Pflicht*erfüllung,* nicht, sich *anhand* der Pflicht zu motivieren; das Recht legt keinen Wert darauf, *befolgt,* sondern es will *erfüllt* werden. Die Frage des Motivationsziels ist eine Frage des Handlungsziels — und damit des Unrechts. Darum geht es aber an dieser Stelle nicht. Im vorliegenden (Schuld-)Zusammenhang sind vielmehr die Voraussetzungen problematisch, die notwendig sind, damit sich jemand (zu einer Handlung oder Unterlassung) *anhand eines Umstandes* motivieren kann.

a) Psychische Befunde

Die Behauptung, ein Anlaß zum Handeln müsse *als möglicher Anlaß* im Bewußtsein des Täters *vorhanden gewesen sein* (nichts anderes will mit dem „leisen Zweifel, ob hier nicht etwas geschehen" oder unterbleiben soll, gesagt sein[211]), ist *psychologisch* begründet. Zu dem allgemeinen Problem, welcher *motivatorischer* Voraussetzungen es bedarf, damit ein Mensch einen Verhaltensentschluß fassen kann, hat die Jurisprudenz so wenig etwas Eigenständiges zu sagen wie zum Handlungsbegriff.

Wann also kann man sich an etwas motivieren?

Sich anhand eines Umstandes motivieren heißt: sich verhalten, nachdem man auf einen von einem Umstand ausgehenden Reiz psychisch angesprochen hat. Unerheblich ist es deshalb, ob ein Reiz hin

---

210 s. o. S. 68.

211 *Armin Kaufmann* Unterlassungsdelikte S. 146.

und wieder objektiviert werden kann als das Prädikat (das „Sobeschaffensein“) eines Umstandes. Das Wesen des Reizes besteht vielmehr in einem bestimmten psychischen Aufeinanderbezogensein von Subjekt und Objekt.

Dieser spezifische Subjekt-Objekt-Bezug kann auf doppeltem Wege entstehen:

Es geschieht zum einen häufig, daß ein bereits sinnlich wahrgenommener Umstand, der einem bislang „gleichgültig“ war, plötzlich unter irgendeinem Aspekt an Reiz gewinnt, daß man ihn nunmehr „mit anderen Augen“ sieht, daß man sich über die reine Wahrnehmung hinaus zu diesem Umstand psychisch „verhält“. Psychologisch gesehen gibt es keinen Umstand, in dem dieses „Sehen mit anderen Augen“ noch nicht eingetreten ist, man aber „fähig“ wäre im Sinne eines Willensverhaltens, ein solches Verhältnis zu diesem Umstand zu gewinnen. Hier waltet der Zufall: man empfindet diesen Reiz (vielleicht erwägt man dann auch, ob man diesen Umstand zu einem Verhaltensmotiv machen will), oder man empfindet ihn nicht — mag dieser Umstand im übrigen noch so sehr (objektiv!) „reizen“ oder „appellieren“, vom einzelnen als Motiv ergriffen zu werden. Ergriffen werden als Motiv kann ein Umstand erst, wenn der einzelne einen Umstand *als mögliches Motiv* erkannt hat[212]. Von dieser „Erkenntnisseite“ her läßt sich also nichts oktroyieren. Diese Erkenntnis kommt über ihn. Er kann sich nicht aktualiter um sie *bemühen*.

Wenn der Offizier zu seinem Burschen sagt: „Du kannst mir meine Stiefel wichsen“, so kann der Bursche in doppelter Weise reagieren. Er kann feststellen: „Ja, das ist richtig. Ich bin fähig, die Stiefel zu wichsen.“ Wäre er Eulenspiegel, so würde er sich dieser seiner Fähigkeit freuen, ohne auf die „Idee zu kommen“, die hinter dieser Fähigkeitsfeststellung seitens des Offiziers natürlich stand: nämlich die Pflicht, die Stiefel tatsächlich zu wichsen. Er hat den Befehl nicht *als Befehl,* also nicht als mögliches Motiv erkannt. Klammern wir den Fall aus, daß der Offizier ihm sagt: „Das ist ein Befehl“, so gibt es für den Burschen nur *eine* Möglichkeit, den Befehl als Befehl zu erkennen: das Wissen darum, daß bestimmte oder alle Äußerungen seines Chefs als Befehle verstanden werden wollen.

Das aber ist der zweite Weg, auf dem diese besondere Subjekt-Objekt-Beziehung entstehen kann. Kann nämlich der einzelne zwar nichts „dazu tun“, einen Umstand als Motiv für sich zu erkennen, so kann er immerhin einen einmal als mögliches Motiv erfaßten Umstand „erwarten“. Man kann sich einem Reiz öffnen, ohne noch den diesen verkörpernden Umstand wahrgenommen zu haben.

---

[212] Vgl. auch das treffend explizierte Beispiel bei *Welzel* ZStW 60, 445.

Der Jäger geht in den Wald, um ein Wildschwein zu schießen. Aber erst wenn er schwarze, sich bewegende Flecke im Dickicht als Wildschwein erkennt, ist dieses spezifische Subjekt-Objekt-Verhältnis komplett, das über eine reine Wahrnehmung hinausgeht: nunmehr kann sich der Jäger zum Heben des Gewehrs, zum Peilen und Abdrücken motivieren.

Man kann sich also in der Hinsicht „trainieren", daß man sich von vornherein bestimmten Reizen gegenüber öffnet und dann darauf „gespannt ist", daß der „Reiz-auslösende" Umstand ins Gesichtsfeld tritt: etwa, indem man sich zunächst „vornimmt", bestimmte wahrgenommene Umstände als Motiv zu ergreifen, und dann aufmerksam der Wahrnehmung solcher Umstände harrt. Dann *kann es sein*, daß man im Angesicht eines solchen Umstands diesen als mögliches Motiv sich bewußt macht; aber ob dies auch tatsächlich der Fall ist, ist nicht ausgemacht:Man könnte beispielsweise dieVorstellung, man werde einen später in der Realität auftretenden Umstand als Motiv für einen Verhaltensentschluß ergreifen, inzwischen wieder „vergessen" haben. Die Vorstellung einer möglichen Motivation anhand eines bestimmten Umstandes muß also jedenfalls dann da sein, wenn der Umstand, mit dem die Vorstellung für den einzelnen verbunden ist, im Bewußtsein des einzelnen auftaucht. Ist sie schon vorher vorhanden, so bedarf es — falls sie fortdauert — nur noch der konkreten Wahrnehmung dieses Umstandes, um diesen zugleich als (mögliches) Motiv zu erkennen.

Dieses „Sich-offen-Halten" einer einmal als abstrakte erfaßten Motivationsmöglichkeit gegenüber ist nun aber auch „erlernbar". Und hier liegt die große Chance des Rechts: Der einzelne kann einen bestimmten Schatz an Umständen in sich aufnehmen, von denen er erfährt, daß deren Wahrnehmung im konkreten Falle für ihn eine Handlungs- oder Unterlassungspflicht erzeugt, daß er sie — wahrgenommen — also Motiv ergreifen kann zur Erfüllung seiner Pflicht. (Man denke an die Aktion: „Damit müssen Sie rechnen!")

Solange der einzelne in dieser Hinsicht offen ist, wird sich ihm mit der Wahrnehmung einer „tatbestandsmäßigen Situation" zugleich deren Motivations*kraft* und deren Motivations*anspruch* (zu einer Handlung oder Unterlassung) assoziieren. Allerdings nur, solange er sich dieser Motiv-Qualifikation des Umstandes bewußt ist. „Vergißt" oder leugnet er sie, so ist es, als hätte er sie nie erfahren: dieser Umstand muß ihm dann erst wieder als mögliches Motiv aufgehen oder gezeigt werden.

Diese Erkenntnisse sind hier keineswegs neu gewonnen, sondern nur wieder einmal herausgehoben worden.

b) *Juristische Stimmen*

Schon für *v. Almendingen* „sieht“ der Fahrlässige deshalb „nicht, weil ihm der die innere Sehkraft weckende Reiz fehlt ... Will der Staat Fahrlässigkeiten verhindern, so muß er die Sehkraft des Verstandes reizen ... Er muß die Sinnlichkeit unaufhörlich durch die Sinnlichkeit nöthigen, das Perzeptionsvermögen zur Wahrnehmung des Kausalzusammenhangs der Dinge anzuspornen. Diese Nöthigung erfolgt, wenn der Staat den Bürger auf jedem seiner Schritte mit dem warnenden Zuruf begleitet: Hüthe dich, du *kannst* Übertreter des Gesetzes werden“[213].

Eine „rein psychologische“ Betrachtung führt *v. Almendingen* dann auch zur Möglichkeit einer Steigerung dieser Fähigkeit: „Die Kraft des Wahrnehmungsvermögens steigt mit dem Interesse des Wahrzunehmenden. Die wichtigsten Entdeckungen sind Geschenke der Noth. Der bornirteste Mensch wird scharfsinnig in Gefahren ... Je wichtiger es ihm ist, Fehltritte zu vermeiden, desto mehr wächst seine Gewandheit, desto richtiger durchschaut und beurteilt er seine eigenen Kräfte, und das Verhältniß derselben zu dem was ihn umgibt[214].“

Bei *Stübel* ist die Erkenntnis zu finden, je größer das Interesse des Handelnden an der Vermeidung einer Beschädigung anderer sei, „desto mehr wird das Erkenntniß- oder Wahrnehmungsvermögen aufgeregt“[215]. Und *Wahlberg* hatte bemerkt: „Die willkürliche Aufmerksamkeit setzt wesentlich ein Interesse voraus[216].“

Exner hat sich die Ergebnisse der wissenschaftlichen Psychologie zunutzegemacht. Ist der Mangel an Unrechtskenntnis weder auf das Fehlen sinnlicher Wahrnehmung noch von Assoziationen zurückzuführen, so kann der Ursache dafür nur in der mangelnden Gefühlsbetonung der zu erwartenden Erfolgvorstellung gefunden werden. Die aus diesem Befund von *Exner* und dann auch von *Engisch* gezogenen Schlüsse, nämlich daß in diesem Mangel der materielle Schuldsachverhalt (die Gefühlsschuld) zu sehen sei, interessieren an dieser Stelle nicht[217]. Entscheidend ist nur, daß auch *Exner* und *Engisch* die „mangelnde Wertschätzung“ (*Engisch*[218]) oder das Fehlen von „Unlustgefühlen“ (*Exner*[219]) als Ursache für den Mangel an Unrechtskenntnis gesehen haben und dann auch das Vorhandensein

---

[213] Untersuchungen S. 91 f.
[214] S. 146 f.
[215] Neues Archiv VIII 1825 S. 292.
[216] Gesammelte kleinere Schriften III 1882 S. 272 (Zitat nach *Engisch* Untersuchungen S. 466).
[217] s. aber unten 4. Abschnitt IV., 4.
[218] Untersuchungen S. 467.
[219] Wesen der Fahrlässigkeit S. 173.

von — nun allgemeiner gesagt: — *Pflicht*vorstellungen als Voraussetzung einer entsprechenden Motivation verlangen mußten.

Daß *Mittermaier* es genügen läßt, daß „tatsächlich Vorstellungen vorhanden" waren, „die das Pflichtgefühl beeinflussen konnten und hätten wecken müssen: Der Dreschmaschinenbesitzer sieht die Maschine mit der offenen Transmission, der Apotheker hat die Vorstellung des Rezeptes, der Hofbesitzer die Vorstellung des Hundes und der Straße"[220], hat weder *Engisch* noch *Arthur Kaufmann* befriedigt.

Engisch bezweifelt mit Recht, daß die Erkennbarkeit der Gefahr bei den von *Mittermaier* gelieferten Voraussetzungen begründet sei. Er bezeichnet es als „problematisch, wie das Pflichtgefühl reagieren soll auf die Vorstellung äußerer Umstände, ohne daß zuvor diese Umstände in ihrer Gefahrbedeutung erkannt sind"[221]. Ähnlich kritisiert *Arthur Kaufmann:* „Nur die Vorstellung der Gefährlichkeit dieser Umstände ist geeignet, das Pflichtgefühl zu wecken"[222], und gibt *Sigrid Fischer* recht, die es unbegreiflich findet, „wieso die bloße Vorstellung der äußeren Umstände zum Pflichtgefühl hätte führen können, wenn die äußere Situation nicht einmal in ihrer Gefahreigenschaft erkannt worden ist"[223].

Auch *Welzel* kann wohl als Gewährsmann dafür angeführt werden, daß von Motivationsfähigkeit nur die Rede sein kann, wenn die Kenntnis eines Umstandes *als eines verpflichtenden* vorhanden ist. *Welzel* führt aus, „daß nicht nur die Erkenntnisschritte unkausal (d. h. nicht durch frühere Vorbedingungen blind festgelegt) verlaufen, sondern daß auch das Subjekt die Gewinnung der Erkenntnis als sinnvolle Aufgabe in eigene Verantwortung übernehmen kann". Erkenntnis ist möglich, wenn sie „als Erfüllung einer dem Subjekt gestellten und sinngemäß erfaßten Aufgabe verantwortlich übernommen werden kann"[224].

Schließlich hat auch *Armin Kaufmann* betont: „Erst als Sollen kommt der Erzielung des Wertes und der Vermindung des Unwertes diejenige Bedeutung zu, deren sie bedürfen, um einen Willen im Sinne des Wertes zu bestimmen. Als Ziel gesetzter Wert ist ‚Gesolltes'. Und als Ziel muß das Subjekt den Wert erfassen, um sich von wertfremden Antrieben befreien zu können[225]."

Diese Befunde werden auch von der neueren Psychologie bestätigt. „Die bewußte Auseinandersetzung mit den Anforderungen von

---

[220] ZStW 32, 427.
[221] Untersuchungen S. 392.
[222] Schuldprinzip S. 160.
[223] Das Vergessen S. 21 f.
[224] *Welzel* Lehrbuch S. 142.
[225] Normentheorie S. 183.

Recht und Moral", führt *Platzgummer* aus, „kann zunächst deshalb unterbleiben, weil sich der Täter für den moralischen und rechtlichen Wert oder Unwert einfach nicht interessiert oder weil es ihm doch mehr oder weniger gleichgültig ist, wie sein Verhalten nach objektiven Wertkriterien verurteilt werden mag"[226]. Ins Positive gewendet heißt das: „Die Vorstellung der Tatumstände gewinnt für den Täter erst dann Aufforderungscharakter, wenn sich mit ihm bestimmte Gefühle, Interessen und Verhaltenstendenzen verbinden. Erst sie machen aus ihr eine wirkende Vorstellung, also ein Motiv oder Gegenmotiv[227]."

Das bedeutet zunächst allgemein, daß der einzelne nur dann fähig ist, sich zu einer Handlung (und das gilt dann auch für eine Unrechtserkenntnishandlung) zu *motivieren,* wenn er sich hinsichtlich des Unternehmens der Handlung ein *mögliches Motiv* bewußt gemacht hat. (Das gilt nur für die *Motivations-*, nicht für die *Handlungsfähigkeit!*)

Daraus folgt aber auch: Wer nicht wenigstens das aktuelle Bewußtsein hat, daß seine Handlung möglicherweise irgendwie verboten sei, ist unfähig, (sich nach der seine Handlung regelnden spezifischen Norm zu erkundigen und) sich an der Norm zum Unterlassen seines Handlungsprojekts zu motivieren. Es bedarf m.a.W. zumindest des unspezifischen Zweifels, damit (Anlaß zu Normerkundigungshandlungen besteht und) Schuld (hinsichtlich ihrer intellektuellen Komponente) begründet sein kann[228].

---

[226] *Platzgummer* Bewußtseinsform S. 28.

[227] S. 76 f.

[228] Hier ist nun auch die Stellung dieser Arbeit zu dem Problem der „Willensfreiheit" aufzuzeigen. Mir scheint, der Streit um diese Frage könne in dieser Untersuchung dahinstehen: die „Willensfreiheit" betrifft lediglich das *voluntative,* nicht aber das — hier allein behandelte — intellektuelle Moment der Schuld (vgl. dazu auch *Armin Kaufmann* Normentheorie S. 171 f.). Die Beantwortung der Frage, ob es eine Fähigkeit zum Andershandelnkönnen gibt, setzt voraus, daß eine Wahlsituation vorhanden ist, daß sich der Täter einen Umstand vorstellt, von dem ihm zugleich bewußt wird, daß er ihn als mögliches Motiv für eine Verhaltensentscheidung ergreifen kann. Das Problem der Determination oder Indetermination setzt erst *danach* ein, bei der Frage nämlich, ob der Täter das Motiv dann auch wirklich ergreifen, zu dem seinen machen kann. Diese Frage beantwortet sich von selbst, wenn der Täter den Umstand schon nicht als mögliches Motiv in sein Bewußtsein aufgenommen hat. Auch *zu Dohna* hat den Ansatzpunkt für sein Schuldverständnis in der „Besonderheit seiner (scil.: des Täters) Reaktionsweise auf Motive" (ZStW 66, 508) gesehen; auf Motive kann aber, das würde wohl auch *zu Dohna* einräumen, a priori niemand *reagieren,* der sie sich nicht wenigstens als mögliche Motive vorgestellt hat.

Setzt nun die Willensfreiheit die Vorstellung einer Wahlsituation voraus, so ist allerdings noch nicht gesagt, die Vorstellung der Wahlsituation „mache den Willen frei". Vielmehr ist es auch dann, wenn man von den oben geforderten Gegebenheiten ausgeht, durchaus möglich, der These von der Determination zu folgen. Zu diesem Problem braucht daher in der vor-

5. Ergebnisse im Vergleich mit der Schuldtheorie

Das Ergebnis sollte eigentlich nicht überraschen. In der Schuldtheorie wird durchaus gesagt, Vorwerfbarkeit bedeute die Fähigkeit, sich *aus Einsicht* in das (freilich spezifische!) Unrecht zum Unterlassen des Handlungsprojekts zu motivieren. „Nicht die Möglichkeit, einen Entschluß zur (gesollten) Handlung zu fassen, ist *hier* — in der Schuldlehre — von Bedeutung; diese Fähigkeit ist in ihren intellektuellen Voraussetzungen bereits mit der Handlungsfähigkeit bejaht und vorausgesetzt. Hier interessiert nur die Fähigkeit, gerade aus der Einsicht in die Pflicht zur pflichtgemäßen Willensbildung zu gelangen[229]."

Freilich *begnügt* sich die Schuldtheorie nicht damit, Motivationsfähigkeit als Unterlassungsfähigkeit *aus Einsicht* zu charakterisieren. Vielmehr wird der große Fortschritt, der gegenüber der Vorsatztheorie zu verzeichnen sein soll, darin gesehen, daß auch vorwerfbar handele, wer die Einsicht *nicht gehabt hat, aber sie hat erlangen können.*

Als eine Voraussetzung dieses „Erlangenkönnens" der Unrechtseinsicht ist dazu gefunden worden[230], daß der Täter sich zumindest eine Vorstellung von der Möglichkeit macht, daß das Handlungsprojekt irgendwie verboten sei.

Die *psychologischen* Anforderungen an eine (begrenzte) Unrechtserkenntnisfähigkeit sind erfüllt. Nunmehr aber stellt sich das *systematische* Problem, die Frage nämlich, ob wenigstens die insoweit begründete Fähigkeit zur Unrechtserkenntnis die intellektuelle Voraussetzung der Vorwerfbarkeit sein kann.

---

liegenden Untersuchung nicht Stellung bezogen zu werden. Sie ist ihm systematisch vorgelagert.

Die obigen Ausführungen würden im übrigen gröblich mißverstanden, wenn man in ihnen bereits eine Festlegung im Sinne der Determinationslehre vermuten würde. Wenn gesagt worden ist, Erkenntnis sei nicht möglich, ohne daß zuvor die Erkenntnis als mögliches Ziel gesehen worden wäre, so hat auch diese Aussage mit dem Problem der Determination oder Indetermination, wie es heute diskutiert wird, nichts zu tun. Denn dieser Satz läßt sich nicht mit der gleichen Stringenz positivieren. Es liegt auf der Hand, daß, wenn die notwendigen Erkenntnisvoraussetzungen gegeben sind, nicht zwangsläufig dann auch die Erkenntnis eintritt. Mit Recht sagt *Welzel* („Gedanken zur Willensfreiheit" in Engisch-Festschrift, S. 91 ff., 95 f.): „Selbst wenn der ‚geniale Einfall' wirklich ‚aufblitzt', so bleibt ihm gegenüber doch die entscheidende Frage, ob er wirklich eine *Einsicht* ist oder sich schließlich nur als Täuschung erweist. Das aber entscheidet sich nur durch den verstehenden Umgang mit dem Erkenntnisgegenstand selbst, und dieser Umstand muß ‚frei' sein von Determinanten, die *außerhalb* des Erkenntnisgegenstandes liegen, d. h. die insofern ‚blind' sind und der *kausalen* Determination im spezifischen Sinne zugehören (wie z. B. die assoziativen Verknüpfungen oder die gefühlsmäßigen Tendenzen oder dgl.)."

[229] *Armin Kaufmann* Unterlassungsdelikte S. 139.

[230] s. o. S. 105.

4. Abschnitt

Die Stellung der „Fähigkeit zur Unrechtseinsicht" im System der „Schuldtheorie"

I. Fähigkeit zur Unrechtseinsicht und Fähigkeit zur Pflichtbefolgung

Die moderne Schuldtheorie geht aus von der allgemeinen Schuldvoraussetzung: Der Täter muß fähig sein zur Befolgung der Pflicht als Pflicht, oder: zur Unterlassung der Handlung aus Einsicht in die (Unterlassungs-)Pflicht.

Dazu ist ein Doppeltes notwendig: einmal die Fähigkeit, das spezifische Unrecht des Handlungsprojekts zu erkennen, zum andern die Fähigkeit, sich anhand der erkannten Pflicht zur Unterlassung der Handlung zu motivieren.

Zunächst könnte man dem ganz einfach entgegenhalten: Wenn die *Fähigkeit* genügen soll, die Unrechtsqualität zu erkennen, kann von einer Fähigkeit, sich *anhand der* Unrechtsqualitäts*kenntnis* zu motivieren, keine Rede sein. Denn *erkannt* ist das spezifische Unrecht eben nicht, und eine Motivation anhand etwas, was man nicht kennt, ist ausgeschlossen. Die Fähigkeit zur Pflichtbefolgung setzt immer die *Kenntnis* der Pflicht als Pflicht voraus. Wer die Pflicht nicht kennt, kann sie noch nicht befolgen, auch dann nicht, wenn er fähig ist, sie zu erkennen.

Dies ergibt sich schon aus *Armin Kaufmanns* entschiedener — allerdings auf die Handlungsfähigkeit bezogener — Feststellung, daß mit *einer* Fähigkeit eine andere nicht begründet werden könne: „Der Förster konnte sich umsehen, er konnte den Flußlauf beobachten und erkennen, daß dort ein Rehkitz mit dem Tode kämpfte; er ist dann fähig *zum Beobachten* der Umwelt oder selbst zum Ausspähen nach verletztem Wild. Von einer ‚Fähigkeit', das Rehkitz aus den Wellen *zu retten,* darf jedoch noch *nicht* gesprochen werden[1]."

Dasselbe gilt aber auch für die „hintereinandergeschalteten" Fähigkeiten in der Schuld: Ist schon die Rettungsfähigkeit auch dann noch nicht vorhanden, wenn eine Fähigkeit, sich rettungsfähig zu machen, bejaht wird, um wieviel weniger kann dann im Motivationsbereich

---

[1] Unterlassungsdelikte S. 41.

— so muß geschlossen werden — von einer Fähigkeit zur Pflicht*befolgung* gesprochen werden, solange nur die *Fähigkeit* zur Pflichterkenntnis (und nicht die Pflichtkenntnis selbst) festgestellt ist! Mit der Fähigkeit zur Pflichteinsicht ist *noch gar nichts* gesagt über die Fähigkeit zur Pflichterfüllung *aus Einsicht* in die Pflicht.

Selbst diejenigen, die von einer *Pflicht* zur Unrechtserkenntnis ausgehen, werden diesem Argument nicht echappieren: „Es mag auch ... Pflichten geben, sich die Fähigkeit zu bestimmtem Handeln zu verschaffen; jedoch bringt dann gerade erst die *Erfüllung dieser* Pflicht die Handlungsfähigheit in bezug auf die *weitere* Handlung mit sich[2].“ Das bedeutet übertragen auf den vorliegenden Zusammenhang: Erst die Erfüllung der Pflicht zur Erkenntnis des spezifischen Unrechts bringt die Fähigkeit mit sich, sich anhand des erkannten Unrechts zu motivieren.

Aber das Argument, eine Fähigkeit könne nicht auf einer anderen aufbauen, sondern setze die *Verwirklichung* der anderen Fähigkeit voraus, ist vielleicht zu formal. Man könnte einwenden, daß bei der Entscheidung, Fähigkeit zur Pflichtbefolgung sei vorhanden, selbstverständlich immer vorausgesetzt werde, daß die Fähigkeit zur Unrechtseinsicht zu einer Unrechtserkenntnis geführt hätte. Man dürfe aber auch von dieser Voraussetzung ausgehen, denn mit der Feststellung, es habe Fähigkeit zur Unrechtseinsicht bestanden, sei eben gesagt, daß Unrechtseinsicht eingetreten wäre, wenn die Fähigkeit aktualisiert worden wäre.

Deshalb soll auch diese Hypothese überprüft werden: Kann man wenigstens sagen, der Täter hätte das Unrecht *erkannt*, wenn er es *erkundet* hätte?

II. Die Erkenntnisfähigkeit

Es leuchtet unmittelbar ein, daß eine Handlung, zu deren Vornahme man fähig ist, nicht notwendigerweise und unter allen Umständen zum vorgesetzten Ziel führen muß. Es gibt Handlungen, die das Ziel auch dann verfehlen, wenn sie subjektiv sorgfältig vorgenommen werden. Ist gleichwohl Fähigkeit vorhanden, das Ziel *zu erreichen?* Ist eine solche „Fähigkeit“ überhaupt denkbar?

1. Fähigkeit zum Bewirken eines Erfolges?

Im täglichen Leben geschieht es häufig, daß der Täter zunächst die Vorstellung hat, sein Handlungsprojekt sei möglicherweise in bezug auf einen bestimmten Erfolg sorgfalts- und damit rechtswidrig,

---

[2] S. 41 Anm. 88.

und daraufhin Maßnahmen trifft, um den Zweifel in dieser Richtung aufzuklären oder auszuräumen. Auf Grund dieser Maßnahmen kommt er zu dem (objektiv falschen) Ergebnis, seine Zweifel seien unbegründet gewesen, er dürfe sein Projekt verwirklichen.

Der A — durch den Hinweis des B auf das Verbotensein vorsichtig geworden — bekommt Zweifel, ob die schwarzen Flecken tatsächlich einem Wildschwein angehören oder nicht vielleicht doch als Rock eines Menschen zu identifizieren sind, und sieht sie sich daraufhin noch einmal genau an; dann aber ist er davon überzeugt: Das hier kann nur ein Wildschwein sein. —

Der K, der nachts um 3 Uhr mit überhöhter Geschwindigkeit auf die Kreuzung zurast, sagt sich: Um diese Zeit habe ich hier noch niemals eine Menschenseele erblickt. Also ist hier auch jetzt keine Gefahr vorhanden. —

Der Weinhändler W fragt seinen Sohn, einen Jurastudenten, ob seine künftigen Manipulationen noch dem Weingesetz entsprächen. Dieser behauptet, das Weingesetz sei inzwischen aufgehoben. W glaubt das, seine Zweifel sind beseitigt. Nun handelt er und übertritt die Normen des Weingesetzes.

Solange — im Jägerbeispiel — die Schießhandlung isoliert von den vorausgegangenen Vorstellungen des Täters betrachtet wird, müßte nach den bisherigen Ergebnissen Unfähigkeit zur Unrechtseinsicht festgestellt werden: A war zum Zeitpunkt des Schusses nicht fähig zu erkennen, daß dieser Schuß einen Menschen tödlich verletzen könne und deshalb verboten sei, weil er sich der Möglichkeit, daß der Schuß überhaupt verboten sei, nicht mehr bewußt war. Mit entsprechender Begründung scheint auch in den anderen Fällen entschieden werden zu müssen.

Zwar drängt sich zunächst auf, nicht erst die Schießhandlung, sondern schon die Zweifelbeseitigung als Unrechtsproblem zu behandeln, und zwar entweder so, daß die Zweifelbeseitigungshandlung als sorgfaltswidrig hätte unterbleiben, oder so, daß eine sorgfältigere Zweifelbeseitigung hätte unternommen werden sollen.

Aber das Problem kann hier dahingestellt bleiben. Denn wie auch immer man sich „im Unrecht“ entscheidet — die Frage der „Vorwerfbarkeit“ der Schießhandlung oder der Zweifelbeseitigung oder des Unterlassens der sorgfältigen Zweifelaufklärung stellt sich immer *noch*, und auch — für die Schuldtheorie — immer *gleich*: war der Täter fähig, das Unrecht der Handlung (bzw. deren Gebotensein) zu *erkennen?*

Die Frage scheint darauf hinauszulaufen, ob man nicht nur Fähigkeiten zum Unternehmen von *Handlungen*, sondern auch zum Bewirken von *Erfolgen* feststellen könne. Die Frage so zu stellen hieße, sie sofort zu verneinen.

Eines läßt sich nämlich ganz allgemein sagen: Wenn jemand eine Handlung mit einem bestimmten Ziel unternimmt, kann er — ex ante gesehen — niemals absolut gewiß sein, das Ziel auch realiter zu erreichen. Um diese absolute Gewißheit geht es freilich hier nicht. Allerdings bedeutet „Handlungsfähigkeit“ für *Armin Kaufmann* nicht schon „Versuchsfähigkeit“[3], also nicht nur die Fähigkeit, *überhaupt* eine Handlung mit Blick auf die Zielerreichung zu unternehmen. Vielmehr handelt es sich um das Problem, ob es die Fähigkeit gibt, eine Handlung zu unternehmen, die zwar mit relativer, aber mit immerhin aufgrund gewisser Maßstäbe und technischer Regeln optimierter Sicherheit zum Erfolg führen wird.

Was gemeint ist, wird aus folgendem deutlich:

Armin Kaufmann betont, mit dem „Regelwissen“ besitze der Täter „jenes Teilwissen, das ihn dazu führen könnte, sich über Art und Umfang der einschlägigen Gebote und Verbote Gewißheit zu verschaffen“. Tut er das nicht, so hat er zwar keine „Erkundigungspflicht“ verletzt, aber ein Verstoß gegen das Weingesetz ist ihm vorwerfbar, weil er in der Lage gewesen wäre, seine Pflicht aus dem Weingesetz zu erkennen“[4]. Tut er dies aber — so wäre fortzufahren —, unternimmt er also eine Handlung mit der „Tendenz“, „sich über Art und Umfang der einschlägigen Gebote und Verbote Gewißheit zu verschaffen“,so ist ihm, wenn er seinen Zweifel mit negativem Ergebnis beseitigt, ein Verstoß gegen das Weingesetz nicht ohne weiteres *nicht* vorwerfbar. Vielmehr ist dann immer noch zu fragen, ob er fähig gewesen ist, sich *sorgfältig* Gewißheit zu verschaffen.

„Der Motivationsablauf, den die Rechtsordnung erwartet (und dessen Nichteintritt sie vorwirft) ist der folgende: Der Handlungspflichtige ... erkennt die Todesgefahr, in der der Verunglückte schwebt. Nun sollte ihm das Hilfeleistungsgebot ins aktuelle Bewußtsein treten ... Er sollte sich daraufhin fragen, ob und wie er den Todeseintritt verhindern kann ..., und dann die zweckmäßigste der etwa möglichen verschiedenen Maßnahmen sorgfältig durchführen“[5].

2. Fähigkeit zur sorgfältigen Erkundung?

Danach aber steht hier nicht die Fähigkeit, einen Erfolg zu bewirken, auch nicht schlechthin die Fähigkeit in Rede, eine auf ein bestimmtes Ziel hin gerichtete[6], sondern die Fähigkeit, auch eine in

---

[3] Unterlassungsdelikte S. 222.

[4] Unterlassungsdelikte S. 146.

[5] *Armin Kaufmann* v. Weber-Festschrift S. 224.

der Einzelabfolge in gewisser Weise festgelegte Handlung, kurz: eine „erfolgsrichtige“ Handlung, zu unternehmen.

Einen Anlaß zum Unrechterkunden hatte der Täter in den Ausgangsfällen: die Vorstellung, sein Verhalten sei möglicherweise verboten. Aber er hat ja diesen Anlaß auch *als Anlaß* nicht nur *erkannt*, sondern auch zu Erkundigungshandlungen *ergriffen!*

a) Subjektive Sorgfalt

Dabei ist für die hier zu prüfenden Fälle zu unterstellen, daß der Täter diese Handlungen jedenfalls *subjektiv sorgfältig* vorgenommen hat. Er ist nicht nur „am Ende“ davon überzeugt, daß seine ursprünliche Vorstellung irrig gewesen sei, sondern er hat auch bei jedem einzelnen Schritt des Aufklärungsprozesses die Überzeugung, „sein Bestes“ im Sinne der Aufklärung zu tun. Bleiben nämlich „unterwegs“ Zweifel zurück, hält er also selbst für möglich, nicht sorgfältig bei der Erkundung vorgegangen zu sein, so ist der Zweifel am Ende nicht als *beseitigt*, sondern nur *verdrängt* zu betrachten. In diesen Fällen *hat* der Täter den Zweifel noch, er *beachtet* ihn nur nicht mehr.

b) Objektive Sorgfalt

In den anderen, an dieser Stelle allein interessierenden Fällen, in denen also der Täter subjektiv sorgfältig zu dem (falschen) Ergebnis gekommen ist, bliebe folglich nur noch die *objektive* Unsorgfalt bei der (im Ergebnis zweifelbeseitigenden) Unrechtsaufklärung. Das heißt aber, daß man — um die Unsorgfalt als Meßergebnis destillieren zu können — zunächst mithilfe des rechtstreuen Homunculus herauskommen müßte, welche Aufklärungshandlung im einzelnen als die sorgfältige anzusehen gewesen wäre.

Wäre damit die Fähigkeit zum Unternehmen dieser — objektiv „erfolgsrichtigen“ — Handlung festgestellt?

aa) Erkennbarkeit des Verwirklichungsweges

Wenn gefragt wird, ob jemand zur Erfolgsherbeiführung fähig ist, läßt *Armin Kaufmann* — neben der Kenntnis des Handlungszieles — die „*Erkennbarkeit* des Verwirklichungsweges“ ausreichen: Hand-

[6] So aber diejenigen, die darauf abstellen, daß der Täter überhaupt „prüft“, für die es unerheblich ist, ob der Täter Unrechtseinsicht hätte „haben“ können: BayObLG NJW 1960, 504; *Schneider* Vermeidbarkeit S. 44 Anm. 4; zuletzt BGH NJW 1966, 842.

lungsfähig ist *auch*, wer mit der Möglichkeit „rechnen *kann*, die zum erkannten Ziel führende Handlung zu verwirklichen“[7]. Es genügt nicht, daß der Täter nur die „Planungs-“ oder „Versuchsfähigkeit“ besitzt. Es bedarf vielmehr der „vollen Handlungsfähigkeit“[8], die aber besteht, wenn die „erfolgsrichtige“, also die objektive Handlung *erkennbar* gewesen ist.

Zu der Vorausberechnung des Handlungsablaufs ist der Täter „in der Lage, wenn er das notwendige Kausalwissen besitzt und mit dessen Hilfe die maßgebenden Realfaktoren erkennen, einkalkulieren und durch richtige Mittelauswahl überdeterminieren kann“[9]. „Der Nichtschwimmer, der nicht ... erkennen kann, daß sich in der Nähe ein Rettungsring befindet, kann dem Ertrinkenden nicht helfen. Hätte er jedoch beim Suchen nach einer Rettungsmöglichkeit auf den Rettungsring stoßen müssen, so war er handlungsfähig! Denn er konnte — vom Rettungsziel her sein Handeln steuernd — das Rettungsmittel erkennen und einsetzen[10].“

Im Rahmen der „Sorgfaltswidrigkeit beim Handeln mit Gebotserfüllungstendenz“ ergänzt *Kaufmann:* „Nur bei Vermeidbarkeit des Irrtums über die Eignung des ausgewählten Tatmittels oder Vermeidbarkeit der ungeschickten, unsachgemäßen Durchführung des in richtiger Erkenntnis der Sachlage gefaßten Entschlusses kann die Frage der Fahrlässigkeit auftauchen. Diese Fähigkeit, nicht nur überhaupt zu handeln, sondern richtig zu handeln, bedarf stets einer besonders eingehenden Prüfung[11].“

Für *Kaufmann* stellt sich die Frage nach den Voraussetzungen für die Handlungsfähigkeit nur für Handlungen, die dem Tat-*Unrechts*-Urteil unterliegen. Die Fähigkeit zu Handlungen, die auf die *Erkenntnis* des (Tat-)Unrechts bezogen sind, hat *Kaufmann* nicht im Auge gehabt. Allerdings betrifft die Analyse *Kaufmanns* schon die ontologische Begründung der Handlungsfähigkeit.

Die These *Kaufmanns* ist deshalb vom Handlungs*begriff*, nicht vom Delikt aus zu überprüfen. Die Ergebnisse müssen dann auch für die „Erkenntnisfähigkeit“ richtig sein.

bb) Endziel- und Mittelhandlungen?

Wer ein Ziel vor Augen hat, ist fähig, Handlungen mit dem Zweck zu unternehmen, dieses Ziel zu erreichen. Es geschieht aber häufig,

---

[7] Unterlassungsdelikte S. 43.
[8] S. 222.
[9] S. 43.
[10] S. 45.
[11] S. 172 f.

daß die Zielerstrebung nicht nur eines einzigen „direkten“ Aktes, sondern mehrerer Vorbereitungsakte bedarf, um einen besseren oder den notwendigen technischen Ausgangspunkt zu schaffen: Wer — im Zimmer befindlich — sich das Ziel setzt, seine Blumen im Schrebergarten am Stadtrand zu gießen, muß vom Stuhl aufstehen, in den Keller gehen, das Fahrrad herauftragen, Luft nachpumpen, sich daraufsetzen, abfahren, mehrere Straßenkreuzungen überqueren usw. Man male sich den weiteren Fortgang selbst aus. Selbstverständlich sind alle diese Teilakte für sich gesehen komplette Handlungen. Wenn *Kaufmann* nun meint, es komme darauf an, ob (genüge aber auch, daß) der einzelne „— vom Rettungsziel her sein Handeln steuernd — das Rettungsmittel erkennen und einsetzen“ konnte, so bedeutet das, daß der einzelne die für die Vorbereitungshandlungen zur Endzielerreichung notwendigen Zwischenziele nicht *erkannt* haben muß, um fähig zur „End-Ziel-Handlung“ zu sein. Der Schrebergärtner ist also fähig zum Blumengießen, auch wenn er sich nicht vergegenwärtigt, daß zunächst noch Luft im Fahrradreifen nachgepumpt werden muß.

Was aber nun Endziel und was Zwischenziel, was Zweck und was Mittel ist, hat sich auch schon *Engisch* gefragt; eine solche Qualifizierung der „Ziele“ wollte ihm „nicht frei von Willkür scheinen. Hat z. B. der Arzt, der bei einem diphtheriekranken Kinde kein Serum gespritzt hat, um deswillen diese Heilmaßnahme ‚nicht unterlassen‘, weil er die Krankheit und damit das Handlungsziel nicht erkannt hat? Oder will *Armin Kaufmann* in einem solchen Falle die richtige Diagnose zum *Mittel* für die Verwirklichung des (abstrakter gedachten) Handlungszieles (Heilung des Kindes) rechnen, mit Bezug worauf bloß *Erkennbarkeit* erforderlich ist? Wie sind Handlungsziel und Mittel zu seiner Verwirklichung gegeneinander abzugrenzen?“[12].

Engisch scheint mit diesen Fragen einmal auf Nichtabgrenzbarkeit von Ziel und Mittel hinaus-, zum andern aber auch daraus ableiten zu wollen, daß *immer* schon (also auch hinsichtlich des *Ziels!*) die *Erkennbarkeit* ausreiche, damit Handlungsfähigkeit begründet sei.

Ich möchte den *Ausgangspunkt* Engischs teilen, aber daraus die entgegengesetzte Konsequenz ziehen.

Es ist ja auch folgende Konstellation denkbar: Der einzelne hat ein „neutrales“ Ziel erkannt; würde er es anstreben, so gäbe es nur einen („objektiv sorgfältigen“) Weg zu diesem Ziel: er müßte sich zunächst eine bestimmte Ausgangsbasis für die dann folgende „eigentliche“ Zielhandlung schaffen. Diese „Zwischenhandlung“ — das soll unterstellt werden — ist identisch mit einer Gebotserfüllung.

---

[12] JZ 1962, 190.

A will des nachts bei der X „fensterln“. Er findet im Garten eine Leiter. Da sie zu kurz ist, verliert A die Lust und geht wieder. Neben der kurzen lag eine der Länge nach richtige Leiter. A hätte beim Suchen nach einer Fensterlmöglichkeit darauf stoßen müssen. Dann hätte er auch entdeckt, daß neben der Leiter der B lag, bewußtlos und mit gebrochenen Beinen.

Soll für die Rettungshandlung hinsichtlich des B Erkennbarkeit genügen? Nein! Die Gebotserfüllung setzt Kenntnis des Ziels der gebotenen Handlung voraus. „Rettungsfähig“ wäre A nur, wenn er die „tatbestandsmäßige Situation“, d. h. den B und dessen Zustand *erkannt* hätte.

Verändern wir den Fall nun so:

A bedurfte einer Leiter, um die X die retten, die — wie er wußte — Schlaftabletten genommen hatte. Im übrigen wie vorher.

Hier wäre Rettungsfähigkeit hinsichtlich der X vorhanden, denn dem A war die lange Leiter *erkennbar*. War ihm aber die Leiter, so war ihm auch der B erkennbar, der unmittelbar neben der Leiter lag.

Gleichwohl ist A nur fähig, die X, nicht aber den B zu retten — ein seltsames Ergebnis, wenn man behauptet, dem A sei die Leiter (und damit zwangsläufig die Lage des B) erkennbar, was doch nichts anderes heißen kann, als daß der A fähig wär, den B und seine Lage zu erkennen.

Die Ungereimtheit ist evident, und ihr Grund ist in der Behauptung zu finden, der B sei dem A „erkennbar“. Das kann nicht richtig sein, es sei denn, man operiere mit verschiedenen Fähigkeitsbegriffen.

Im ersten Fall hat sich gezeigt, daß das wertfreie „Mittel“ von Rechts wegen „Ziel“ ist (und deshalb erkannt worden sein muß und nicht nur erkennbar gewesen sein darf). Es ist also das *Gebot*, das bestimmt, was „Ziel“ und was „Mittel“ ist, während es *außerhalb* des *Gebots*, also vom ontologischen Aspekt aus, überhaupt nur (vielleicht Nah- und Fern-, aber jedenfalls immer) „Ziele“ gibt.

Jedenfalls bei der Unterlassung mußte *Kaufmann* ausdrücklich begründen, warum er sich mit der *Erkennbarkeit* der Mittel — und zwar der „erfolgsrichtigen“! — begnügen will: „Der Verpflichtete muß sich als erstes Einblick in die vorhandenen Möglichkeiten zur Pflichterfüllung verschaffen ... Wer sich schon hier versagt, dessen Verhalten ist — unter sonst gleichen Voraussetzungen — nicht besser zu bewerten als das desjenigen Unterlassenden, der sich seiner Handlungsmöglichkeiten bewußt gewesen ist[13].“ Und *Welzel* bemerkt: „Die

Beschränkung auf die bewußte Unterlassung würde den sozial Gleichgültigen und Gefühllosen prämiieren!"[14].

In der Tat: Wenn, wie es bislang erarbeitet zu sein scheint, der einzelne die objektiv „erfolgsrichtigen" Mittelhandlungen erkannt haben müßte, wäre eine Strafbarkeit dessen, der „sich schon hier versagt", der sich also trotz Zielkenntnis keine Gedanken macht über Mittel und Wege zur Zielerreichung, ausgeschlossen.

cc) Unterscheidung von Erkennbarkeit

Es hieße aber, das Kind mit dem Bade auszuschütten, wollte man, um dieses Ergebnis zu vermeiden, *immer* nur „Mittelerkennbarkeit" ausreichen lassen.

Vielmehr soll versucht werden, zwei Phänomene zu unterscheiden:

In dem Fall, in dem der Täter das Ziel der gebotenen Handlung erkannt, aber nicht weiter über Verwirklichungsmöglichkeiten nachgedacht hat, kann man sagen, er sei fähig wenigstens *dazu* gewesen, nämlich nach Möglichkeiten in bezug auf die Zielerreichung überhaupt einmal zu „fahnden". Hier geht es noch nicht um einen bestimmten Handlungs*modus*, sondern um ein Zielhandeln schlechthin.

Im hier interessierenden Zusammenhang heißt das, daß derjenige, der für möglich hält, daß sein Handlungsprojekt irgendwie verboten ist, fähig ist, Schritte zu unternehmen, um das Kenntnisdunkel aufzuhellen — mögen diesen Schritte zunächst auch nur darin bestehen, daß er überhaupt überlegt, wie er sich Klarheit verschaffen könne.

Dem Untätigen wird nicht vorgeworfen, mangelhaft, sondern überhaupt nichts geleistet zu haben: „Was fehlt, ist die Auswahl der Mittel, um das gesteckte Ziel zu erreichen, die Einblicknahme in die Gegebenheiten der Situation oder die Denkleistung, die zu jedem Planen einer Handlung erforderlich ist. Der Nichtschwimmer, der sich nach seinen Fähigkeiten mit Hilfe herumliegender Stangen leicht hätte davon überzeugen können, daß er das in den Teich gefallene Kind retten konnte, hat gar nicht zum Hilfeleisten angesetzt; er hat schon bei dem ersten Teilstück der notwendigen Finalsteuerung versagt. Er hat seine Fähigkeiten nicht genutzt, den Verwirklichungswillen nicht eingesetzt, um einen Rettungsweg ausfindig zu machen[15]."

Auf die Feststellung einer *im einzelnen Ablauf* bestimmten Handlung kann man in diesem Stadium getrost verzichten. Der Untätige

[13] Unterlassungsdelikte S. 112.
[14] Lehrbuch S. 451.
[15] Unterlassungsdelikte S. 111.

hat nicht nur etwas Falsches, er hat gar nichts getan. Zu „irgendetwas“ in Richtung des Ziels aber, zu einem *Versuch*, war er fähig.

Daraus folgt aber, daß das „Erkennenkönnen“ eines Verwirklichungsweges *in diesen Fällen* nur eine Formel ohne Anwendung ist. Wer das Ziel kennt, kann etwas in bezug auf dieses tun, und sei es nur, daß er sich davon überzeugt, er könne nichts tun.

Dann aber mag man für diese Fälle die Erkennbarkeit ausdrücklich verlangen oder mag auf sie verzichten: Die Frage, ob der Untätige, der sich keine Gedanken über die Zielerreichung macht, den Gebotstatbestand erfüllt (und u.U. bestraft werden kann), kann unabhängig davon bejaht werden, daß man Erkennbarkeit eines „objektiv“ bestimmten Verwirklichungsweges feststellt. Denn *diese* Art Erkennbarkeit ist identisch mit der Zielkenntnis oder folgt doch zwangsläufig aus ihr.

Es liegt aber anders, wenn der einzelne das Ziel nicht nur erkennt, sondern zu dessen Verwirklichung auch *etwas unternimmt*. Der Nichtschwimmer sucht „aufgeregt am Ufer nach einer Rettungsmöglichkeit für einen Ertrinkenden“, vergißt „dabei aber den schlafenden Bademeister“[16]. Hier hat er „zwar mangelhaft geprüft, aber er *hat* geprüft“. Es ist etwas Meßbares, nämlich seine Zielhandlung vorhanden, hier kann geprüft werden, ob es die „erfolgsrichtige“ Handlung ist, und *hier* wäre dann auch der Platz für die Frage, ob die „erfolgsrichtige“ Handlung „erkennbar“ war.

Nur —: hier würde man mit der Beschränkung auf die Erkennbarkeit der „erfolgsrichtigen“ Handlung hinter dem Grundsatz zurückbleiben, daß handlungsfähig nur ist, wer das Handlungs*ziel erkannt* hat. Dieser Satz muß, wenn er richtig ist, allgemeine Geltung haben. Er läßt sich nicht nach „Ziel-“ und „Mittelhandlungen“ differenzieren[17]. Hat der Nichtschwimmer subjektiv sorgfältig geprüft, so hat er getan, wozu er fähig war. An weiterem Unterlassungsunrecht fehlt es mangels weiterer Handlungsfähigkeit.

Es hat sich ergeben, daß es eine Fähigkeit zu einer *objektiv* sorgfältigen Handlung nicht gibt. Der einzelne ist angesichts eines er-

---

[16] S. 112 Anm. 58.

[17] Um keine Mißverständnisse aufkommen zu lassen: Es wird gesagt, daß nur subjektiv (und nicht objektiv) sorgfältige Handlungen *geboten* werden können. Das heißt aber nicht, daß dann auch das *Verbot* nur auf subjektiv unsorgfältige Handlungen gehen könne. Vielmehr können auch *objektiv* sorgfaltswidrige Handlungen verboten werden. Denn schließlich gilt: „Unterlassen kann jedermann“ (Wiener Vortrag S. 47), handeln kann aber nur der Handlungsfähige. Unterlassen kann natürlich auch nur der Handlungsfähige. Aber damit, daß er handelt, realisiert er seine Handlungsfähigkeit.

kannten Handlungsziels nur fähig zu subjektiv sorgfältigen Unternehmungen, zu Versuchen, in bezug auf die Erreichung dieses Ziels.

Damit entschwindet aber auch die Möglichkeit, mit dem Merkmal der „Erkennbarkeit“ eine Fähigkeit zur Unrechts*erkenntnis* zu begründen. Es gibt nur eine Fähigkeit zur (subjektiv sorgfältigen) Unrechts*erkundung*.

Dieses Ergebnis resultiert aus dem Ansatz bei dem Handlungsbegriff, wie ihn *Armin Kaufmann* entwickelt hat.

Wer meint, dem Ergebnis nicht folgen zu können, muß deshalb auch den Ansatz verwerfen, wonach handlungsfähig nur ist, wer das Handlungsziel *kennt*, nicht aber auch, wer es nur (objektiv) erkennen *kann*.

3. Bestimmung der Handlungsfähigkeit vom Erfolg her

Das Ergebnis wird demjenigen nicht einleuchten, der in den Handlungsbegriff den Handlungs*erfolg* einbezieht. Er wird unter Handlung nur diejenige sehen, die — durchgeführt — den Erfolgseintritt garantiert (wie er beim Begehungsdelikt die Handlung vom eingetretenen Erfolg und nicht von der Tätervorstellung ausgehend [Ausnahme: Versuch] bestimmt). Versucht man nun *danach* die Voraussetzungen der „Handlungs*fähigkeit*“ festzulegen, so ist man von einem Rückgriff auf psychische Befunde (jedenfalls teilweise) abgeschnitten.

Was subjektiv fehlt („Zielkenntnis“), wird objektiv ersetzt („Erkennbarkeit“). Auch damit ist eine Verbindung zwischen Täter und Erfolg hergestellt. Nur ist sie anderer Art als die von *Kaufmann* wenigstens grundsätzlich vorgeschlagene.

So wurde der Verbotsirrtum als unvermeidbar angesehen, also Fähigkeit zur Unrechtseinsicht dann verneint, wenn die Auskunft, deren Einholung „pflichtwidrig“ unterlassen wurde, den Irrtum nicht behoben hätte — was sich natürlich immer nur ex post feststellen läßt[18].

Daran wird deutlich, daß nicht auf das *Unternehmenkönnen* der Erkundungshandlung abgestellt wird, sondern auf die „objektive Möglichkeit“, zum Einsichts*ergebnis* zu gelangen.

4. Zusammenfassung

Wenn Schuld begründet sein soll, sobald zwei Voraussetzungen vorliegen: einmal die „Fähigkeit zur Unrechts*erkenntnis*“, zum andern

---

[18] KG VRS 13, 144; später aufgegeben NJW 1960, 1320; vgl. aber *Strauß* NJW 1969, 1418.

die „Fähigkeit, den Willen nach der *erkannten* Pflicht zu bilden“[19], so muß bei der Feststellung der *letzteren* Voraussetzung auf die Unterlassungspflicht *als tatsächlich erkannte* zurückgegriffen werden. Die intellektuelle Schuldkomponente kann — beim Verbotsirrtum — immer nur als *erreichbar*, nicht als *erreicht* festgestellt werden. Folglich ist über die voluntative Komponente nur noch ein hypothetisches Urteil (auf der Hypothese der *Einsicht)* möglich[20].

Es zeigt sich daran, daß es entweder am „Anfang“ oder am „Ende“ hapert, wenn man etwa verkürzend sagen würde: Wer sich bewußt ist, daß sein Projekt möglicherweise verboten ist, ist fähig zur Unrechtseinsicht:

Wer eine Vorstellung vom Verbotensein seine Handlung hat, ist fähig zum *Erkunden* des spezifischen Unrechts der Handlung. Über die Fähigkeit zur *Erkenntnis* des Unrechts ist damit noch gar nichts gesagt — ja: eine Aussage darüber ist prinzipiell unmöglich. Das gilt, wenn man *Kaufmanns* Ansatz aufzunehmen und ihm dann auch konsequent zu folgen bereit ist.

Wer aber von Fähigkeit zur Unrecht*serkenntnis* ausgeht, muß notwendig objektive Kriterien zuhilfe nehmen, um die intellektuelle Lücke zu stopfen, die zwischen Täterpsyche und Tatunrecht klafft.

III. Die „Motivationsfähigkeit“

Wir haben bisher wie selbstverständlich immer nach der Fähigkeit gefragt, zur *Unrechtserkenntnis* zu gelangen. Dabei war zunächst problematisch gewesen, wie die *Voraussetzungen* für diese Fähigkeit zu bestimmen seien, und wir haben sie mit *Kaufmann* darin gefunden, daß der Täter einen Umstand als Anlaß, als mögliches Motiv erkannt haben, daß er sich angesichts eines Umstandes zu einem Verhalten in bezug auf diesen Umstand „veranlaßt sehen“ muß, wenn er motivationsfähig *anhand* dieses Umstandes sein soll.

1. Motivation „wozu“?

Weitere Unklarheiten im schuldtheoretischen System (ebenso wie bei der „Rechtsfahrlässigkeit“ der Vorsatztheorie) ergeben sich aber, wenn man nunmehr danach fragt, *auf welches Ziel hin* die Motivation geht, zu der der einzelne fähig sein soll.

---

[19] *Armin Kaufmann* Normentheorie S. 162.

[20] Bleibt man dabei, so erweist sich auch das Schuldurteil als ein hypothetisches Urteil, vgl. *Arthur Kaufmann* Schuldprinzip S. 186.

Zwar ist mangelnde Pflichtbefolgung „Vornahme des rechtswidrigen Aktes trotz der Fähigkeit des Verpflichteten, durch sinnmäßige Selbstbestimmung seines Willens anhand der Norm *den Akt* zu unterlassen“[21]. Das soll aber doch heißen, daß sich der einzelne *zum Unterlassen des rechtswidrigen Aktes* (bzw. zur Vornahme der gebotenen Handlung) motivieren soll. So will auch *Kaufmann* allenthalben verstanden werden.

Wenn nun als Schuldvoraussetzung ein *„Anlaß“* gefordert wird, so sollte man meinen, daß der *Anlaß* dahin gehen müsse, sich eben *zum Unterlassen des rechtswidrigen Aktes zu motivieren.*

Wie aber verträgt sich damit, daß *Welzel* den „Anlaß“ auf die *„Erkundigung über die Rechtslage“*[22] bezieht? Ist es systemgerecht, wenn *Armin Kaufmann* die „sachlich entscheidende Frage“ darin sieht, „ob überhaupt ein Anlaß *zur Erkundigung* bestand“[23]?

2. Appell zur Erkundung?

Gehen wir einmal von der Richtigkeit dieser Bezüge aus, so ist — im Anschluß an das, was oben[24] zu den Voraussetzungen einer Motivationsfähigkeit gefunden wurde — folgendes zu sagen:

Von einer Fähigkeit des einzelnen, sich nach der Unrechtsqualität seines Handlungsprojekts zu erkundigen, kann man nur dann reden, wenn er insoweit auch motivationsfähig wäre, sich also auch die Erkenntnis des Unrechts *als* (mögliches) *Handlungsziel* vorstellte. Das würde bedeuten, daß von der Vorstellung des Kenntnismankos der „Reiz“ ausgehen müßte, die Kenntnislücke auszufüllen.

Dem A, der gerade auf das Wildschwein anlegt, wird von B zugerufen: „Halt! Das ist verboten!“ A schießt trotzdem. Er weiß, seine Handlung ist „irgendwie“ verboten. Aber er macht sich keine Gedanken darüber, ob man überhaupt nicht auf Wildschweine schießen oder dies nur nicht zu dieser Jahreszeit oder an diesem Orte tun darf, oder ob dieser Schuß vielleicht verboten ist, weil dadurch Menschenleben gefährdet oder fremde Sachen beschädigt werden könnten. A weiß aber immerhin, *daß* sein Schuß verboten ist, *und* er weiß, daß er das „wie“ des Verbots nicht kennt.

Kann er sich also um die Ausfüllung dieser Wissenslücke bemühen? Indem er sich etwa bei B, der das Verbot kennt, danach erkundigt?

A war handlungsfähig, nämlich fähig zur Erkundung der seine Handlung betreffenden Pflichtqualität. Aber er sah keinen Anlaß zu einer solchen Erkundigung. Das „wie“ der Pflicht war ihm gleichgültig.

---

21 *Armin Kaufmann* Normentheorie S. 175 f.
22 JZ 1956, 241 (Hervorhebung von mir).
23 Unterlassungsdelikte S. 147 (Hervorhebung von mir).
24 s. o. S. 105.

Nun kennt aber das Recht einen solchen „Erkundungs-Anspruch" auch nicht: es will ja nicht erkannt oder erkundet, es will auch nicht befolgt, sondern es will einfach nur erfüllt werden. Gehen von Rechtsnormen solche „Appelle" aus, so kann ein Appell zur Erkundung des spezifischen Unrechts nur dann gefunden werden, wenn man eine Erkundungspflicht substituiert. Aber eine solche Pflicht gibt es nicht — jedenfalls nicht „in der Schuld."

Diese Überlegungen schließen natürlich nicht aus, daß es dem einen oder anderen „Unrechts-Ignoranten" „interessant" oder „reizvoll" vorkommen mag, genau zu erfahren, warum er seine Handlung zu unterlassen habe, etwa, um die Sanktionen aus einer etwaigen Unterlassungspflichtverletzung gegen die Vorteile abwägen zu können, die aus der Verwirklichung des Handlungsprojekts resultieren sollen. Anlässe zur Pflichterkundung dieser Art sind sogar vielleicht recht häufig. Hinsichtlich eines solchen Täters mag dann auch die Feststellung psychologisch begründet werden können, daß er fähig gewesen sei (denn er hat „sich veranlaßt gesehen"), das Unrecht zu erkunden.

Dem Gleichgültigen aber ist mit einer solchen Feststellung nicht beizukommen — es sei denn, man wollte ihm aus seiner Gleichgültigkeit hinsichtlich der *Qualität* der Pflicht einen Vorwurf machen, und das wollen wir ja mit *Armin Kaufmann* gerade *nicht!*

3. Motivation zum Unterlassen der rechtswidrigen Handlung

Fehlt es an einer *Pflicht* zur Pflichtqualität- oder schlechthin Unrechts*erkundung*, so ist auch die Frage nach dem *Anlaß*, das (spezifische) Unrecht zu erkunden, methodisch verfehlt: nicht Unrecht*erkennen* soll der Täter, sondern Unrecht*unterlassen*, und *hierzu* bedarf es eines Anlasses.

a) Kritik

Aber schon die Frage nach der Fähigkeit zur Unrechtserkenntnis zeigt, daß die Schuldtheorie aus den Argumentationsbahnen der normativen Schuldlehre selbst dann nicht ausbrechen kann, wenn sie die Fähigkeit zur Unrechtserkenntnis als Handlungsfähigkeit zu begründen versucht und davon nur in den Fällen spricht, in denen der Täter sich die Möglichkeit vergegenwärtigt, daß seine Handlung irgendwie verboten sei.

Denn einmal setzt die Formel von der „Fähigkeit zur Unterlassung aus Einsicht in die Pflicht" voraus, daß Einsicht in die spezifische Pflicht vorhanden ist. Daran fehlt es aber auch dann, wenn der einzelne lediglich das schlichte rechtliche Verbotensein kennt.

Zudem müßte die Fähigkeit zur Unrechtserkundung ihrerseits die Voraussetzungen der Motivationsfähigkeit aufweisen. D.h. also, daß in der Vorstellung des Täters das Kenntnismanko an den Täter appellieren müßte, durch Erkundung ausgeräumt zu werden. Ein solcher Appell ist aber jedenfalls „von Rechts wegen" nicht vorhanden — es sei denn, man fände eine „Erkundigungspflicht".

b) *Alternative*

Die Alternative kann also dahingehend präzisiert werden, daß man entweder darauf abstellt, daß der Täter den Umstand als Anlaß *zum Unterlassen des rechtswidrigen Handlungsprojekts,* oder darauf, daß er ihn als Motiv *für Unrechtserkundung* erkannt hat. Im ersten Falle ist — wenn der Täter keine Unrechtskenntnis hat — der Bezug auf die Unrechtseinsicht verstopft, im zweiten läßt sich nur mit der Erkundungspflicht arbeiten.

Das bedeutet im einzelnen:

„Die Unterlassungspflicht als Pflicht erkennen" heißt im Sinne der ersten Entscheidung: sich der Möglichkeit bewußt sein, *daß* das Handlungsprojekt aufgrund irgendeiner oder einer bestimmten Norm verboten ist. Damit sind zwar spezifisches und unspezifisches „Unrechtsbewußtsein" auf ein und derselben Ebene angesiedelt, die *Fähigkeit zur Unrechtseinsicht* ist dann aber überflüssig geworden und aus der Schuldsystematik ausgeschieden. Schuld bedeutet danach intellektuell Einsicht in die Unrechtsqualität *oder* Einsicht in das rechtliche Verbotensein des Handlungsprojekts.

Anders ist die Lösung nach der zweiten Lösungsmöglichkeit. Dort heißt „die Pflicht als Pflicht erkennen": sich der Möglichkeit „richtig" bewußt zu sein, daß das Handlungsprojekt aufgrund einer bestimmten Norm verboten ist. Wer diese Unrechtsqualitätsvorstellung nicht hat, muß — um schuldhaft handeln zu können — fähig sein, zu dieser Vorstellung zu gelangen. Diese Fähigkeit wird aber dann auf eine Erkenntnishandlung bezogen, zu deren sorgfältiger Vornahme man verpflichtet ist.

c) *Konsequenzen*

Das Problem ist im Sinne der ersten Möglichkeit zu lösen. Die Fähigkeit zum Unternehmen irgendeiner Erkundungshandlung reicht schon nicht aus: es muß die Fähigkeit zum Unternehmen derjenigen Erkundungshandlung vorliegen, die auch tatsächlich zur Unrechtseinsicht geführt hätte.

Eine solche Fähigkeit gibt es aber nicht[25]. Darüber hinaus kommt es überhaupt nicht darauf an, ob der einzelne überhaupt und was für eine *Erkundungshandlung* er realiter vorgenommen hat oder hätte vornehmen können. Entscheidend ist vielmehr, daß er die *rechtswidrige Handlung nicht unterlassen hat, obwohl er sie hätte unterlassen können.*

Die Frage, warum einem Unrechtserkundungsfähigen die rechtswidrige Handlung vorwerfbar sein soll, einem anderen, der diese Fähigkeit in concreto nicht hatte, aber nicht, wäre falsch gestellt. Der Grund für die Differenzierung von vermeidbarem und unvermeidbarem Verbotsirrtum liegt nicht darin, daß der eine im Gegensatz zum anderen fähig zur Erkundung ist, sondern in den *Voraussetzungen* dieser Fähigkeit: Der eine Täter *hat* das Bewußtsein, möglicherweise — in einem unspezifischen Sinne — Unrecht zu tun, der andere aber hat es nicht. Die *Fähigkeit*, zur Einsicht in das spezifische Unrecht zu gelangen, ist demgegenüber funktionslos.

Schuld liegt vor, wenn der Täter fähig ist, die rechtswidrige Handlung aus Einsicht in deren Rechtswidrigkeit zu unterlassen. Diese Fähigkeit ist jedenfalls dann vorhanden, wenn sich der Täter des spezifischen Unrechts (der Norm, der Pflicht und dann auch der entsprechenden Widrigkeiten) seines Handlungsprojekts bewußt ist. Fraglich war, ob diese Fähigkeit auch dann vorhanden ist, wenn der Täter das *spezifische* Unrecht nicht kennt.

Hier ergab die Analyse insbesondere *Armin Kaufmanns* zum „Anlaß“, daß der einzelne schon (aber auch erst) dann sein Handlungsprojekt aus Einsicht in dessen Rechtswidrigkeit unterlassen kann, wenn er sich nur bewußt ist, sein Verhalten sei irgendwie (aber immerhin: es sei — möglicherweise —) verboten[26]. Schuld bedeutet also *nicht nur* Unterlassenkönnen aus Einsicht in das *spezifische Handlungsunrecht*, sondern *auch* Unterlassenkönnen aus Kenntnis des *unspezifischen schlichten Verbotenseins* des Projekts. Schuld bedeutet aber *nicht* — und hier wird vom gemeinen schuldtheoretischen Ansatz abgewichen — Unterlassenkönnen wegen *Einsichtsfähigkeit in das spezifische Handlungsunrecht.*

Aber ist mit dieser These nicht bereits eine Trennung von der Schuldtheorie vollzogen? Kann man sagen, diese Ergebnisse seien Konsequenzen der richtig verstandenen Schuldtheorie, oder meint die Schuldtheorie schon im grundsätzlichen Schuldansatz etwas ganz anderes[27]?

---

[25] s. o. S. 116 f.
[26] s. o. S. 105.
[27] Vgl. oben S. 16 Anm. 10.

IV. Die „Beziehung“ als Problem

Die Grundthese der Schuldtheorie geht bekanntlich dahin, daß Schuld auch vorhanden sein soll bei „bloßer“ Fähigkeit zur Unrechtseinsicht. Diese Fähigkeit ist bisher unter ontologisch-psychologischen Aspekten behandelt worden. Dabei wurde vorausgesetzt, daß solche Aspekte richtig seien.

Nunmehr ist dieser Ansatz selbst zu überprüfen. Das Problem sitzt — und wurde auch immer gesehen — in der Ausgestaltung der „besonderen Beziehung“ zwischen dem Täter und seiner rechtswidrigen Tat oder — wie *Armin Kaufmann* es ausgedrückt hat —: „zwischen dem Verpflichteten und der Pflicht“[28].

1. Armin Kaufmann

sieht diese „besondere Beziehung“ in der „Fähigkeit, sich von der Norm motivieren zu lassen“: „Diese Beziehung ermöglicht es dem Verpflichteten, sich nach seiner Pflicht zu richten, und sie vermittelt der Pflicht ... die größtmögliche Wirklichkeitsnähe, die überhaupt erreichbar ist. Nur noch der freie Willensentschluß des Verpflichteten trennt die Pflicht von ihrer psycho-sozialen Wirkung als Motiv[29].“ Die Fähigkeit, die „Verschmelzung“ von Pflichtmotiv und freiem Willen zu erreichen, mache den Verpflichteten zum *„verantwortlichen Subjekt“*. „Als solches, als im ganz konkreten Falle der sinn- und werterfassenden Willenssteuerung Fähiger, tritt der Verpflichtete in eine besondere Beziehung zur Norm[30].“

Man kann diese Beziehung *zunächst* nicht anders als eine psychische sehen, wenn man mit „psychisch“ im herkömmlichen Sprachverstande meint, daß das Subjekt mit einem Objekt (der Pflicht) durch ein reales, ein wirklich vorhandenes (Kenntnis-)Band verknüpft ist.

Kaufmann sträubt sich zwar gegen eine Deutung dieses Bandes als eines „psychischen“, da nicht gesagt sein sollte, „daß die Pflicht Motiv der Willensbildung des Verpflichteten *geworden* ist; die *Möglichkeit*, Motiv zu werden, ist entscheidend und genügend“.

---

[28] Normentheorie S. 161. Es geht also *nicht* um „die psychische Beziehung des Täters zu seiner Tat — Vorsatz oder Nichtvorsatz“, die *Niese* Finalität S. 39 richtig als „Gegenstand der normativen Schuldbewertung“ angesehen und hinsichtlich deren er gesagt hat: „Sie ‚ist‘ nicht die Schuld.“ Für die Finalisten besteht *immer* eine psychische Beziehung zwischen dem Täter und seiner Tat (als Handlung): sie sehen diese im „Finalnexus“. Die psychische Beziehung zur *Rechts- (bzw. Sorgfalts-)Widrigkeit* der Tat ist nicht mehr mit den Begriffen Vorsatz oder Fahrlässigkeit, sondern Unrechtsbewußtsein oder Fähigkeit zur Unrechtseinsicht besetzt. *Diese* Beziehung aber ist nicht *„Gegenstand* der Schuldbewertung“, sondern sie *„ist“* Schuld.

[29] Normentheorie S. 161.

[30] S. 161.

Ein psychische Beziehung ist aber auch dann schon vorhanden, wenn der einzelne einen Umstand als *mögliches* Motiv erkennt und das Ergreifen des Motivs erwägt, *ohne* daß der Umstand schon Motiv *geworden wäre!* Psychisch wird diese Beziehung nicht erst dadurch, daß der Angesprochene sich auf den Anspruch hin verhält, sondern schon dann, wenn er den Anspruch als solchen wahrnimmt, wenn sich etwas in ihm „ereignet" hat. So formuliert auch *Schewe* sehr einleuchtend: „Nicht nur derjenige, der die Schranke respektiert, steht zu ihr im ‚aktuellen' psychischen Bezug, vollbringt ihr gegenüber eine psychische Leistung, sondern auch derjenige, der sich über sie hinwegsetzt[31]."

Aber das ist nur eine Frage des terminologischen Geschmacks. Wenn *Kaufmann* den Begriff „existentiell" vorzieht, so ist sachlich nichts anderes gemeint als das, was hier für eine psychische, psychologisch begründbare Beziehung gehalten wird: „... sie wird konstituiert durch die Fähigkeit des Verpflichteten zur Willensbildung auf Grund der Pflicht, und diese Fähigkeit ist ihrerseits nur ad hoc bei diesem einzelnen unter ganz konkreten und besonderen Umständen feststellbar, also nur durch ein Existentialurteil[32]."

Die Einsicht, „unter welchen Voraussetzungen, beim Vorliegen welcher Phänomene wir einen Schuldvorwurf erheben dürfen", so hat *Kaufmann* später, in seinem „Berliner Vortrag", formuliert, „ist nur zum Teil eine unmittelbare Leistung der Strafrechtswissenschaft. Das Wesentliche stammt aus der Empirie, aus der Psychologie, aus der Tierpsychologie, aus der Psychiatrie, aus der Anthropologie schlechthin... Der Strafrechtswissenschaft liegt eine empirisch gewonnene Röntgenaufnahme vom menschlichen Personaufbau vor... An die vorliegende Röntgenaufnahme ist das Strafrecht gebunden. Wie der Arzt nicht willkürlich das Auge verschließen darf vor dem, was ihm die Röntgenaufnahme zeigt, so muß auch das Strafrecht das *ganze,* empirisch gewonnene Röntgenbild zugrundelegen"[33].

Diese Beziehung wird aber von *Kaufmann nicht nur* „existentiell" gesehen. Aus ihr fließt oder an sie heftet sich die Qualifizierung des Subjekts als eines „verantwortlichen". Zwar ist „die durch die Potentialität normgemäßer Motivation gekennzeichnete ‚existentielle' ... Beziehung zwischen Subjekt und Norm... *keine Wert*relation ... Damit ist aber nicht gesagt, daß die modale Relation des der Pflichtbefolgung fähigen Subjekts zur Norm nicht ihrerseits Gegenstand eines Werturteils, Relat einer Wertbeziehung ist"[34]. Vielmehr ist es

[31] Bewußtsein S. 148.
[32] Normentheorie S. 161.
[33] Berliner Vortrag S. 155.
[34] Normentheorie S. 179.

so: „Im Nichtgebrauch der Fähigkeit zu normgemäßer Selbstbestimmung des Willens offenbart sich ein Mangel der Persönlichkeit, ein ‚Persönlichkeitsunwert‘ oder ‚Subjektsunwert‘. Erst diesem Täter, der verantwortlich ist, weil er zur Pflichtbefolgung fähig war, und der unverantwortlich gehandelt hat, indem er diese Fähigkeit nicht nutzte, kann ein *persönlicher* Unwert beigemessen werden...[35].“

Hier ist festzuhalten, daß die Verantwortlichkeit an ein ad hoc zu fällendes Existentialurteil *anknüpft*. Es ist *nicht umgekehrt* so, daß die persönliche Mißbilligung präsumiert und *danach* deren Voraussetzungen bestimmt würden. „Auf die Analyse der Voraussetzungen einer Beziehung zwischen dem Individuum und der (Bestimmungs-)Norm ist in der Tat das entscheidende Gewicht der Schuldlehre zu legen[36].“

2. Welzel

Auch von *Welzel* wird das Wort „existentiell“ gebraucht. Die Feststellung, „daß *dieser* Mensch in der *konkreten* Situation die Fähigkeit zu sinnmäßiger Selbstbestimmung wirklich besitzt,“ ist „ein Existentialurteil, das eine Aussage über die individuelle Wirklichkeit abgibt. Ob etwas wirklich ist, läßt sich ... nur praktisch-empirisch erfahren“[37]. Aber hinsichtlich dieser Erfahrbarkeit ist *Welzel* skeptisch: „Die Subjektivität des Subjekts“, „jener Akt, durch den sich der Mensch aus der Welt der erfahrbaren Objekte zum selbstverantwortlichen Subjekt erhebt, entzieht sich jeder Objektivierbarkeit“.

Nun mag es richtig sein, daß „die konkrete Schuldfähigkeit eines Menschen ... überhaupt kein Gegenstand theoretischer Erkenntnis“ ist. Aber die „konkrete Schuld*un*fähigkeit“ ist auch nach *Welzel* wissenschaftlicher Erkenntnis zugänglich. Denn „die Fähigkeit, das Unrecht zu erkennen und dementsprechend zu handeln, setzt das Intaktsein der obersten geistigen Kräfte einer Person voraus, die das Dasein einer *verantwortlichen* Persönlichkeit überhaupt erst ermöglichen“[38]. Warum sollten dann schon prinzipiell keine theoretisch-wissenschaftlichen Aussagen gemacht werden können über das Fehlen der Fähigkeit, sich anhand eines bestimmten Umstandes zu einem Verhalten zu motivieren, wenn sich dieser Umstand *nicht* im aktuellen Bewußtsein des einzelnen vorfinden läßt?

Würde das Ergebnis *nicht negativ* lauten, dann hätte *Welzel* freilich recht: dann könnte nicht das positive Urteil, „daß ein bestimmter Mensch in einer bestimmten Situation schuldfähig ist“, auf

---

35 S. 182.
36 S. 185.
37 Lehrbuch S. 147.
38 S. 149.

wissenschaftlicher Basis abgegeben werden, denn dieses Urteil ist „ein existentieller, und zwar ‚kommunikativer' Akt"[39]. Damit zeigt sich aber auch, daß der Ausdruck „existentiell" nicht im gleichen Sinne wie bei *Armin Kaufmann* gebraucht wird. Für *Welzel* ist das *Urteil*, für *Kaufmann die Beziehung selbst* zwischen Verpflichtetem und Pflicht „existentiell"[40].

Bis zur 7./8. Auflage hat *Welzel* den „spezifischen Vorwurfscharakter der Schuld" in der „doppelten Relation des Nicht-rechtswidrig-seinsollens weil Rechtmäßig-sein-könnens"[41] gesehen. Dagegen sind u. a. von *Armin Kaufmann* und *Schmidhäuser* Bedenken erhoben worden.

Die „normativen" Relate der beiden Relationen seien verschieden, meint *Armin Kaufmann:* „In einem Falle (‚nicht sein sollend') unterliegt die Willensbildung (der Akt) dem Werturteil ‚rechtswidrig'...; nur hier wäre im strengen Sinne von einem ‚Wertmaßstab' als Relat zu sprechen. Bei der anderen Relation dagegen (‚normgemäß sein könnend') ist das normative Relat die Norm selbst, und zwar in ihrer teleologischen Funktion." Aber das bedeute nicht, daß die „Bestimmbarkeit der Motivation durch die Norm" eine „Wertbeziehung" sei. „Diese Relation ist existentieller Natur[42]."

Schmidhäuser erkennt, daß es so scheine, als sei „die zweite Relation" *Welzels*, die Schuld, „lediglich eine weitere Unwerteigenschaft desjenigen Sachverhalts..., der uns schon mit der Handlung selbst gegeben und dessen erste Unwerteigenschaft die Rechtswidrigkeit ist"[43]. In Wahrheit frage auch *Welzel* „zunächst nach dem Gegebensein eines weiteren Sachverhalts", nämlich u. a. der Erkennbarkeit der Rechtswidrigkeit. „Es gibt eben kein ‚reines Werturteil'", wie *Maurach* meine, „das sich von einem anderen Werturteil unterschiede, ohne sich auf andere Seinsmomente zu beziehen"[44].

Seit der 9. Auflage hat *Welzel* denn auch den angefochtenen Passus gestrichen und mehr betont, daß er das „Wesen der Schuld" im „‚Dafür-Können' des Täters für seine rechtswidrige Willensbildung"[45] sieht. Dieser Satz allein bezeugt freilich noch keinen Sinneswandel. Daß aber *Welzel* den Erwägungen *Kaufmanns* und vielleicht auch

---

[39] S. 147; vgl. dazu auch *v. Almendingen* S. 145.

[40] Im übrigen beziehen sich diese Äußerungen auf das „voluntative Moment" der Pflichtbefolgungsfähigkeit *(Armin Kaufmann* Normentheorie S. 172). Sie sind schon aus diesem Grunde nicht einschlägig für die Untersuchung der intellektuellen Komponente der Vorwerfbarkeit (vgl. oben S. 105 Anm. 228).

[41] Lehrbuch S. 120.

[42] Normentheorie S. 179.

[43] Gesinnungsmerkmale S. 152.

[44] S. 153.

[45] Lehrbuch S. 124.

Schmidhäusers gegenüber aufgeschlossen ist, zeigt sich daran, daß er in der „Lehre von der Schuld" ausdrücklich die *„Voraussetzungen"* dargestellt wissen will, „derentwegen dem Täter das rechtswidrige Verhalten vorgeworfen wird"[46]. Die Prävalenz des Schuld*sachverhalts* vor dem Schuld*werturteil* — eine Konsequenz, die *Armin Kaufmann*, wie gesagt, gezogen hat — ist bei *Welzel* aber (noch) nicht zu finden.

3. Arthur Kaufmann

setzt methodisch beim Schuldprinzip an; das habe „nur dann Sinn und Bedeutung, wenn Schuld *material* verstanden wird. Material gibt es Schuld aber nur als sittliche Schuld: als freie, selbstverantwortliche Willensentscheidung gegen eine erkannte sittliche Pflicht"[47]. Der Hinweis auf das „Volksbewußtsein", wonach auch der Fahrlässige Strafe verdiene, ist für *Arthur Kaufmann* „kein Argument": „In der Wissenschaft können ... nur Gründe gelten, nicht gefühlsmäßige Reaktionen[48]." Die „materielle Wahrheit des Schuldbegriffs" müsse „gewonnen werden, ohne daß man dabei schon nach den Haftungsgründen des geltenden Rechts schielt"[49].

Zunächst soll nicht „wieder einer wertfreien psychologischen Schuldauffassung des Wort geredet werden"[50]; vielmehr liegt „die Betonung, da ja doch die Schuld etwas spezifisch auf den Menschen Bezogenes darstellt, ... in dem geistigen Moment der Entscheidung für das Unrecht"[51].

Nun wird freilich nicht klar, wodurch sich *Arthur Kaufmann* von den Psychologisten unterscheidet. Das „geistige Moment" will doch offenbar nur besagen, daß der psychische Nexus ein axiologisches Substrat hat (Kenntnis des *Unrechts!*) — das wäre aber eine These, die von den Vertretern der psychologischen Schuldauffassung nie geleugnet worden ist. Eine „wertfreie" psychologische Schuldauffassung, von der *Arthur Kaufmann* abrücken will, hat es niemals gegeben.

Die normative Schuldlehre wird demgegenüber verworfen, soweit sie „besagen will, daß Schuld reine Normativität sei"[52]. Schuld ist nicht Vorwerfbarkeit, „sondern das Vorzuwerfende"[53]. Damit begrün-

---

[46] S. 125.
[47] Schuldprinzip S. 129.
[48] S. 141 f.
[49] S. 144; in diesem Sinne ist *Kohlrausch* vorgegangen, für den „die untere Grenze" der Schuld dort liegt, „wo jede tatsächliche subjektive Beziehung zum Erfolg aufhört" (Schuld S. 208).
[50] S. 179.
[51] S. 178.
[52] S. 179.
[53] S. 178.

det *Arthur Kaufmann* seine vorsatztheoretische Position: denn das „Vorzuwerfende" ist *zugleich* Schuld*gegenstand* und Schuld*voraussetzung*. Aber sehen wir von dieser — für die Schuldtheorie nicht akzeptablen — Vermischung einmal ab: *Arthur Kaufmann* unterscheidet wie vor ihm *Armin Kaufmann*[54] die Begriffe „Vorwerfbarkeit" und „Schuld" analog *Welzels* Vorschlag zur Differenzierung von Rechtswidrigkeit und Unrecht: „Wie das Unrecht nur als Unrechtstatbestand (Unrechtssachverhalt) auftritt, so ist auch die Schuld unlösbar mit dem Schuldtatbestand (Schuldsachverhalt) verkettet ... Im Schuldtatbestand ist alles enthalten, was material und real die Schuld ausmacht. Die Vorwerfbarkeit fügt zur Schuld nichts hinzu, was nicht schon im Schuldtatbestand steckt, sie besagt vielmehr nur etwas über die rechtliche Eigenschaft dieses Schuldtatbestandes, eben daß das darin zum Ausdruck kommende Verhalten vorwerfbar sei[55]." Davon, daß die von *Arthur Kaufmann* vertretene Spielart der normativen Lehre „die psychologischen Merkmale der Schuld verdrängt hätte, ... kann keine Rede sein. Sie bedeutet nur, daß man die Schuld nicht *nur* psychologisch auffassen darf"[56].

Der einzige, wenn auch für beide Autoren wesentliche Unterschied zwischen *Arthur* und *Armin Kaufmann* dürfte hinsichtlich der Frage bestehen, welche Elemente *im einzelnen* in den „Schuldtatbestand" gepackt werden. Für *Armin Kaufmann* ist nur die „Motivationsfähigkeit" legitim. Für *Arthur Kaufmann* gehören zum „Schuldtatbestand" der „Vorsatz" und der „Gefährdungsvorsatz" (für die „bewußte" Fahrlässigkeit)[57].

Wenn man den Sinngehalt der Ausdrücke „material und real" (*Arthur Kaufmann*[58]) und „existentiell" *(Armin Kaufmann)* als identisch ansehen dürfte, so wäre ein Unterschied zwischen beiden Auffassungen *im übrigen* nicht mehr auszumachen. Dem Grundsatz nach ist für beide der Schuldsachverhalt ein „geistiger" oder „psychologischer", jedenfalls aber ein „realer" Nexus.

Wird nun die „besondere Beziehung zwischen dem Verpflichteten und der Pflicht" als eine psychische gesehen, so stellt sich die wei-

---

[54] Normentheorie S. 184.
[55] Schuldprinzip S. 182.
[56] Unrechtsbewußtsein S. 93.
[57] Schuldprinzip S. 186.
[58] *Arthur Kaufmann* besteht mit Verve darauf, daß Schuld eine *„Realität"* sei: „Wer der Meinung ist, die Schuld sei nichts, was irgendwo realiter existiert, und dennoch in der Schuld den eigentlichen Grund der Strafbarkeit erblickt, der muß sich nolens volens zu der Folgerung bequemen, daß der Delinquent für etwas strafrechtlich haftbar gemacht wird, was es überhaupt nicht gibt und niemals gegeben hat. Der Täter haftet dann nur wegen einer Relation. Das ist alles. Diese Auffassung kann nicht richtig sein." (Schuldprinzip S. 178.)

tere alte Frage, ob der psychische Nexus der einzig legitime ist, oder ob eine psychische Lücke „normativ“ gefüllt werden darf.

Aber an dieser Stelle hält *Arthur Kaufmann* seinen Ansatz nicht bis zum Ende durch. Zwar stellt er mit Recht fest: „Daß der Täter den Erfolg *hätte* voraussehen und vermeiden können, wenn er die gebotene Sorgfalt... beobachtet *hätte,* ist... als ein nur hypothetischer Umstand lediglich die *Möglichkeit* von Schuld, aber nicht die Schuld selbst[59].“ Wir haben festgestellt[60], daß dieser Satz verallgemeinert werden muß: Fehlt es an der Kenntnis schon eines Verbotenseins der Handlung, so basiert die Aussage, es bestehe Fähigkeit zum Vermeiden des Unrechts *aus Einsicht* in das Unrecht, auf einer Hypothese.

Aber *Arthur Kaufmann* resigniert angesichts des rocher de bronze, den *Engisch* für seine Position zum Ausgang genommen hatte: des „Volksbewußtseins“. Man müsse verstehen, „daß Strafe oft auch da sein muß, wo ihre letzte Rechtfertigung dahinsteht, daß die Fragwürdigkeit des Strafens seine Notwendigkeit durchaus nicht ausschließt“[61]. „Es wird aller Voraussicht nach noch lange währen, bis es communis opinio ist, daß eine ... strafrechtlich relevante — erfolgsbezogene — Schuld (scil.: in der „unbewußten Fahrlässigkeit“) nicht ... zu finden ist[62].“

Für die Zwischenzeit hält *Arthur Kaufmann* die Schuld der unbewußten Fahrlässigkeit nicht für nicht vorhanden, sondern nur für „im Ergebnis fragwürdig“, „problematisch“[63], „ein offenes Problem“[64], die subjektive Theorie kann „nicht konsequent“, das Schuldprinzip „nicht rein durchgeführt werden“[65].

4. Engisch

Daß die Schuld „das Urteil“ sein solle, „daß ein (rechtswidriges) Verhalten zufolge objektiv vorhandener Tatsachen vorwerfbar sei“[66], hat *Engisch* als in dem Sinne zutreffend bezeichnet, „daß in der Person des Täters und für sein Verhalten zu einer bestimmen Zeit die Bedingungen erfüllt sind, unter denen für ein vorausgesetztes bestimmt geartetes wertendes Bewußtsein ein Schuldurteil von bestimmten Inhalt am Platze wäre“, und er hat „scharf betont“, daß

---

59 S. 186.
60 s. o. S. 117 f.
61 S. 164.
62 S. 163.
63 S. 229.
64 S. 240.
65 S. 230.
66 *Frank* Kommentar 1926 S. 132.

unterschieden werden müßten „das Objekt der Wertung (das tatbestandsmäßige rechtswidrige Verhalten), das Urteil, daß dieses einen Unwert darstelle (vorwerfbar sei), und die *Voraussetzungen, unter denen dieses Urteil statthat*“[67]. Zwar enthalte auch der Schuldbegriff die Relation zu einer Bewertung der Rechtsordnung, aber das Wesentliche an der „Schuld“ seien die Voraussetzungen, unter denen die bestimmte Wertung erfolge[68]. Deren Ermittlung habe sich zu orientieren daran, „ob der Gesetzgeber in irgendeiner Weise die Berechtigung, ein bestimmtes Schuldurteil zu fällen, von einer als einigermaßen konstant angesehenen sozialethischen oder verkehrsüblichen oder rechtsgefühlmäßigen Auffassung abhängig gemacht hat“[69]. Dann aber könne auch ein psychologischer Schuldbegriff am Platze sein, dann nämlich, „wenn es gelingt, die Voraussetzungen, die die Schuld ausmachen, durch psychologische Begriffe zu definieren... Allerdings: in dem Maße, in dem es unmöglich sein sollte, die Schuld rein psychologisch zu interpretieren, ist die Abkehr vom ‚psychologischen Schuldbegriff‘ berechtigt“[70].

Immer wieder weist *Engisch* darauf hin, daß auszugehen sei von der „‚Schuld‘ im formellen Sinne“; das bedeute „nichts weiter, als daß sie (scil.: Vorsatz und Fahrlässigkeit als Schuld) in den Augen eines gerechten Gesetzgebers oder der Volksgenossen vorwurfsbegründend sind, ... als sie die Voraussetzungen umschließen, unter denen faktisch die Mißbilligung vorsätzlichen oder fahrlässigen Verhaltens Platz greift“[71].

„Schuld im materiellen Sinne“ sei demgegenüber „ein *Postulat*, das aus irgendwelchen moralischen Grundsätzen oder aus dem Wesen der Strafe abgeleitet wird, wobei man denn gemäß der Unsicherheit der Ausgangspunkte zu sehr verschiedenen Resultaten gelangt hinsichtlich dessen, was allein Schuld sein kann, besser: sein soll“[72]. *Engisch* warnt davor, „eben um dieses Postulats willen die Begriffe Vorsatz und Fahrlässigkeit zu biegen, bis sie jenem gemäß sind (oder zu sein scheinen)“[73], vielmehr habe der Jurist sich an die „sozialethische Auffassung“ zu halten, solange Gesetz oder Volksmeinung „unbekümmert um alles Gedankens Blässe den Vorwurf vorsätzlichen und fahrlässigen Verhaltens auch an solche Täter knüpft, die jenen deduzierten Forderungen nicht entsprechen“[74].

---

[67] Untersuchungen S. 17.
[68] S. 22.
[69] S. 19.
[70] S. 22 f.
[71] S. 39.
[72] S. 40.
[73] S. 44.
[74] S. 44.

Erst am Ende der ungeheueren Gedankenarbeit, die *Engisch* dem insoweit bestimmten „formellen Schuldbegriff“ gewidmet hat, erörtert er auch die Schuld unter materiellen Gesichtspunkten. Eine „Chance . . ., das (scil.: offenbar materiell bestimmte) Schuldprinzip mit den sozialethischen Anschauungen in Einklang zu setzen“[75], sieht er (im Anschluß an *Exner*) in der sog. „Gefühlsschuld“.

Zunächst ist zweifelhaft, ob die Rigorosität, mit der *Engisch* die Prävalenz des formellen Schuldbegriffs vor dem materiellen begründet, wirklich zwingend ist. Der formelle Schuldbegriff soll sich orientieren an der „Bestimmung des Gesetzgebers“ oder an den „sozialethischen Anschauungen der Volksgenossen“[76]. *Engisch* bezieht sich auf *Vorsatz und Fahrlässigkeit* „als Inbegriffe von vorwurfsbegründenden Merkmalen“. Aber beide Begriffe tragen das Etikett „vorwurfsbegründend“ (im engeren Sinne!) nicht mehr: es sind heute *Unrechts*merkmale. Und zu dem richtigerweise allein die Schuld bestimmenden „Inbegriff“ der „Fähigkeit zur Pflichtbefolgung“ hat der Gesetzgeber gar nichts gesagt. Die Frage könnte also nur noch sein: *Dürfen* (und *können*) „die sozialethischen Anschauungen der Volksgenossen“ etwas dazu sagen? *Wenn* sie aber etwas zur Fähigkeit zur Pflichtbefolgung sagen: Ist eine solche Schuldbestimmung noch von einem materiellen Schuldbegriff abscheidbar, der „seine Grundlage in reiflichen Erwägungen darüber, was man richtigerweise einem Menschen zum Vorwurf machen kann, oder in bestimmten Straftheorien“[77] hat?

Wenn man bei *Engisch* liest, „nur die subjektive Theorie“ der Fahrlässigkeit werde „der Schuldidee gerecht“, diese These aber ausdrücklich aus dem formellen Schuldbegriff („mit den herrschenden sozialethischen Anschauungen“) ableitet, ihn es aber zugleich als „eine andere Frage“ dahingestellt bleiben lassen sieht, ob der subjektiven Theorie „auch ein materielles Schuldprinzip entspricht“[78], dann werden die Zweifel nicht geringer, daß nicht doch gelegentlich gegenseitige Befruchtungen erfolgen, die letztlich die ganze Differenzierung fragwürdig erscheinen lassen[79].

Bei der Gefühlsschuld im besonderen taucht denn auch das im Rahmen der Abhandlungen zum formellen Schuldbegriff bereits vermerkte „psychologische Manko“ (*Kelsen*) wieder auf: Das Wesen der Gefühlschuld wird begriffen als „Mangel des Interesses an der Ver-

[75] S. 476.
[76] S. 38.
[77] S. 43.
[78] S. 440.
[79] Zweifel äußert auch *Müller-Dietz* Grenzen S. 45 im Anschluß an *M. E. Mayer* S. 244.

meidung der Tatbestandsverwirklichung und der Rechtsverletzung, ein Mangel, der dahin geführt hat, daß der Täter das für ihn Erkennbare nicht erkannt hat“[80].

Engisch hält auch noch heute daran fest: Die Schuld liegt darin, daß beim Täter „Besorgnis zu vermissen“ ist, es fehlt das „*erforderliche* ‚Verantwortungsgefühl‘, die *gebotene* ‚Gewissenhaftigkeit‘, ‚Bedachtsamkeit‘“[81]. Daß es sich um ein „Manko“ handelt, hält *Engisch* nur für eine Frage „der Terminologie“[82]: auch der Gefühlsmangel sei eine „seelische Tatsache“, sogar eine „psychische Beziehung“, wenn auch eben eine negative[83].

Nun mag der Gefühlsmangel durchaus eine „seelische Tatsache“ sein. Aber der Ausdruck „Beziehung“ (doch offenbar als Verbindung zwischen zwei Polen) ist nicht negativ faßbar: *negative* psychische Beziehungen sind *keine* psychischen Beziehungen. Daran ist nicht vorbeizukommen.

Fehlen aber psychische Beziehungen, so läßt sich die Vorwerfbarkeit nicht mehr mit solchen „Beziehungen“ begründen. Die Tatsache nämlich, *daß* diese Beziehungen *fehlen*, kann die Unrechtshandlung nicht vorwerfbar machen, wenn davon ausgegangen wird, die Vorwerfbarkeit setze das Vorhandensein solcher Beziehungen voraus.

Geht man davon nicht aus, dann gibt es nur einen Weg: Man muß dem Täter das Fehlen der Beziehungen selbst vorwerfen!

Zwar ist, wie *Engisch* richtig sieht, die Basis, die Disposition, die keine solchen Beziehungen (mehr) zuläßt, positiv zu begreifen. *Engisch* schlägt vor, „gerade an die Tatsache einer Fehlerhaftigkeit der Gefühle den Hebel der Strafe anzusetzen, in dem Mangel des Rechtsgefühls das *Strafwürdige*, das *materiell* Schuldhafte zu sehen“[84].

Aber dann kommt man auch folgerichtig zur „Charakterschuld“, zu einer Schuld, „die besonders deutlich im Wesen, im Charakter eines Menschen wurzelt“[85]. Und diese „seelische Tatsache“ ist „jedenfalls ein möglicher Gegenstand eines Schuldvorwurfs“[86]!

Es soll dem Täter also eben das *Fehlen* seiner „Besorgnis“ und damit sein Sosein, sein Sogewordensein vorgeworfen werden — *neben* dem Unrecht der konkreten Handlung? oder *anstatt* des Unrechts? Weiter: Ob der Täter für dieses Manko etwas kann, ob ihm dieses

[80] Untersuchungen S. 475.
[81] Willensfreiheit S. 59 Anm. 146.
[82] Vgl. auch unten Seite 136 Anm. 98.
[83] Untersuchungen S. 463.
[84] S. 476.
[85] Willensfreiheit S. 59 Anm. 146.
[86] Untersuchungen S. 463.

Sosein vorgeworfen werden kann — kommt es darauf nicht mehr an[87]? Und wenn es darauf ankäme: wie kann die Vorwerfbarkeit des Mankos festgestellt werden?

Wir sind damit bei Fragen angelangt, die der Täterschuld gestellt werden. Auf diese wird weiter unten einzugehen sein. Die „Gefühlsschuld“ ist jedenfalls nur entweder Ausdruck einer zwischen Unrecht und Vorwerfbarkeit eingeschobenen weiteren Pflichtkomponente (dann müßte das „Verschuldetsein“ dieser Pflichtverletzung erst noch *geprüft* werden), oder sie baut auf der Hypothese auf, daß das Sosein immer verschuldet sei, oder schließlich sie ist — wenn nach dem Dafürkönnen für das Fehlen der Besorgnis nicht einmal mehr dogmatisch gefragt wird — eine beschönigende Bankrotterklärung des Schuldstrafrechts. Der einzelne *ist* nicht verantwortlich (jedenfalls braucht das nicht der Fall zu sein), man *macht ihn* verantwortlich.

Ich sehe keinen Sinn darin, von *Schuld*strafe zu sprechen, wenn man mit *zu Dohna* der Ansicht ist, es sei „ein Grundsatz des sozialen Daseins, daß jedermann einzustehen hat für das, was er tut, insoweit es Ausfluß ist seiner Persönlichkeit; daß dem Menschen entgolten wird, was er ist, im guten wie im bösen. Das Zurückbleiben hinter den Anforderungen der Gemeinschaft begründet den Vorwurf und begründet zugleich ... die Verantwortung. Mit dieser Art sozialer Gerechtigkeit gilt es sich abzufinden“[88].

Nun braucht man nicht so radikal zu sein wie *zu Dohna*. Auch wenn man die Voraussetzungen der Vorwerfbarkeit quantitativ erhöht[89], wird *zu Dohnas* These nur relativiert. Es bleibt immer ein Rest, der den Umschlag in die Qualität des echten Schuldstrafrechts verhindert.

Mag das Schuldstrafrecht auch durchaus nicht unersetzbar sein, so ist jedenfalls dann notwendig, Schuld zu verlangen, *wenn* man anstrebt, nur bei Schuld bestrafen zu wollen. Vorwerfbar ist aber ein Unrechtsverhalten nur, wenn eine *psychische* Beziehung zwischen dem Täter und diesem Verhalten vorhanden ist.

5. Schmidhäuser

Für *Schmidhäuser* ist „Schuld“ das „negative Gegenstück der guten Gesinnung“[90]: Schuld ist unrechtliche Gesinnung als sittlichwertwidriges *geistiges* Verhalten“[91].

---

[87] *Engisch* spricht von einem „*vorwerfbaren*“ Mangel an Besorgnis (Der Unrechtstatbestand S. 431, Hervorhebung von mir).

[88] ZStW 66, 505 ff., 508 f.

[89] Vgl. dazu *Engisch* Willensfreiheit S. 22 ff. und hier oben S. 78 ff.

[90] Gesinnungsmerkmale S. 172 ff.

[91] S. 177.

Daß der Täter aus unrechtlicher Gesinnung gehandelt, „daß er sich über das sittliche Ideal rechtlichen Handelns... in seinem *geistigen* Verhalten hinweggesetzt hat", kann man schon bei Kenntnis von einigen „wenigen tatbestandsbezogenen Tatsachen" erkennen: man muß feststellen, daß sich der Täter Sachverhalts- und Unrechtskenntnis „aufgrund seiner sonstigen Kenntnisse und in Befragung seines Gewissens wenigstens (hätte) bewußt machen können", daß er ferner „überhaupt im Hinblick auf die unrechte Tat geistig verstehbar" und „schließlich reif genug (ist), ein gefestigtes Gewissen haben und so seinen Willen nach dem sittlichen Werte rechtlichen Handelns bestimmen zu können"[92].

Es scheint nun allerdings nicht, als ob die „unrechtliche Gesinnung" anders als *negativ* ausgedrückt werden könne: als das Fehlen eben der „guten Gesinnung". Einen *positiven* psychischen, spezifischen *Gesinnungs*sachverwalt fordert *Schmidhäuser* nicht; die unrechtliche Gesinnung muß nicht als solche *vorhanden* sein, obwohl *Schmidhäuser* den Sachverhalt dadurch etwas verdunkelt, daß er meint, beim Gegebensein der aufgezeigten Merkmale werde „die unrechtliche Gesinnung des Täters im Wege seelisch-geistigen Verstehens erfahren"[93]. Das heißt aber doch wohl nur, daß *aus* dem Vorhandensein der Merkmale auf das Fehlen der „guten Gesinnung" *geschlossen* wird und damit zugleich die Merkmale als Betätigung „unrechtlicher Gesinnung" *gewertet* werden. *Schmidhäuser* begnügt sich „ja durchaus damit, das Verhalten des Täters eben dahin zu verstehen, daß der sittliche Wert rechtlichen Handelns für seine Willensbestimmung in gröblicher Weise *keine Rolle spielte*"[94] — obwohl (so wäre hinzuzufügen) der sittliche Wert eine Rolle hätte spielen *sollen*.

Damit ist aber nichts anderes gesagt als das, was bereits bei *Engisch* gefunden worden ist: „Gefühlsschuld" besteht darin, daß das *erforderliche* Verantwortungsgefühl, die *gebotene* Gewissenhaftigkeit fehlt. Diese Ansicht muß zur Täterschuld führen. Begnügt man sich mit dem Verfehlen des Sollens, geht man also nicht auch noch zurück zu der Frage, ob der Wert auch eine Rolle hätte spielen *können*, so entstehen die oben[95] aufgezeigten Friktionen einer doppelten Pflichtverletzung.

6. Ergebnis

Es scheint, als ob nur *eine* Alternative denkbar sei: Entweder es gibt eine — auf eine reales Substrat zurückführbare — Beziehung

---

[92] S. 177.

[93] S. 178.

[94] S. 183; *Schmidhäuser* hat als ihm nahestehende Auffassungen bezeichnet (S. 188): *Lange* SchwZStr 70, 394, *Seelig* Mezger-Festschrift S. 217 und 219, *H. Mayer* Lehrbuch S. 228, *Nowakowski* Strafrecht S. 65.

[95] s. o. S. 69 ff.

zwischen dem Verpflichteten und der Pflicht, dann kann es nur eine psychische und psychologisch begründbare sein — mag sie auch von einem „normativen Gespinst überzogen“[96] sein. Oder es gibt sie nicht, sondern der Verpflichtete *wird bezogen* auf seine Pflicht.

Daß nur die letztere Alternative in Frage komme, ist heute communis opinio. Ihren streng formulierten Ausgang hat sie gefunden bei der sog. *normativen Schuldlehre.*

V. Die neuere Entwicklung der normativen Schuldlehre im Rahmen der Schuldtheorie

Angesichts vieler ausgezeichneter Darstellungen kann an dieser Stelle die dogmengeschichtliche Entwicklung des normativen Schuldbegriffs als bekannt vorausgesetzt werden.

Notwendig ist es aber und lehrreich, noch einmal die weitere Entwicklung im Rahmen der sog. Schuldtheorie zu verfolgen.

1. Das Mißverständnis

Der schlichte Ersatz der psychologischen durch eine normative Beziehung zwischen Täter und Unrecht hatte zu einem folgenschweren Mißverständnis geführt:

Bei Vorsatz war der Täter schuldig, weil er handelte *trotz Unrechtskenntnis.* Es konnte ihm also die Unrechtshandlung vorgeworfen werden; er war wegen seiner Handlung *in Unrechtskenntnis* „schuldig“.

Der unbewußt Fahrlässige hingegen hatte keine Unrechtskenntnis.

Deshalb ließ man sich verleiten, das Wesen der Schuld verkürzend in einem Bezug des Täters zur Unrechts*kenntnis* zu sehen statt in einem Bezug zur unrechten Tat. Und selbst wenn man diesen Bezug zum Unrecht vielleicht als selbstverständlich mitdenken wollte, so kaprizierte man sich auf den vordergründigen, und zwar normativen Bezug zur Unrechtskenntnis. Das führte zwar dazu, daß die Vorsatzschuld in einem normativen System als Fremdkörper erschien. Denn eine „Pflicht, das Unrecht zu erkennen“ rennt bei einem mit dolus malus Handelnden offene Türen ein[97] und eine „Pflicht, sich anhand der Einsicht zu motivieren“, funktionierte wieder nicht bei einem unbewußt Fahrlässigen, weil es an der „Einsicht“ fehlt.

---

[96] *Arthur Kaufmann* Schuldprinzip S. 185.

[97] „Wäre die Verletzung der Prüfungs- und Erkundigungspflicht *das* normative Schuldelement, so müßte dieses auch dann vorliegen, wenn der Täter mit Unrechtsbewußtsein gehandelt hat“ *Armin Kaufmann* Unterlassungsdelikte S. 146.

Aber diese kleinen Schönheitsfehler fielen nicht sehr auf; den *psychischen* Bezug zum Unrecht hatte man ja immer noch zur Verfügung. Damit wurde die Fahrlässigkeit zum „pflichtwidrig mangelnden Vorsatz" und die Schuld — man bemühte sich ja um einen einheitlichen Schuldbegriff — zur „Pflichtwidrigkeit"[98].

Die finale Handlungslehre raubte der Schuld den (Tatbestands-) Vorsatz. Daß die Versetzung dieses Vorsatzes in das Unrecht den Schuld*begriff „entleere"*, war aber eine Falschmeldung, denn bei der unbewußten Fahrlässigkeit war er schon immer leer. Gefüllt war der Schuldbegriff von der „reinen Wertung" und vom „Unrechtsbewußtsein". Das blieb er auch, nachdem der Vorsatz zum Unrechtsmerkmal geworden war. Allerdings war er niemals *durchgängig* reine Wertung, sondern nur bei der Fahrlässigkeit, und auch niemals *reine* Wertung, sondern die Wertung hatte immerhin die Pflicht als Substrat.

So hatte die Schuldtheorie keine Mühe, die normative Schuldlehre zunächst weiterzuführen. Denn an den Polen Täter-Unrechtskenntnis hatte sich ja nichts geändert: die „Potentialität" des Unrechtsbewußtseins beim Verbotsirrtum wurde nach wie vor normativ, d. h., als Pflichtwidrigkeit, bestimmt. So erklärt sich denn auch, daß anfänglich vom „verschuldeten" oder „vorwerfbaren" Verbotsirrtum die Rede war, und gleichzeitig die *rechtswidrige Handlung* als Vorwurfsgegenstand fungierte.

Erst später wurde deutlich, daß zwei verschiedene Gegenstände des Vorwurfs nicht einen einheitlichen Schuldbegriff zu tragen vermochten (rechtswidrige Handlung beim Unrechtsbewußtsein; rechtswidrige Handlung und/oder mangelnde Unrechtserkenntnis beim Verbotsirrtum). So bemühte man sich, schärfer herauszustellen, daß die rechtswidrige Handlung auch beim Verbotsirrtum einziger Gegenstand des Vorwurfs sei.

Die Unrechtskenntnis wurde mitsamt der Potentialität der Unrechtskenntnis zur *Schuldvoraussetzung.*

Als Schuldvoraussetzung aber mußte die Potentialität neu überdacht werden. Eine normative Bestimmung mochte bisher noch jedenfalls insoweit dogmatisch zulässig sein, als *Normen* (die Norm- bzw. Pflichtwidrigkeit) eine Beziehung herstellten — unabhängig davon, ob diese Beziehung psychologisch begründet werden konnte oder nicht.

2. Korrekturen durch Armin Kaufmann

Aber nunmehr wurde ein doppeltes (wieder-)erkannt:

---

[98] Vgl. *M. E. Mayer* ZStW 32, 512 ff.

a) *Keine Pflichten*

Eine normative Beziehung zwischen Täter und Unrechts*kenntnis* muß mangels Normen scheitern. Insbesondere gegen den Bundesgerichtshof gewendet (Er spricht „in Formulierungen ... die einem bestimmten sogenannten ‚Menschenbild' entstammen oder auf dieses verweisen; sei es nun das Menschenbild des Humanismus, der Kantischen Ethik oder des christlichen Naturrechts") hat *Armin Kaufmann* betont: „... „Diese sogenannten Menschenbilder stehen und fallen mit den ethischen und rechtlichen Aussagen, mit denen sie zusammenhängen. Und insoweit gerade befinden wir uns in der .... mißlichen Situation, daß sich diese Ordnungsinhalte nicht als richtig hatten verifizieren lassen"[99].

b) *Kein originärer Wertbezug*

Zum andern klärte *Kaufmann* auf, daß zwar eine normative Beziehung zwischen dem Täter und seinem *Unrecht* besteht, daß aber diese Beziehung bereits vom Unrecht okkupiert ist.

Dies ist u. a. von *Maurach* nicht gesehen worden, der das „Wesen der Schuld" in der „Willenswertung" (und nicht, wie die Psychologisten, in der „Willensbildung") sehen will. Es fragt sich nämlich, was dieses „Schuldwesen" vom „Unrechtswesen" unterscheiden kann. Denn schließlich ist doch *Gegenstand des Schuldvorwurfs* (wohl auch für den Finalisten *Maurach)* „der Wille und erst durch ihn hindurch auch die ganze Handlung"[100]. Und wenn nun Gegenstand des Schuldvorwurfs das Unrecht, Unrecht eine Wertung, und Gegenstand der Wertung wiederum die Handlung als Willensverwirklichung, also mitsamt dem Willen ist, so ist bereits im Unrecht „Willenswertung" (nämlich Bewertung des Willens als eines unrechten) geschehen.

Wenn *Maurach* als „Schuld" „nicht das Wollen des Pflichtwidrigen, sondern das Urteil" bezeichnet, „daß der Täter pflichtwidrig gewollt hat"[101], so läßt sich (von einem Finalisten) dasselbe auch für das Unrecht sagen: auch das Unrecht ist „das Urteil, daß der Täter pflichtwidrig wollt hat", denn er durfte nicht handeln, er durfte nicht handeln *wollen:* er hat pflichtwidrig gewollt.

So betont *Armin Kaufmann:* „Gehört die Willensbildung ohne Zweifel zur Handlung, so ergreift das Unwerturteil über den Akt auch die zugehörige Motivation; umgekehrt bedeutet ‚Tadelnswertheit' der Willensbildung auch ‚Tadelnswertheit' des Aktes ... *Mehr* als eine

[99] Berliner Vortrag S. 156.
[100] *Welzel* Lehrbuch S. 133.
[101] *Maurach* AT. S. 457.

Wertung des Aktes und der Willensbildung als ‚rechtswidrig‘ kann aus der Relation des Aktes oder (und) der Willensbildung zum ‚Wertmaßstab‘, d. h. zu dem in der Norm enthaltenen Werturteil nicht entnommen werden[102].“

Warum aber sollte der Wille doppelt gewertet werden, als unrechter und als *schuldhafter?*

Der Motivationsbegriff *Goldschmidts* hatte zwei voneinander abzuscheidende Phänomene vermengt: die „Motivation wozu“ und die „Motivation woran“. Daß das erstere kein Schuld-, sondern ein Unrechtsproblem sei, hat die finale Handlungslehre unermüdlich begründet: Man ist verpflichtet (zur Motivation) *zum Unterlassen oder Vornehmen von Handlungen.* Das zweite ist zwar eine Schuldfrage. Aber dort sind keine Pflichten (zur Motivation *an Hand* der Norm) vorfindlich. Mit der Motivationspflicht war *Goldschmidt* einen Schritt zu weit vorgeprescht, den er wieder mühsam zurückzunehmen versuchte: „... sofern der einzelne nicht schon aus anderen Gründen zu rechtmäßigem Verhalten entschlossen ist[103].“

Mit der Hereinnahme der Willensbildung in den Handlungs- und Unrechtsbegriff war das relative Optimum an Ordnungseffekt, den man mit der Bestimmungsnorm zu erreichen dachte, verwirklicht; das *relative* Optimum. Zweifellos würde die Rechtsordnung noch effektiver erscheinen, wenn sie den einzelnen auch noch dazu verpflichten wollte, die Normen zu *befolgen,* also die Norm um ihrer selbst willen zu erfüllen. Aber hiermit würde dem Gesinnungsstrafrecht Eingang geboten. Und in dessen Ablehnung war man sich seit jeher einig. Die Rechtsordnung begnügt sich vielmehr damit, daß ihre Normen *erfüllt* werden. Werden sie nicht erfüllt, so setzt es Strafe: aber nur unter der Voraussetzung, daß sie erfüllt werden *konnten,* und sie konnten nur erfüllt werden — hier taucht wieder die früher fälschlich von der Bestimmungsnorm besetzte Formel auf —, wenn man sich an Hand der Einsicht in sie motivieren, wenn man sie also *befolgen* konnte.

Kaufmann hat *Goldschmidt* zwar zugegeben, daß ein über die Willensbildung (die zur Handlung gehört) hinausgreifendes Relat einer „modalen Relation“ in der „Potentialität normgemäßer Motivation“ gefunden werden könne. Den *normativen Charakter* dieser Relation zwischen Motivationsmöglichkeit und Norm, mit anderen Worten, daß diese Relation eine *Wertbeziehung* sei, hat er aber strikt geleugnet: Zwar ist „die modale Relation des der Pflichtbefolgung fähigen Subjektes zur Norm ... *Gegenstand* eines Werturteils“; aber die

[102] Normentheorie S. 178.
[103] Frank-Festgabe S. 433.

„modale Relation", „in der die ‚Motivation' zur (Pflicht-)Norm steht", ist selbst „keine Wertrelation". *„Diese Relation ist existentieller Natur*[104]."

c) Neue dogmatische Situation

Aber noch eine andere Entwicklung führte die normative Schuldlehre in eine Existenzkrise. Wenn die psychologische Schuldlehre überwunden werden mußte, weil es der unbewußten Fahrlässigkeit „an jeglichem psychologischen Nexus zum Erfolg fehlt" und weil „Fahrlässigkeit als Schuld nur Bestand haben kann, wenn sie als normativer Begriff, als wertendes Urteil über den Täter, erfaßt wird"[105], so ist *das* unter der Ägide der Schuldtheorie nicht mehr das Problem. Heute stehen wir vor der Frage, ob Unrechtsverhalten *in sog. vermeidbarem Verbotsirrtum* als Schuld Bestand haben kann, wenn Schuld psychologisch begriffen wird.

Allerdings: Als es noch lediglich um die Fahrlässigkeit ging, konnte man wie *Engisch* noch mit dem Gesetz und vielleicht auch mit sozialethischen Anschauungen argumentieren und einfach davon ausgehen, *daß* Fahrlässigkeit als Schuld Bestand haben, daß dafür nur eine Begründung gesucht und gefunden werden müsse. Aber dieser Ansatz kann — wenn er überhaupt legitim ist — heute nur noch (Fahrlässigkeits-)*Unrechts*probleme lösen. Eine spezifische Fahrlässigkeits-*Schuld* gibt es nicht mehr. Damit entfällt aber auch die Möglichkeit, das Gesetz und das „Volksbewußtsein" zur Stützung der normativen Schuldlehre heranzuziehen.

---

[104] Normentheorie S. 179. Auch der geläufige Satz, man sei „schuld an etwas", hat zu dem Mißverständnis verleitet, nicht nur die Tat, sondern auch den Täter treffe schon mit der Potentialität des Unrechtsbewußtseins ein Werturteil. Es ist vielleicht vorteilhaft, das farblosere „schuld sein *hinsichtlich* etwas" zu gebrauchen. Damit würde deutlicher, daß *Grund* der Strafe nur die rechtswidrige Handlung, nicht die rechtswidrig-*schuldhafte* Handlung ist. Den Vorwurf erhebt der „Gesetzgeber *wegen der rechtswidrigen Tat* eines zur Pflichtbefolgung Fähigen" (Normentheorie S. 200). Die Schuld ist nur eine Voraussetzung der Strafe für die rechtswidrige Tat. Der Täter wird nicht *wegen schuldhafter* Unrechtshandlung, sondern im Rahmen seiner Schuld *wegen der Unrechtshandlung* bestraft.

Daran ändert auch die Notwendigkeit einer Schuld*quantifizierung* nichts. Das Schuldquantum hat kein — wenn man mit Bildern sprechen kann — *eigenes* Gewicht beim Abwägen des Strafmaßes; es wird nichts Neues mehr hinzugefügt, was nicht vom Unrecht her schon da wäre. Die Schuld ist nur ein Sieb, das vom allein relevanten Unrechtsquantum auf dessen Weg in das Schuldmaß passiert werden muß. Mit einem „Schuldquantum" ist sozusagen nur die „Maschengröße" dieses Siebes bestimmt: Bei „geringer" Schuld bleibt „viel Unrecht" zurück, das Strafmaß fällt relativ klein aus; bei „voller" Schuld schlägt das ganze verwirklichte Unrecht bei der Strafmaßbestimmung zu Buche.

[105] *Maurach* AT, S. 301.

d) *Psychische Sachverhalte*

So bleibt seit *Armin Kaufmann* nur noch eine Möglichkeit: die Beziehung zwischen dem Täter und seinem Unrecht *als schuldbegründende* wieder an reale, existentielle, d. h. aber: psychologische Sachverhalte anzuknüpfen.

Ein erster Schritt in dieser Richtung war die Erkenntnis der Fähigkeit zur Pflichtbefolgung als eines allgemeinen Schuldmerkmals. Es ist die Fähigkeit, die rechtswidrige Handlung aus Einsicht in deren spezifisches Unrecht zu unterlassen.

Hinsichtlich der Polarität „Einsicht-spezifisches Unrecht" blieb der Bezugspunkt „spezifisches Unrecht" zwar unverändert. Aber die andere Seite, die „Einsicht", wurde relativiert: „Einsicht" heißt nicht nur Kenntnis, sondern auch „Bewußtsein der Möglichkeit", Zweifel. „Wer sich — aus welchem Grunde auch immer — im Zweifel befindet über das Vorliegen einer (konkreten) Pflicht, der hat die Fähigkeit, sich an der Norm in seinem Verhalten zu orientieren. Er hat sie auch dann, wenn er in concreto nicht fähig gewesen wäre, den Zweifel zu beseitigen, und sich Gewißheit über die Pflicht zu verschaffen ... Diesen Zweifel (scil.: über die „Wertwidrigkeit des Aktes") hat der einzelne zugunsten des Wertes, also zugunsten der Pflicht zu lösen, indem er sich von der Determination durch den ihm zweifelhaften Antrieb befreit[106]." *Kaufmann* geht es um den Zweifel hinsichtlich einer *bestimmten* Pflicht, nicht um den hinsichtlich einer unspezifischen Rechtswidrigkeit, der *hier* hinzugenommen wurde zur Fähigkeit zur pflichtgemäßen Motivation.

Andererseits geht *Kaufmann* auch über den Zweifel hinaus und begnügt sich mit der *Fähigkeit* zur Unrechtserkenntnis — ein Element, welches die Fähigkeit zur Pflichtbefolgung als allgemeines Schuldmerkmal — wie ausgeführt — sprengen muß.

Realer Schuldsachverhalt ist die Fähigkeit, sich an Hand der Norm zu rechtmäßigem Verhalten zu motivieren. Die normative Schuldlehre hatte diesen Pfeil noch nicht im Köcher. Deshalb mußte sie sich verhöhnen lassen, die Schuld stecke „in den Köpfen anderer". Ist aber eine rechtswidrige Handlung vorwerfbar, *wenn* der Täter fähig war zur Pflichtbefolgung, dann steckt die Schuld wieder „im Kopf des Täters", des Motivationsfähigen.

---

[106] *Armin Kaufmann* Normentheorie S. 221.

VI. Exkurs: Die Lebensführungsschuld

Nach der Überwindung der psychologischen hat die normative Schuldlehre noch eine besondere Ausprägung durch *Welzel* erfahren: Das — vom Tatvorsatz gereinigte — normative Element erschien mit einem neuen, nunmehr legitim erscheinenden Akzent: der Täter- (oder Charakter-)Schuld.

Zur Erörterung steht hier der Täterschuldgedanke nur, soweit er für die Fahrlässigkeit (d. h. aber heute: für die Vermeidbarkeitsfrage beim Verbotsirrtum[107]) fruchtbar gemacht wird. Dies ist durch *Welzel* geschehen, der für den gesamten Bereich der „unbewußten Fahrlässigkeit", also bezeichnenderweise gerade da, wo die psychologische Schuldlehre „versagte", einen — vielleicht auch sehr fernliegenden — Zeitraum *vor* der aktuellen Unrechtstat bei der Schuldprüfung berücksichtigen will.

1. Die Auffassung Welzels

Als *Welzel* in ersten Aufsätzen seine Konzeption der finalen Handlung entwickelt hatte, folgerte *Richard Lange*[108], der damals diese „neuere Handlungslehre" begrüßte, aus dieser, daß damit die Schuld „auf ihr Wesentlichstes und Eigenstes, die Vorwerfbarkeit, zurückgeführt" werde. „Dann ist auch die unbewußte Fahrlässigkeit eine Schuldform, lediglich generalisiert, auf die infolge des Verhaltens des Täters drohenden, im einzelnen noch unbestimmten Erfolge bezogen ..." Aus § 20 a StGB sei man dazu gezwungen, „den Schuldbegriff grundsätzlich so zu fassen, daß er auf etwas anderes und weiteres als die Einzeltat bezogen werden kann ... Inhalt des strafschärfenden Vorwurfs ist, daß der Täter ‚ein solcher' geworden ist, daß er es soweit mit sich hat kommen lassen, obwohl er etwas anderes aus sich hätte machen können." Das gelte gerade auch dann, wenn die einzelne Tat später unvermeidbar gewesen sei. „Dabei wird ihm zugemutet, auch mit solchen Belastungen seiner Persönlichkeit fertig zu werden, für die er nichts kann".

In seinem psychologisch - anthropologisch weit ausholenden Aufsatz „Persönlichkeit und Schuld"[109] hat *Welzel* diese Thesen etwas modifiziert, aber den grundsätzlichen Ansatz an der „Charakterschuld" beibehalten. Das „materiell Schuldhafte" der Fahrlässigkeit könne sich nicht schon darin finden lassen, daß — wie *Engisch* es formuliert hat — „die (rechtswidrige) Tat in mangelndem Interesse an der Vermeidung der Tatbestandsverwirklichung ihre Erklärung fin-

---

[107] Vgl. oben Einleitung.
[108] ZStW 59, 582 f.
[109] ZStW 60, 428 ff.

det“[110]. Vielmehr könnten die materialen Kriterien der Vorwerfbarkeit erst in einer — wenn auch nur irgendwann einmal, aber jedenfalls tatsächlich vorhandenen — Fähigkeit bestehen, das rechtliche Erkenntnisvermögen auf Fälle der hier anstehenden Art einzustellen.

In seinem Lehrbuch hat *Welzel* seine diesbezüglichen Überlegungen zusammengefaßt. Sie auf die Schuld der „unbewußten Fahrlässigkeit“ beschränkend führt er aus: „Mag auch die Sachgemäßheit unserer Handlungen zum großen Teil nicht auf eine bewußte Handlungssteuerung im Einzelfall, sondern auf früher erworbene, automatisierte Handlungsbereitschaften zurückgehen, so ist doch ihr Mangel dem Täter in dem Maße zur Schuld vorzuwerfen, als er bei Vornahme seiner finalen Handlung die Gefahren der Situation und die Funktionsgrenzen seiner automatisierten Handlungsbereitschaften nicht berücksichtigt hat“ — und nun folgt das materielle Essentiale der Schuld: — *„obwohl er sie hätte erkennen können“*[111].

Zuvor hat Welzel gezeigt, wann man sagen kann, daß der Täter die „Gefahren der Situation“ hätte erkennen können: „Das gesamte soziale Leben, vor allem die Berufstätigkeiten, enthalten Gefahrenquellen für Rechtsgüter. Der Mensch wächst in das soziale Leben hinein, indem er sich auf die Gefahren einzustellen und ihnen zu begegnen lernt[112].“ „Die Schuld kann daher bereits in dem mangelhaften oder fehlerhaften Aufbau dieser Persönlichkeitsschicht als der determinativen Grundlage der einzelnen rechtswidrigen Handlung wurzeln. Das ist z. B. ... der Fall ... beim Sorglosen und Leichtsinnigen, der das unbewußte Gespanntsein auf Gefahren ungenügend ausgebildet hat. In ... diesen Fällen wurzelt die Schuld der einzelnen Tat in einem bleibenden Moment, nämlich in dem fehlerhaften Aufbau der Persönlichkeitsschicht, in einem vorwerfbaren Charakterfehler (Täterschuld)[113].“ Soweit *Welzel.*

2. Das Verhältnis der Täterschuld zur Tatschuld

In den Fällen, die *Welzel* im Auge hat, mangelt es an einer nachweisbaren aktuellen psychischen Verbindung zwischen dem Täter und seinem Tatunrecht. Aber auch der normative Aspekt, der sonst die psychische Lücke zu füllen geeignet sein soll, scheint an dieser Stelle zu versagen, sonst bedürfte es doch wohl nicht der Heranziehung von „Täterschuld“ als eines besonders begründeten materiellen Schuldsachverhalts.

---

[110] *Engisch* Untersuchungen S. 477.
[111] Lehrbuch S. 146 (Hervorhebung von mir).
[112] Lehrbuch S. 146.
[113] S. 145 (Hervorhebung von mir); ebenso schon *v. Bar* Gesetz und Schuld II S. 444.

Wie verhalten sich eigentlich Täterschuld- und (normative) Tatschuldlehre zu einander? Stehen sie nebeneinander, indem sie verschiedene Sachverhalte betreffen, ergänzen sie sich also? Oder ist damit nur ein und dasselbe materielle Schuldphänomen unter verschiedenen Gesichtspunkten gezeichnet?

Für die erste Alternative hat *Armin Kaufmann* ein Beispiel aufgezeigt. Er hat den § 20 a StGB dahingehend interpretiert, daß hier „das Unrecht ... im Erwerb eines Charakterzuges, in der Gewöhnung an die Determination durch wertwidrige Antriebe“[114] bestehe. Und „vorwerfbar ist die Ausbildung des verbrecherischen Charakterzuges insbesondere dann, wenn die einzelnen Taten, die die Charakterbildung maßgebend beeinflußt haben, ihrerseits vorwerfbar sind... Das Unrecht der Einzeltat ‚vertieft‘ sich ... durch die gefährliche Gewohnheitsmäßigkeit des Täters... Ebenso enthält die gesteigerte Vorwerfbarkeit nicht eigentlich eine ‚Strafschärfung‘ wegen erhöhter Schuld dieser Einzeltat, sondern ‚zwei Schuldvorwürfe‘, den Vorwurf, zwei Pflichten nicht befolgt zu haben“, trotz Befolgungsfähigkeit[115].

Damit läßt sich § 20 a StGB und auch der Rückfall vielleicht in das Schuldsystem einbeziehen. Denn es wird zweimal je verschiedenes Unrecht (einerseits: „Ausbildung des verbrecherischen Charakterzuges“, andererseits: „Unrecht der konkreten Tat“) vorgeworfen. Aber hier braucht der Gedanke der Täter-, oder Charakter-, oder Lebensführungsschuld gar nicht bemüht zu werden: die Vorwerfbarkeit des „Unrechts der konkreten Tat“ wird nach „normalen“ tat-schuldtheoretischen Regeln begründet, die Vorwerfbarkeit der „Ausbildung des verbrecherischen Charakterzuges“ — ebenfalls!

Auch der BGH hat einmal überlegt, ob die Angeklagten „den allgemeinen sittlichen Maßstab ... durch eine vorwerfbare Lebensführung eingebüßt“ hatten, und den „Vorwurf“, „ihre ‚Haltung‘ widerspreche den allgemeinen, herrschenden Wertvorstellungen“, mangels Vorwerfbarkeit verneint[116].

Aber so wird in der Täterschuldlehre in aller Regel nicht argumentiert. Vielmehr werden Umstände ausgemacht, die als „Wurzeln“ dafür angesehen werden, daß der Täter (nunmehr „aktuell schuldlos“) eine Unrechtshandlung vornimmt und damit einen Unwerterfolg herbeiführt; diese Umstände sind ihrerseits „verschuldet“[117].

Das System sieht also — vereinfacht und pointiert — folgendermaßen aus:

---

[114] Normentheorie S. 211.
[115] S. 211 f.
[116] BGH JR 1954, 188.
[117] Insoweit anders *Lange* ZStW 59, 583.

Fehlt es an einem „Unrechtstatbestand" wie dem des § 20 a StGB, der eine bestimmte Lebensführung gebietet, und fehlt es an einer Tatschuld hinsichtlich des aktuell verwirklichten Unrechts, so tritt als Katalysator in diese doppelte Lücke die Täterschuld: sie verbindet eine „Tatschuld", hinsichtlich deren ein Tatunrecht (nämlich das Lebensführungsunrecht) nicht verifizierbar ist, mit einem Tatunrecht (nämlich dem Unrecht der konkreten Tat), hinsichtlich dessen der Nachweis einer Tatschuld nicht erbracht werden kann.

Sowohl die Nachweisbarkeit der Täterschuld als auch das ganze System hat denn auch viele Einwände gefunden.

a) Nachweisbarkeit der Täterschuld

Die Schwierigkeit, die Vorwurfsvoraussetzungen im Einzelfall festzustellen, also „nach verschuldeten und unverschuldeten Merkmalen differenzieren zu müssen"[118], hat *Welzel* nicht bekümmert. Das Problem ist bis heute ungelöst. Und hier haken denn auch die Gegner der „Täterschuld" immer wieder ein.

Bereits *Goldschmidt*[119] hatte der „charakterologischen Schuldauffassung" den „Vorwurf der sozialen und wissenschaftlichen Rückständigkeit" gemacht: „Der sozialen, insofern sie nicht berücksichtigt, daß der schlechte Charakter schuldlos, durch erbliche Belastung, schlechte Erziehung, böses Beispiel, schlimme Umgebung, elende wirtschaftliche Verhältnisse erworben sein kann. Der wissenschaftlichen, insofern sie die Ergebnisse der psychoanalytischen Forschung nicht beachtet, wonach dem Täter gerade aus dem Unbewußten, Triebhaften, was in ihm lebt, was ihm keineswegs fremd ist, kein ‚Vorwurf' gemacht werden kann".

„Juristisch", wendet heute *Arthur Kaufmann* gegen *Welzel* ein, „ist diese Schuldauffassung nicht zu verwerten ... Der Gedanke der Lebensführungs- oder Lebensentscheidungsschuld wäre nur dann durchführbar, wenn man zwischen schicksalhaft empfangenem und schuldhaft erworbenem Charakter unterscheiden könnte; aber das gelingt schon bei der eigenen Person kaum, bei einer fremden ist es ganz unmöglich"[120]. „Alles Recht, also auch die Rechtsschuld" müsse ein positiver, der richterlichen Feststellung zugänglicher Faktor sein[121].

b) Das Täterunrecht

Ob der Gedanke der Täterschuld wirklich durchführbar wäre, wenn sich das Nachweisproblem lösen ließe, ist aber auch zweifelhaft.

[118] *Müller-Dietz* S. 22 m. w. N.
[119] Frank-Festgabe S. 467.
[120] Schuldprinzip S. 190.
[121] S. 195; ähnlich *Kohlrausch* Sollen S. 14 f.

Schuld setzt Unrecht, Vorwerfbarkeit etwas Vorzuwerfendes voraus. Lebensführungsschuld ist — wenn Worte überhaupt einen Sinn haben — jedenfalls auch und zunächst „Schuld hinsichtlich der Lebensführung". *Das Täterschuldproblem ist in Wahrheit ein Unrechtsproblem.*

Gibt es ein *Lebensführungsunrecht*[122]?

Armin Kaufmann hat eine Möglichkeit im Rahmen des § 20 a StGB aufgezeigt. Aber aus dieser Vorschrift eine allgemeine Pflicht zu destillieren, sich auf Gefahren einzustellen und ihnen begegnen zu lernen, wäre wohl — entgegen *Lange* — unzulässig. Auch sonst dürften allgemeine Charakterbildungs- und ähnliche Gebote[123] in der Rechtsordnung kaum vorgefunden werden.

Allerdings gibt es besondere Pflichten, die schlichte — wenn auch vielleicht im einzelnen bestimmte — Handlungen vorschreiben, die nur abstrakt (d. h. vom Setzungszweck her) auf bestimmte Erfolgsvermeidungen gerichtet sind, nicht aber diese Vermeidungen in die Gebotsmaterie aufgenommen haben: Verkehrsregeln lernen, Signalvorschriften lesen, Gedächtnisstützen schaffen usw.

Selbst aber, wenn es solche Gebote allgemeiner oder spezieller Art gäbe, wäre eine Bestrafung der Nichterfüllung aus Anlaß des konkreten Erfolgseintritts und im Rahmen des jeweiligen Verletzungstatbestandes noch immer rechtsfehlerhaft. Vielmehr müßte es sich um solche Gebote handeln, die gerade Erfolge wie den konkret eingetretenen abzuwenden bezwecken, m. a. W., die Gebote müßten auf die Vermeidung von solchen Erfolgen gerichtet sein, wie sie der Art nach von dem eingetretenen Erfolg charakterisiert werden[124].

Daß es nicht grundsätzlich ausgeschlossen ist, solche Gebote aus der Rechtsordnung als ganzes abzuleiten und sie entsprechend zu formulieren, ist bereits oben[125] eingeräumt worden.

---

[122] Gerade diese zunächst rein systematische Fragestellung wird fast immer übersehen. Vielmehr ist *hier* Platz für die *„Lebensführungsschuld"*. Mit der Lebensführungsschuld wird diese Zeitspanne einfach abgekürzt: *Gegenstand* des Vorwurfs ist nicht die Lebensführung, sondern das, was jetzt unmittelbar vor Augen steht, die als in bezug auf einen Unwerterfolg sorgfaltswidrig bewertete Handlung. Vorwurfs*voraussetzung* bleibt aber nach wie vor — wenn es gerade noch system-adäquat gehen soll — die Erkennbarkeit der Rechtswidrigkeit der *Lebensführung!*

[123] Dazu, daß es sich um *Gebote* handelt, vgl. *Armin Kaufmann* Normentheorie S. 211.

[124] Der einzelne mußte z. B. — mit Rücksicht auf eine spätere Nichtverletzung von Menschenleben — lernen, diese oder jene Gefahren zu meistern.

[125] s. o. S. 76 f.

c) *Die „Schuld" hinsichtlich des Täterunrechts*

Allerdings käme damit die konkrete rechtswidrige Handlung aus dem Blick. Auch dies hatte schon *Goldschmidt* herausgefunden: „Die ‚charakterologische' Schuldauffassung unterschiebt der Bewertung einen anderen Gegenstand, nämlich statt der einzelnen Motivation den Charakter"; er betonte, daß es „die Einzeltat ist, die Gegenstand der Bewertung bleibt"[126].

In der Tat verwandelte sich die ins Auge fallende *fahrlässige* Erfolgsherbeiführung durch *Begehen* in eine (quasi-)*vorsätzliche* Erfolgsherbeiführung *durch Unterlassen* (des entsprechenden Sich-einstellens auf die erfolgsspezifischen Gefahren): Wenn A heute seinen Führerschein macht, aber erst in 10 Jahren Gelegenheit hat, sich ein Auto zu kaufen, und deshalb in der Zwischenzeit seine Fahrkünste verlernt, dann müßte — wenn A in 10 Jahren objektiv sorgfaltswidrig einen tödlichen Unfall verursacht — ein Gebot des Inhalts aufgefunden werden, daß A verpflichtet ist, seine fahrtechnischen Kenntnisse zu erhalten. Ob ein solches Gebot aus § 212 oder § 222 StGB oder überhaupt nicht abgeleitet werden kann, mag hier dahingestellt bleiben, denn es ist ein Problem der *Unrechts*lehre. Eines aber läßt sich sicher sagen: Gibt es ein solches Gebot und wird seine Nichterfüllung (also die rechtswidrige Unterlassung) vorausgesetzt, so entsteht ein ganz „normaler" *Tatschuld*fall.

Es mag also echte, auch dem Gegenstand nach erfolgsbezogene Handlungspflichten geben — das ist eine Frage des Unrechts. Sie geht dahin, ob man befugt ist, etwa aus § 222 StGB bereits sehr frühzeitig wirkende Sorgfaltsnormen zu entwickeln, ob es also eine Norm gibt, die mir *jetzt* eine bestimmte Handlung ge- oder verbietet, weil aus ihr u. U. sehr viel später z. B. ein Todeserfolg (bzw. eine Lebensrettung) resultieren könnte[127]. Feststeht aber: Sind solche Pflichten verletzt worden, so ist Tatschuld zu prüfen — gleichgültig, wann der entsprechende Erfolg eintritt.

Damit haben wir beim „Lebensführungsunrecht" genau das dogmatische Phänomen vor uns, welches auch als „fahrlässige actio libera in causa" behandelt wird, und von dem wir gesehen haben, daß es keine dogmatischen Sonderprobleme stellt: Strukturell ist als Vorwurfsgegenstand nichts anderes zu prüfen als ein in bezug auf den konkreten Erfolg rechtswidriges Verhalten. Nur wird hier die Rechtsforderung: „Du darfst nicht versagen" ersetzt durch das Verlangen: „Du mußt dafür sorgen, daß du später nicht versagst". Beide Normen werden jeweils auf den Schutz eines bestimmten Rechtguts bezogen.

---

[126] Frank-Festgabe S. 466 f.
[127] Vgl. dazu *Wimmer* ZStW 70, 196 ff., 204.

Und hinsichtlich der Schuld wird beidemal gesagt: „Du hättest diesen Rechtsanspruch erkennen können.“

Dies wird deutlich an folgendem Parallelfall: A bekommt heute seinen Führerschein, die notwendigen technischen Handgriffe beherrscht er noch nicht; morgen verursacht er sorgfaltswidrig einen tödlichen Unfall. Unterstellen wir, daß die erforderliche Sorgfalt darin bestanden hätte, angesichts seiner technischen Unfertigkeit besonders „defensiv“ zu fahren. Dann haben wir — was das Unrecht angeht — eine eindeutige Begehungsfahrlässigkeit von uns; bei der Schuld käme niemand auf den Gedanken, *Täter*schuldkriterien anzulegen — worin bestünden diese auch? Und dies, obwohl sich beide Fälle nur darin unterscheiden (wenn man einmal davon absieht, daß dort ein *Ge*bot, hier ein *Ver*bot übertreten wird), daß die zeitlichen Abstände des Unrechtsverhaltens vom Eintritt des tatbestandsmäßigen Erfolges dort vielleicht größer, hier geringer sind.

Es zeigt sich: Je geringer die Zeitdifferenz zwischen mangelnder „Charakterbildung“ und dem Erfolgseintritt wird, desto weniger ist man geneigt, von „Lebensführungsschuld“ oder ähnlichem zu sprechen, und unmerklich ist der Augenblick eingetreten — jedenfalls ist er dort vorhanden, wo der Täter seinen Charaktermangel noch in der konkreten Handlungssituation hätte beheben können —, an dem wieder „Tatschuld“ festgestellt wird: weil dem Täter die Möglichkeit des Eintritts eines Unwerterfolgs *„erkennbar“* war[128].

Grob gesehen könnte man sagen, daß Tatschuld und Lebensführungsschuld sich nur darin unterscheiden, daß man bei der ersteren dem Täter *jetzt noch* zutraut, das Unrecht erkennen zu können, bei der letzteren dieses Zutrauen eher auf *frühere Zeitpunkte* verlegt.

Das bedeutet aber, daß „Charakterbildung“, „Einüben automatisierter Handlungsbereitschaften“ u. ä. (im Rahmen des Verbotsirrtums) *der Sache nach* synonyme Ausdrücke sind für „Fähigkeit zur Unrechtserkenntnis“. Sie bezeichnen das gleiche Phänomen zu verschiedenen Zeiten.

Schon bei jedem „normalen“, für vermeidbar erklärten Verbotsirrtum könnte man — so gesehen — an der „Einzeltatschuld“ zweifeln. So sieht *Maurach* hinsichtlich der Zeitpunktfixierung des Unrechtsbewußtseins eine aufschlußreiche Parallele zwischen der actio libera in causa und dem vermeidbaren Verbotsirrtum: „Bei beiden Rechtsfiguren (verschiebt sich) der maßgebliche Zeitpunkt, an dem

---

[128] Damit bewahrheitet sich die Feststellung *Eberhard Schmidts* (*Liszt-Schmidt* S. 230; vgl. dazu auch BGH JR 1954, 188), daß Einzeltatschuld und Charakter- oder Lebensführungsschuld nicht in strengen Gegensatz gestellt werden dürfen.

das Vermeidbarkeits- und Vorwurfsurteil anknüpft, auf die Zeit ante factum[129].“ Auch beim vermeidbaren Verbotsirrtum wird die Schuld an der *„Einzeltat“* mit der Vorwerfbarkeit *eines anderen Verhaltens,* nämlich des Unterlassens der sorgfältigen Unrechtserkenntnis, begründet.

Schewe meint in diesem Sinne, daß „streng genommen“ „alles, was ‚das Andauern und die Wiederkehr von Gehalten bewirkt‘, bereits dem transphänomenalen Bereich zuzuordnen“[130] sei, den Beständen also, mit denen das Subjekt, „als Träger des Erlebens, der Objektwelt gegenübertritt, mittels derer es die Umwelt im Erleben und Handeln gestaltend bewältigt... Bei der Beurteilung des aktuellen Erlebens“, das *Schewe* zum phänomenalen Bereich zählt, müsse „immer der Längsschnitt, die Vergangenheit, mit berücksichtigt werden, wobei der Rückgriff sehr knapp gehalten, aber auch sehr weit getrieben werden kann. Zwischen phänomenalem und transphänomenalem Bereich besteht insofern eine wechselseitige sinngesetzliche Abhängigkeit, als die aktuelle Erlebnisgestaltung einerseits vom Transphänomenalen abhängt, andererseits aber die transphänomenalen Bestände vom Phänomenalen her durch ‚erlebnisbedingte Persönlichkeitsprägung‘ mitgestaltet werden“[131].

Der „wirkliche Verbotsirrtum“[132] nun, d. h. der im „Kernbereich“ des Strafrechts, wäre nach *Schewe* ein „vorwerfbarer Mangel im Bereich vorgegebener Persönlichkeitsstrukturen..., beurteilt würden also Bestände des ‚transphänomenalen Bereiches‘ “[133]. Eine in einem solchen Verbotsirrtum begangene Handlung wäre „das Ergebnis einer *ausgeübten* Willensherrschaft ..., die von einer in den ‚vorgegebenen Strukturen‘ mangelhaft ausgeformten Persönlichkeit ausgeübt wurde: Nicht die mangelnde Beherrschung des aktuellen Geschehens ... wäre hier... das Wesentliche, sondern die mangelhafte Ausformung des handelnden Subjekts selbst“[134].

In der Tat könnte mit der gleichen „Stringenz“ auch die konkrete Erkennbarkeit des Handlungsunrechts mit der Vorwerfbarkeit der ge-

---

129 JuS 1961, 379.
130 Bewußtsein S. 163.
131 S. 161.
132 S. 159.
133 S. 192.
134 S. 193; *Schewe* spricht hier im Irrealis, denn die Existenz solcher Verbotsirrtümer außerhalb des § 51 StGB hält er für irreal: „Jemand, der in einer bestimmten Rechtsgemeinschaft lebt, kann doch gar nicht umhin, die grundlegenden rechtlichen Zusammenhänge zur Kenntnis zu nehmen und in irgend einer Form in seinem Handeln zu berücksichtigen, und sei es auch, wie beim Gewohnheitsverbrecher, in einem dem Rechtsbefehl entgegengesetzten intentionalen Bezug“ (S. 193). Um die generelle Richtigkeit *dieser* Ansicht soll es hier aber nicht gehen.

botswidrigen Lebensführung begründet werden (also immer Lebensführungsschuld) wie man Schuld hinsichtlich der gebotswidrigen Lebensführung immer aus der konkreten Erkennbarkeit des Unrechts (also immer Tatschuld) herleiten könnte; oder — anders ausgedrückt — man könnte genauso durchgängig den Täter bestrafen, „weil er ‚ein solcher ist'", wie deshalb, „weil er ‚so gehandelt'"[135] oder (z. B. die pflichtgemäße Lebensführung) unterlassen hat. Nur müßte in jedem Falle der Schuldbezug zu einem Erfolg wie dem konkret eingetretenen hergestellt werden können.

Sind wir mit der Aufdeckung der Unrechtszusammenhänge bei der „Täterschuld" wieder in die gängigen Geleise der Erkennbarkeit des Unrechts zurückgeführt, so werden hier dann auch die gleichen Einwände relevant, wie sie oben erhoben worden sind: Bei der Erkenntnispflicht darf man nicht haltmachen, sondern muß zu den dahinterstehenden Fähigkeiten zurückgehen. Erkennbarkeit ist aber nur in einem ganz geringen Umfang möglich. Im übrigen kommt es auf die Erkennbarkeit des Unrechts nicht an, sondern auf die Fähigkeit, das Handlungsprojekt aus Einsicht in dessen Verbotensein zu unterlassen.

VII. Die Zwischenergebnisse

Die eindeutige Orientierung an psychischen Befunden ist die entscheidende Neuerung einer konsequenten modernen Verbrechenssystematik, die die Schuld nicht nur vielleicht in sich schlüssig aufbaut, sondern auch in das gesamte Deliktsbild, das bereits von der finalen Handlung und dem personalen Unrecht komponiert wird, ohne Friktion einpaßt.

Das Verdienst *Armin Kaufmanns*, diesen Schritt bewußt eingeleitet zu haben, wird nicht dadurch geschmälert, daß bei der Einzelausgestaltung noch Reibungen zurückgeblieben sind.

So meint *Armin Kaufmann*, das Problem der Vermeidbarkeit des Verbotsirrtums dadurch bewältigen zu können, daß er die Fähigkeit zur Pflichtbefolgung als eine Synthese zweier Fähigkeiten ansieht: als Summe der Fähigkeit zur Unrechtseinsicht und der Fähigkeit zur Motivation anhand dieser Einsicht. Die vorliegende Untersuchung hat ergeben[136], daß die zweite Fähigkeit die tatsächliche Unrechtseinsicht voraussetzt, daß man also von Schuld nur auf der Basis der Vermutung oder Fiktion der Unrechtseinsicht sprechen kann, wenn es am Unrechtsbewußtsein fehlt.

---

[135] *Kohlrausch* Sollen S. 14.
[136] s. o. S. 117 f.

Mag auch *im Ergebnis* deshalb keine große Diskrepanz bestehen zwischen dem „verschuldeten“ und dem „vermeidbaren“ Verbotsirrtum, so handelt es sich — wie sich nunmehr ergeben hat — doch nicht um einen nur terminologischen, sondern um einen tiefgreifenden sachlichen Unterschied: Es wird wieder gesagt, daß die Vorwerfbarkeit ohne ein reales Substrat, ohne den „leisen Unrechtszweifel“, nicht auskommt. Wenn man wegen schuldhaften Handelns bestrafen will, so muß das Substrat — wenn es fehlt — immerhin fingiert, vermutet, als vorhanden unterstellt werden — oder aber es bedarf eines neuen Schuldansatzes.

Damit sind wir heute wieder dort, wo *Kohlrausch* „überwunden“ gewesen sein soll: „Die unterste Grenze der Schuldhaftung überhaupt verläuft dort, wo das Bewußtsein auch der Gefährdung aufhört, also zwischen den Tatbeständen, die man heute die bewußte und die unbewußte Fahrlässigkeit nennt“[137] — „heute“, das war 1910. Im Jahre 1968 nennt man die „kritischen“ Tatbestände „Unrechtsbewußtsein“ und „Verbotsirrtum“.

Es hatte sich zwar ergeben[138], daß man in gewissen Fällen von Vermeidbarkeit des Verbotsirrtums auch psychologisch sprechen kann.

Allerdings ist auch dann eine Fähigkeit zur Pflichtbefolgung nicht vorhanden, da man diese als eine Fähigkeit expliziert, die Pflicht *aus Einsicht* in deren spezifische Qualität zu befolgen[139].

Daraus letztlich die Konsequenz zu ziehen, daß alle Fälle „unterhalb“ des fehlenden „leisen Unrechtszweifels“ *straflos* bleiben müssen, hat niemand gewagt.

v. Almendingen will das „kulpose Verbrechen“ mit einer *Erziehungsstrafe* belegen: „Dem Verstand kömt Züchtigung zu gut, und er benuzt seine bessere Einsicht, zur weisern Beförderung der Sinnlichkeit[140].“ „Es muß ein ‚Erfahrungsübel‘ zugefügt werden“, „damit künftig der Verstand den möglichen oder wahrscheinlichen Kausalzusammenhang mit einem gesetzwidrigen Erfolg einsehe, und dann der Anblick des daran geknüpften Strafübels das Begehren von der Hervorbringung dieses Erfolges abschrecke[141].“ Ähnlich empfindet *Kohlrausch* „die Fahrlässigkeitsstrafe“ als einen „Denkzettel, der für künftige Fälle zu größerer Aufmerksamkeit ansporenen soll“[142].

137 Die Schuld S. 197.
138 s. o. S. 105.
139 Darüber hinaus ist die Feststellung, der Verbotsirrtum sei vermeidbar, überhaupt irrelevant. Für das Urteil „Schuld“ kann es nicht auf die Fähigkeit ankommen, einen Irrtum zu vermeiden, sondern die Unrechtshandlung aus Einsicht in das Unrecht zu unterlassen.
140 Untersuchungen S. 102.
141 S. 104.
142 Die Schuld S. 211.

Schon, die unbewußte Fahrlässigkeit „nicht zu bestrafen, sondern nur mit einer Buße zu belegen"[143], hält *Arthur Kaufmann* für „unter den heutigen Umständen indiskutabel".

Gleichwohl muß jedenfalls *Straf*losigkeit die Folge sein, wenn man Strafe nur im Rahmen des Schuldprinzips auszuwerfen geneigt ist und das Schuldprinzip inhaltlich mit dem Schuldbegriff ausfüllt, von dessen Richtigkeit die ganze vorliegende Untersuchung ausgegangen ist[144].

Ob der *Schuldbegriff* in seinem Bezug zur Strafe, oder die *Straftheorien* angesichts dieses Ergebnisses Korrekturen erleiden sollen, ob statt einer Strafe *Maßnahmen* verhängt werden, ober ob sich der Staat tatsächlich völlig *sanktionslos* diesen Fällen des Verbotsirrtums gegenüber verhalten soll, ist eine Frage, der hier nicht weiter nachgegangen wird. Die Untersuchung hat sich nur zur Aufgabe gesetzt, das Problem der Vermeidbarkeit *intrasystematisch* nachzuprüfen. Sie begnügt sich mit dem negativen Ergebnis und folgert daraus für die gegenwärtig angebotenen Systeme Straflosigkeit.

Allerdings sind im Laufe der Untersuchung[145] Fälle gefunden worden, in denen trotz fehlender Einsicht in die *spezifische* Pflichtqualität eine andere Art Pflichtbefolgungsfähigkeit vorhanden ist: der Täter hat immerhin die Vorstellung gehabt, daß er zum Unterlassen seines Handlungsprojekts aus Rechtsgründen verpflichtet ist. Es handelt sich um die Fähigkeit, sich zur Vornahme oder Unterlassung der Pflichthandlung aus Einsicht in das Verpflichtetsein zu motivieren.

Diese Art Fähigkeit müßte Strafmilderung auslösen können, denn die Strafrahmen sind generell auf Fälle „voller Schuld" (d. h. intellektuell: Einsicht in das *spezifische* Unrecht) zugeschnitten.

Kann sich die „Motivationsfähigkeit" am konkreten Fall bewähren?

---

[143] Schuldprinzip S. 164.
[144] Ähnlich *Kohlrausch* Die Schuld S. 197.
[145] s. o. S. 105 f., 122.

5. *Abschnitt*

Noch einmal: Die Motivationsfähigkeit

I. Das „ob" der Schuld

1. Fallkonstellationen

Auszugehen ist von dem Fall, daß A auf einen schwarzen Flecken zielt, den er für ein „Wildschwein" hält, während es sich in Wahrheit um ein Kräuterweib handelt. B sieht das und sagt zu A: „Halt! Du darfst nicht schießen!" A schießt trotzdem und tötet das Kräuterweib.

Es sei unterstellt, daß der Schuß des A sorgfaltwidrig ist in Bezug auf das Leben eines Menschen: Das Unrecht des § 222 StGB ist verwirklicht.

Was die Vorstellungen des A bei seinem Schuß auf das „Wildschwein" angeht, so sind mehrere Fallkonstellationen denkbar und nunmehr zu diskutieren:

1. A stellt sich vor, der Schuß sei verboten, weil in diesem Moment „Schonzeit" sei. Dabei sind folgende objektive Varianten zusätzlich denkbar:
   a) Es gibt einen Schonzeittatbestand, aber er wäre von A objektiv nicht verwirklicht worden, wenn es sich tatsächlich um ein Wildschwein gehandelt hätte.
   b) Es gibt keinen Schonzeittatbestand.
   c) Die Vorstellung des A träfe zu, wenn sie auch hinsichtlich des Wildschweins richtig wäre.
2. A hält — nach dem Zuruf des B — für möglich, daß die schwarzen Flecken im Dickicht auch einem Menschen gehören können (Vorsatz ist ausgeschlossen). An die Schonzeitverletzung, die ebenfalls gegeben wäre, denkt er nicht.
3. A stellt sich (außer dem Verbotensein) gar nichts weiter positiv vor;
   a) objektiv: fahrlässige Tötung,
   b) objektiv: fahrlässige Tötung — und wenn die Vorstellung hinsichtlich des Wildschweins zuträfe — Verwirklichung des Schonzeittatbestands.

2. Lösung nach der Schuldtheorie

Es ist vielleicht ganz lehrreich, sich zunächst einmal vor Augen zu führen, wie nach der Schuldtheorie hier entschieden werden müßte. Die

Schuldtheorie würde fragen: War A fähig, das Unrecht (hier: die Sorgfaltswidrigkeit) seiner Handlung zu erkennen?

Zwar ist für die Feststellung eines Verbotsirrtums gleichgültig, was A sich positiv vorgestellt hat, denn Irrtum ist das *Fehlen* der *richtigen* Vorstellung. Aber für die Frage der *Vermeidbarkeit* des Irrtums ist der Inhalt des Vorstellungsbildes schon wesentlich.

Im Falle 1 müßten noch weitere Details eruiert werden. So, wie der Fall geschildert ist, wäre wohl nach der Schuldtheorie Fähigkeit zur Erkenntnis des Unrechts der fahrlässigen Tötung zu verneinen, wenn man sich ein Gespräch zwischen Richter und Angeklagtem etwa folgendermaßen vorstellte:

„Sie wußten doch, daß der Schuß verboten war!“
„Ich dachte, das sei vielleicht wegen der Schonzeit oder so etwas verboten.“
„Aber Sie konnten doch den B fragen.“
„Ja, jetzt weiß ich, daß ich ihn doch besser gefragt hätte. Aber damals sah ich keinen Anlaß dazu, denn ich ging davon aus, daß er mir ohnehin nur erklären werde, es sei Schonzeit oder so. Das aber hätte mich nicht gestört.“

Hinsichtlich einer Verwirklichung des Schonzeittatbestandes im Falle 1c wäre Versuch und Unrechtsbewußtsein anzunehmen.

Im Falle 2 ist hinsichtlich der fahrlässigen Tötung Unrechtsbewußtsein vorhanden; hinsichtlich des Schonzeittatbestandes fehlt es daran, da das Rechtsgut, welches durch diese Norm geschützt werden soll, nicht das Leben anderer Menschen ist. Fähigkeit zur Erkenntnis des Schonzeitunrechts ist aber vorhanden, da A *hier* (anders als im Falle 1) *nicht* davon *überzeugt* ist, daß die Handlung wegen einer bestimmten Norm (fahrlässige Tötung) verboten ist, sondern dies nur für möglich hält — und damit auch *andere* Möglichkeiten einräumt. Er *konnte* sich also bei B erkundigen, *warum* er nicht schießen durfte.

Der Fall 3 bietet für die Schuldtheorie die geringsten Schwierigkeiten (wenn es überhaupt im Leben denkbar ist, daß sich jemand überhaupt keine Gedanken über das mögliche „*Wie*“ des als sicher vorgestellten Unrechts macht[1]): A konnte sich bei B erkundigen, er hätte auch einen Anlaß dazu, der nicht (wie bei 1) durch eine bestimmte Überzeugung paralysiert wurde. Das bedeutet: vermeidbarer Verbotsirrtum hinsichtlich § 222 (bei a) und hinsichtlich des Versuchs der Schonzeitübertretung (bei b).

3. Lösung mit der Motivationsfähigkeit

Wir halten fest, daß *nicht* zu fragen ist nach der Fähigkeit zur Unrechtseinsicht; vielmehr ist auszugehen von dem jeweils vorhandenen

[1] Dazu vgl. unten II., 3.

realen Vorstellungsbild. Entspricht dies dem zuvor festgestellten objektiven Unrecht, so ist Fähigkeit zur Befolgung der Pflicht aus Einsicht in die spezifische Pflicht gegeben. Ist dies nicht der Fall, weiß aber der Täter immerhin vom Verbotensein seines Projekts oder hält er dies für möglich, so kann er sein Handlungsprojekt schon angesichts dieser Bewußtseinslage unterlassen. (Ob er sich um Unrechtsaufklärung bemüht oder nicht, ist seine Sache. Er *muß* dies durchaus nicht. *Er muß nur unterlassen.)*

Das „ob" der Schuld ist damit begründet. Alles andere ist nur noch eine Frage der Quantifizierung.

Bleiben wir zunächst beim „ob", so ergibt sich daraus, daß A das Verbotensein seiner Schießhandlung kannte, die Folgerung, daß er sich aus Einsicht in das rechtliche Verbotsbelastetsein seines Projekts zum Unterlassen dieses Projekts motivieren konnte. Dabei kommt es *hier* nur darauf an, *daß* die Handlung *wirklich* rechtswidrig, nicht darauf, *welches* Unrecht oder ob etwa *„mehrerlei"* Unrecht verwirklicht worden ist.

Das bedeutet, daß Motivationsfähigkeit (hinsichtlich § 222) in *allen* Fällen vorhanden ist. Eine Motivationsfähigkeit, die bezogen ist auf die Verwirklichung des Schonzeittatbestandes, setzt dessen Verwirklichung voraus, ist dann aber auch vorhanden, nämlich in den Fällen 1c, 2, 3b (jeweils ist *Versuchsunrecht* gegeben).

4. Einwände

Nun könnte man in der Tat Zweifel haben an der Richtigkeit der Lösung insbesondere für die Fälle 1 a und b. Kann man A wegen *schuldhaft*-fahrlässiger Tötung bestrafen, wenn er das Bewußtsein des Verbotenseins seiner Handlung aus einer Norm bezogen hat, die nicht eingreift (Fall 1a) — ja, nicht einmal existiert (Fall 1b)?

Zunächst: über das Schuld*quantum* ist noch nicht gesprochen worden. Die Bedenken richten sich aber auch schon gegen das Vorwerfenkönnen überhaupt.

Zur Verdeutlichung des Problems soll der Fall 1 noch etwas erweitert werden.

Als A von B erfährt, daß sein Schuß auf den schwarzen Fleck verboten ist, hält er zunächst ein und forscht nach dem Grund des Verbots. Das Verbot kann nur zusammenhängen mit einem Situationsmerkmal. A registriert:

1. Heute ist Sonntag (also: am Sonntag ist das Schießen verboten)

2. Es handelt sich um ein Elterntier, das vom Jungtier noch gebraucht wird[2] (also: Elterntiere zu schießen ist verboten)
3. Es handelt sich um den Kittel eines Menschen (also: töten verboten)
4. In der Nähe könnten Spaziergänger ausruhen; sie würden durch den Schußlärm geweckt werden (also: ruhestörenden Lärm zu machen ist verboten)
5. Es handelt sich um das Heck eines schwarzen Kraftfahrzeugs (also: Sachbeschädigung verboten)

Alle diese Umstände sind für A zunächst gleich wahrscheinliche Verbotsgründe. Er wählt nun — nach jeweils subjektiv sorgfältiger Prüfung — unter diesen Situationsumständen den einen oder anderen aus und belastet ihn als Verbotsgrund. Daß er sich vom Verbotensein angesichts eines bestimmten Umstandes überzeugt, ist — das sei einmal unterstellt — rein zufällig. Trifft er den „richtigen“ Umstand (hier also Nr. 3), so hat er Unrechtsbewußtsein, trifft er den falschen — was dann?

Immerhin ist für die Frage, ob er die Tat hätte unterlassen können, völlig gleichgültig, *welchen* Grund er angenommen hatte. Nicht einmal kann man sagen, der Motivationsdruck sei bei den „falschen“ Gründen niedriger gewesen. Vielmehr ist leicht denkbar, daß ihn, der streng formal-religiös erzogen wurde, die „Einsicht“, daß man sonntags nicht schießen darf, mehr an Überwindung kostete, als wenn er gewußt hätte, daß die Handlung „nur“ als Sachbeschädigung verboten sei, die man ja finanziell wieder ausgleichen kann.

Er hatte in jedem Falle auch Gelegenheit, sich anhand des Rechts, allerdings — wenn er falsch tippte — nur „seines“ Rechts zu motivieren, denn auch der falsche Grund war für ihn ein „Rechtsgrund“.

a) Wahndelikt?

Die Parallele zum Wahndelikt bietet sich an. Dessen Straflosigkeit wird damit begründet, daß der Täter nicht schon bestraft wird wegen seiner (rechtswidrigen) Gesinnung, ohne daß sich diese in „echtem“ (und nicht nur eingebildetem) Unrecht materialisiert hätte. Aber *hier* gilt nur noch die „Qualität“ des Unrechts als eingebildet, nicht die Tatsache der Rechtswidrigkeit schlechthin. Eine Vorstellungs-Wirklichkeits-Kongruenz ist in gewissem Sinne also doch vorhanden. Straflosigkeit aus den Gründen des Wahndelikts wäre hier nicht zutreffend.

b) versari in re illicita?

Die Haupteinwände sind jedoch aus der Stellung gegen das „berüchtigte“ *(Engisch)* „versari in re illicita“ zu erwarten.

---

[2] Vgl. § 22 Abs. 4 BJagdG.

Wird mit dieser Lösung der rechtswidrig Handelnde für etwas bestraft, wofür er nichts kann? Kann dem A, der davon überzeugt war, der Schuß sei wegen eines Schonzeitschutztatbestandes verboten, fahrlässige Tötung vorgeworfen, darf er deswegen bestraft werden?

Heinitz stellt in einer kurzen, aber sehr informativen Urteilsanmerkung Geschichte und Wesen des versari in re illicita dar. Danach wurde „der Täter im Falle einer rechtswidrigen Handlung auch für die unvorhersehbaren Folgen seines Tuns haftbar gemacht“[3]. *Heinitz* meint, „mit dem Schuldprinzip vereinbar“ sei allein die Lösung, „daß nur verschuldete, d. h. vorhersehbare Folgen dem Täter zuzurechnen sind“[4].

Maurach erstreckt das Verbot des „versari“ auch auf den Bereich der Strafzumessung: Den Täter könnten „grundsätzlich nur solche Tatumstände belasten, die er in seinen Vorsatz aufgenommen hat oder die vom Fahrlässigkeitsurteil umspannt sind“[5].

Nach *Arthur Kaufmann* besagt das versari in re illicita, daß „sich die Schuld nur auf eine abstrakte Pflichtverletzung zu beziehen braucht, um dann für alle Folgen, die aus dieser Pflichtverletzung erwachsen sind, haftbar zu machen“[6]. Im übrigen aber wird das Problem von *Arthur Kaufmann* widersprüchlich behandelt. Zwar führt er[7] auf Seite 246 aus: „Nur Fanatiker des Schuldprinzips, die die Grenzen seiner Verwirklichung nicht zu sehen imstande sind, können den Versari-Gedanken für ein Übel schlechthin ansehen“, und bezieht sich auf *Jescheck*, wenn er sagt: „Wer vorsätzlich eine Straftat mit gefährlicher Tendenz begeht, kann nicht verlangen, daß man ihm zugute hält, wenn er wegen persönlicher Defektzustände die Möglichkeit schwererer Folgen nicht zu erkennen vermochte.“ Auf Seite 214 hingegen hat er für die „richtigere Lösung“ gehalten, denjenigen, der einen Stein auf einen (als solchen unerkennbaren) Bluter geworfen und diesen getötet hat, freizusprechen, weil man ihn bei Bestrafung „doch auch für ein ‚Stück Ungerechtigkeit der Welt‘ verantwortlich“ machen würde, „da ja doch die Blutereigenschaft des C einen ganz exzeptionellen Umstand darstellte, mit dem A nicht rechnen konnte“. Bei Freispruch des A hat *Arthur Kaufmann* freilich „das unbefriedigte Gefühl ..., daß A, der immerhin absichtlich den Stein geworfen hat, so ganz unschuldig an dem Tod eines Menschen sicher nicht ist“.

Nun hat sich aber als Untersuchungsergebnis herausgestellt: Wenn die Schuldtheorie denjenigen wegen schuldhafter Fahrlässigkeit bestraft, dem der Erfolg *erkennbar* gewesen sein soll, obwohl er an gar

[3] JZ 1958, 175.
[4] S. 176.
[5] AT S. 719.
[6] Schuldprinzip S. 156.
[7] In seinem „Schuldprinzip“.

nichts gedacht und keinen Erkundungsanlaß gesehen, wohl aber einen „gehabt“ hat, so ist die „Haftung“ dieses Täters im ganzen nur formal begründet. Seine Schuld basiert auf einer Erkenntnispflicht oder auf einer Erkenntnishypothese. Sie ist selbst nur eine Hypothese[8].

Man muß also noch weiter gehen: Wenn das „versari“ mit einem richtig verstandenen Schuldprinzip unvereinbar ist, so fallen alle nicht erkannten, d. h. auch die nur erkennbaren Folgen diesem Verdikt zum Opfer.

Aber bereits der Ansatz an einer „Haftung“ für gewisse Folgen führt das Problem auf ein falsches Gleis. Es gibt Stimmen in der Literatur, die das Verbot des versari in re illicita anders begründen.

Maurach verneint die „Frage, ob aus der Nichtbeachtung der Sicherheitsbestimmungen zugleich auf eine Verletzung der Sorgfaltspflicht gegenüber dem konkret geschädigten Gut *und damit auf Tatverantwortung des Handelnden* geschlossen werden kann (mit dem Ergebnis, daß sich ein weiterer Haftungsnachweis erübrigt)“[9].

Bei *Mezger* lautet die spezifisch vorsatztheoretische Variante folgendermaßen: „Der Täter muß nicht nur die Pflicht als solche gekannt haben, sondern sich auch des Charakters der Pflicht bewußt gewesen sein; er muß gewußt haben, daß die ihm obliegende Pflicht den Sinn hatte, Erfolge dieser Art abzuwehren[10].“

Die Schuldtheorie würde diesen Satz erweitern dahingehend, daß dem Täter der „Charakter der Pflicht“ wenigstens „erkennbar“ gewesen sein müsse, wenn von Schuld die Rede sein solle.

Damit wird klar, wie die Akzente richtig gesetzt werden müssen: Schuld wird bezogen auf eine bestimmt qualifizierte (Handlungs- oder Unterlassungs-)Pflicht, nicht auf Erfolge. (Es ist bezeichnend, daß die meisten von der blassen, im Strafrecht sonst recht ungebräuchlichen „Haftung“ und nur selten von „Schuld“ sprechen, wenn das „versari“ diskutiert wird.) Man ist — im spezifisch strafrechtlichen Sinne — nicht „schuld *an etwas*“[11], so als ob verschiedene einzelne Umstände zu isolieren seien und in bezug darauf eine „Haftung“ eruiert werden könnte. Niemand wird nur oder auch für Erfolge oder Folgen verantwortlich gemacht. Vielmehr wird gefragt nach der Schuld hinsichtlich einer tatbestandsmäßig-rechtswidrigen, also pflichtverletzenden *Handlung*. Ist die Handlung tatbestandsmäßig-rechtswidrig und kennt

---

[8] Demgegenüber wird *hier* darauf abgestellt, daß mit dem Bewußtsein des Verbotenseins immerhin schon ein vielleicht dünner, aber jedenfalls *realiter vorhandener* Faden zum Unrecht geknüpft ist.

[9] AT S. 476 (Hervorhebung von mir).

[10] Lehrbuch 2. Aufl. S. 357.

[11] Vgl. zu weiteren Mißverständnissen aus dieser Phrase oben Seite 139 Anm. 4.

der Täter das Verbotensein *dieser Handlung*, so braucht er zwar noch kein Unrechtsbewußtsein im spezifischen Sinne zu haben, aber *„Tat-Schuld" ist vorhanden*. Wußte der Täter, daß er (im Beispiel *Arthur Kaufmanns*) den Stein nicht werfen durfte, wußte er, daß es hic et nunc verboten war, auf die schwarzen Flecken zu schießen, dann konnte er sich zum Unterlassen dieser als rechtswidrig erkannten Handlung motivieren.

Die Mindestvoraussetzungen der Schuld sind erfüllt, gleichgültig, woher der Täter subjektiv den Verbotsgrund bezieht. Es macht keinen Unterschied, ob der Täter sich eine Norm vorstellte, die im konkreten Falle nicht eingriff, oder eine Norm, die schon gar nicht existiert, oder ob er überhaupt nicht über eine mögliche Spezifizierung des Verbotenseins reflektierte.

Es läßt sich pointiert sagen, daß die *Vorwerfbarkeit* (oder — wenn man will — die „Zurechenbarkeit") der qualifizierten Unrechtshandlung schon auf die „unqualifizierte" Vorstellung gegründet wird, das Handlungsobjekt sei möglicherweise rechtswidrig; es kann m. a. W. bereits dann festgestellt werden, daß Schuld (hinsichtlich ihrer intellektuellen Komponente) *überhaupt* vorhanden ist, wenn der Täter seine (Handlungs- oder Unterlassungs-)„Pflicht als solche" *(Mezger)* gekannt oder sein Verpflichtetsein auch nur für möglich gehalten hat.

Die Frage, ob er „schuld" war an den aus diesen Handlungen resultierenden Erfolgen, stellt sich überhaupt nicht. Die andere Frage, ob er den *Charakter* der Pflicht erkannt haben muß (z. B.: die Handlung ist sorgfaltswidrig in bezug auf das Leben anderer), stellt sich jedenfalls *hier*[12] nicht: sie betrifft das *Quantum der Schuld*. Mit der Frage des Schuldquantums wollen wir uns nunmehr beschäftigen[13].

---

[12] Es mag dahinstehen, ob es *praktisch* sinnvoll ist, die Fragen des „ob" und des „wie" der Schuld voneinander zu trennen. Immerhin ist das praktisch *möglich*, wie sich daran zeigt, daß ja auch zunächst nach der Kenntnis der „Sicherheitsbestimmungen" und dann der spezifischen „Sorgfaltspflicht" *(Maurach)* oder zunächst nach der Kenntnis der „Pflicht als solcher" und dann des besonderen „Charakters der Pflicht" *(Mezger)* gefragt wird.

[13] Ein weiteres Bedenken könnte sich daraus ergeben, daß auch dann z. B. wegen fahrlässiger *Körperverletzung* bestraft werden soll, wenn die auf die körperliche Integrität eines anderen bezogene Sorgfalt weder erkannt worden noch „erkennbar", sondern lediglich das Verbotensein der konkreten Handlung (etwa wegen der Nichteinhaltung von „Sicherheitsbestimmungen") bekannt gewesen ist. Aber schon immer wurde die Frage, wie die Handlung *„heißt"*, derentwegen der einzelne bestraft wird, nach dem verwirklichten *Unrecht* bestimmt: Bei Vorsatz entscheidet die tatbestandsmäßige *Finalität* (Tötungs-, Körperverletzungs- oder Diebstahls*handlung)*, bei der Fahrlässigkeit der inkriminierte *Erfolg* (fahrlässige Tötung, Körperverletzung, Zuwiderhandlung gegen § x usw.). Niemals spielt dabei eine Rolle, ob *volle* oder *geminderte* Schuld vorhanden ist. Selbst wenn — bei vorsätzlicher oder fahrlässiger Tötung im „vermeidbaren Ver-

II. Das „wie" der Schuld

1. „Schuldquantitäten"?

Vielleicht könnte man zweifeln, ob eine *quantitative* Kategorie überhaupt vereinbar ist mit dem *Fähigkeits*begriff. Es scheint auf der Hand zu liegen, daß man entweder fähig ist zu etwas oder nicht. Aber schon mit einer kleinen sprachlichen Korrektur lassen sich Fähigkeiten quantifizieren: wenn man von der „Befähigung" spricht. Man kann mehr oder minder befähigt sein zu etwas. Es mag dem einzelnen aus unterschiedlichen Gründen einmal schwerer, das andere Mal leichter fallen, sich im Sinne eines sein Verhalten betreffenden Rechtssatzes zu orientieren.

Im Verstande der Schuldtheorie erschöpft sich der Gehalt der Vorwurfsvoraussetzungen im engeren Sinne (des „Schuldurteils" also) nicht in der Feststellung einer Faktizität schlechthin („der Täter war in bestimmter Richtung willensbildungsfähig"); vielmehr wird diese Faktizität auch in sich quantifiziert („der Täter war auch in bestimmtem *Grade* willensbildungsfähig").

Auch das Unrecht ist ja nicht bloße Vorwurfsvoraussetzung im weiteren Sinne, sondern seinerseits *Quantität;* das Gewicht einer Rechtssatzverletzung kann wenigstens als relatives und pauschales u. a. aus dem Strafrahmen abgeschätzt werden.

Wenn sich nun das jeweilige Unrechtsquantum im Strafmaß niederschlagen soll, so muß es sich in irgendeiner Form in „Schuldquantum" umsetzen, denn letztlich entscheidet das Unrechtsmaß nur in der Form eines „Schuldmaßes" über die Höchstgrenze des zulässigen Strafmaßes.

Ein Beispiel soll diese „Umsetzung" verdeutlichen: Der Mathematiklehrer ist mit Grund der Ansicht, daß seine Schüler fähig sind, alle innerhalb einer bestimmten Zeit zu lösenden Aufgaben zu bewältigen. Gleichwohl gelingt dies einigen Schülern — trotz ihrer Fähigkeit — hinsichtlich einiger Aufgaben nicht. Der Lehrer wird naturgemäß die Fehler, die bei schwereren Aufgaben gemacht werden, „milder" beurteilen als dieselben Fehler bei leichten Aufgaben; er wird die Fehler der „guten" Schüler (fähig waren sie alle!) „strenger" bewerten als diejenigen der Kameraden, denen die Lösung nicht so leicht gefallen wäre. Das Gewicht der Fehler ergibt sich folglich nicht aus dem Schwierigkeitsgrad der Aufgaben *allein* noch aus dem Grad der persönlichen „Fähigkeiten" *allein*. Diejenigen Gründe, die das Gewicht der Fehler bestimmen, stammen vielmehr aus *beiden* Bereichen.

---

botsirrtum" — nur eine ganz geringe Schuld ausgefällt werden kann, bleibt es doch bei der Bestrafung wegen vorsätzlicher oder wegen fahrlässiger *Tötung*.

In den hier interessierenden Zusammenhang gestellt, bedeutet das: Steigerungsfähig sind sowohl die „Fähigkeit zur Motivation“ (von „leisem Zweifel“ bis zur „Gewißheit“ auf der intellektuellen, von schweren Hemmungen bis zur Entschlußfreudigkeit auf der voluntativen Ebene) als auch das (erkannte) „Unrecht“ (vom „schlichten Verbotensein“ über das „Bagatellunrecht“ bis zum „schweren Kriminalunrecht“).

Das „Schuldquantum“ ergibt sich also als — mathematisch ausgedrückt: — Produkt aus dem Gewicht des (erkannten) Unrechts und dem Grad der Fähigkeit zu entsprechender Motivation.

2. Feststellung nach der Schuldtheorie

So quantifiziert auch die Schuldtheorie, wenn sie einräumt, die Strafe aus dem Vorsatztatbestand könne im Falle eines „vermeidbaren Verbotsirrtums“ entsprechend den §§ 51 Abs. 2, 44 StGB gemildert werden.

Armin Kaufmann führt zwar zunächst aus: Die Fähigkeit zur Pflichtbefolgung „liegt entweder vor, oder sie fehlt. Zu einem dieser beiden Ergebnisse muß das Existentialurteil immer kommen. Die Fähigkeit zur Pflichtbefolgung ist immer (schon) dann gegeben, wenn das Minimum ihrer Voraussetzungen erfüllt ist“. Was als Minimum an Voraussetzungen für die Fähigkeit zur Pflichtbefolgung zu fordern sei, könne bereits in § 51 Abs. 2 StGB gefunden werden.

Aber *Kaufmann* erkennt dann auch, daß durchaus „der eine Verpflichtete fähiger oder weniger fähig zur Pflichtbefolgung sein (kann) als der andere“. Gegenüber § 51 Abs. 2 StGB besitze jeder „Normalfall“ „eine gesteigerte Fähigkeit zur Pflichtbefolgung, d. h. aber auch: ein höheres Maß an Vorwerfbarkeit“[14].

Der Bezug auf den Milderungsschlüssel des § 44 StGB zwingt nun aber die „klassische“ Schuldtheorie dazu, einmal das tatsächliche (nicht das vorgestellte oder gar eingebildete!) Unrechtsquantum in die Ermittlung der Schuldgröße einzubeziehen. Das Schuldmaß bestimmt sich ferner danach, welche Hindernisse der Täter auf dem Wege der Unrechtsaufklärung einerseits und der entsprechenden Motivation anhand dieser Erkenntnisse andererseits hätte überwinden müssen. Je schwieriger die Motivation sich gestaltete, desto geringer ist die Schuld. Es kommt also — beschränken wir uns auf die intellektuelle Seite — entscheidend darauf an, die „Distanz“ der tatsächlichen Vorstellung des Täters zu der Vorstellung der Unrechtseinsicht festzustellen. Je größer die Distanz, desto geringer — bei gleicher Unrechtsschwere — das Schuldquantum.

---

[14] *Armin Kaufmann* Normentheorie S. 218.

Nun ist diese Motivationsschwierigkeit einfach nicht vorhanden, wenn den Täter gar nicht interessiert hat, welcher Grund eigentlich seine Handlung verbietet. Denken wir hinzu, daß ihn das letztlich auch nicht zu interessieren brauchte, so wird der Umweg über die potentielle Unrechtseinsicht (d. h. die Überbrückung der Distanz zwischen der tatsächlichen Unrechtsvorstellung und der Einsicht in das „richtige“ spezifische Unrecht) überflüssig und illegitim. Auf diesen Weg von der tatsächlichen Vorstellung zum Endpunkt „Unrechtsbewußtsein“ kann hier nicht mehr Bezug genommen werden.

3. Feststellung mit der Motivationsfähigkeit

Richtig ist es vielmehr, jetzt nur noch die tatsächlich vorhandene Rechtswidrigkeits- oder Unrechtsvorstellung des Täters dahin zu prüfen, welches Motivationsgewicht er angesichts dieser Vorstellung zu überwinden hatte, um die als rechtswidrig erkannte Tat trotzdem zu begehen.

Nehmen wir an, der Täter hätte „Blutschande“ begangen. Weiß er nun auch, daß seine Handlung als Blutschande verboten ist (und sind keine besonderen Umstände ersichtlich, die seine Motivationsfähigkeit auf der voluntativen Seite beeinträchtigen könnten), so wird er wegen Blutschande *in Unrechtsbewußtsein* aus dem vollen Strafrahmen bestraft. Der Strafrahmen ist auf einen normal Motivationsfähigen bei richtiger Unrechtsvorstellung zugeschnitten. Das Leichter- oder Schwererfallen der richtigen Entscheidung angesichts besonderer psychischer Umstände ist nur innerhalb des vorgegebenen Strafrahmens zu berücksichtigen.

Der Strafrahmen ist nun zwar auch auf das Unrecht und dessen Schwere bezogen, allerdings nicht „direkt“, sondern nur eben wieder über die Schuld, das Unrecht wird quantitativ umgesetzt in „normalen“ Motivationsdruck; d. h. aber: die Normalstrafe ist höher (im Vergleich zu anderen Delikten), weil die Schuld größer ist; die Schuld ist „größer“, weil der normale Motivationsdruck, der von der Einsicht in ein so hoch qualifiziertes Unrecht ausgeht, stärker ist (als bei anderen Delikten). Die Strafe ist aber nicht schon deshalb höher, weil das Rechtsgut schwerer wiegt. *Das Unrecht fließt nur als Schuldquantum in die Strafe.*

Andererseits ist zu bedenken, daß der für ein Blutschandeverbrechen vom Gesetzgeber als „normal“ berechnete Motivationsdruck unabhängig ist davon, ob der Täter wirklich Blutschande begangen hat oder nicht; entscheidend ist nur, ob er *davon ausging,* seine Handlung sei „als Blutschande“ verboten.

Diese Befunde sind bei der Ermittlung des Strafmaßes zu verwerten. Dabei ist davon auszugehen, daß der Täter fähig gewesen sein muß zur Pflichtbefolgung, daß er also eine Pflicht als ihn verpflichtend erkannt, daß er „Unrechtsbewußtsein" gehabt haben muß.

Als fester Punkt ist aber *nunmehr*, bei der Ausfällung des Strafmaßes, nicht mehr das Unrecht und als „Variable" das Bewußtsein („richtige" Unrechtseinsicht; potentielles Unrechtsbewußtsein) anzunehmen, sondern es ist umgekehrt vorzugehen: Es geht darum, *für die Berechnung des Schuldmaßes* dasjenige Unrecht zu finden, welches auf die Rechtswidrigkeitsvorstellung paßt, damit der Motivationsdruck quantitativ bestimmt und in ein Strafmaß umgewandelt werden kann.

Legt man dies zugrunde, so kann der Täter, der objektiv „Ehebruch", subjektiv aber „Blutschande" begeht, wegen Ehebruchs aus dem Strafrahmen der Blutschande bestraft werden. *Nach oben* müßte die Strafbarkeit freilich durch die Strafrahmenobergrenze des verwirklichten Deliktstatbestandes beschränkt werden. Andernfalls griffen die *quantitativen* Einwände aus dem Wahndelikt durch: Der Täter würde für „mehr" bestraft, als er an Unrecht objektiv verwirklicht hat. (Daß die qualitativen Einwände aus dem „versari in re illicita" [Er wird wegen etwas „anderem" bestraft] nicht durchgreifen, wurde bereits oben[15] festgestellt.)

Demgegenüber hat der Strafrahmen des objektiv verwirklichten Delikts keine *nach unten* wirkende Limitierungsfunktion. Es muß grundsätzlich möglich sein, eine vorsätzliche, aber im „vermeidbaren Verbotsirrtum" begangene Tötung mit einer Geldstrafe von 5,— DM zu ahnden.

Es tauchen aber folgende Probleme auf:

(1) Welcher Strafrahmen ist heranzuziehen, wenn es die vom Täter als Verbotsgrund angenommene Unrechtsqualität gar nicht gibt?

(2) Wie, wenn sich der Täter mit dem Wissen um das Verbotensein begnügt, sich also überhaupt keine positiven Vorstellungen über eine mögliche Unrechts*qualität* gemacht hat?

ad (1)

Unterstellen wir, der Ehebruchstatbestand sei — wohin auch die derzeitigen Reformbestrebungen gehen — beseitigt. Der Täter nimmt an, seine Tat sei als Ehebruch verboten. In Wahrheit begeht er Blutschande. Ein Ehebruchstatbestand existiert nicht; der Richter hat also keinen strafrechtlichen Anhaltspunkt, um den normalen Motivations-

---

[15] s. o. I., 4b.

druck angesichts eines Ehebruchsverbots, der in einem Strafrahmen ausgedrückt wäre, zu ermitteln.

Mithin bleiben nur zwei Möglichkeiten:

a) Der Richter hebt ab auf den individuellen Motivationsdruck des Täters, fragt also danach, was *dem Täter* die Übertretung des (eingebildeten!) Ehebruchsverbots bedeutet hat.

b) Der Richter ermittelt, was „normalerweise“ die Übertretung des „Ehebruchsverbots“ bedeuten würde. Er muß also das vom Täter irrig angenommene Unrecht als „echtes“ Unrecht unterstellen und einen auf ein solches Unrecht bezogenen normalen Motivationsdruck destillieren.

In beiden Fällen ist der Motivationsdruck dann in Strafmaß umzusetzen.

ad a)

Die erste Lösung hat den Nachteil, den Täter zu begünstigen, der wie dem Unrecht schlechthin so auch „seinem“ Unrecht gegenüber gleichgültig ist, der den Anruf des Rechts zwar erkennt, aber ihm nicht nachkommt, weil er ihm nichts oder wenig bedeutet.

Die Ermittlung des Strafquantums an dem *vom Täter empfundenen* Motivationsdruck auszurichten würde überhaupt aus dem systematischen Rahmen fallen. Denn wie der Täter selbst die Unrechtsschwere einschätzt, ist ja auch dann belanglos, wenn ein objektiv verwirklichter Deliktstatbestand *mit Unrechtsbewußtsein* erfüllt worden ist: Es genügt ja zur Schuld die *Fähigkeit* zur Pflichtbefolgung. Ist diese vorhanden, weil der Täter das Unrecht auch qualitativ kennt, so *pauschaliert* der Gesetzgeber den Motivationsdruck und stellt auf den „Normalfall“ ab.

ad b)

Die zweite Lösung ist deshalb vorzugswürdig. Danach ist nicht entscheidend, wie *der Täter* gegenüber der vorgestellten Norm eingestellt war, sondern wie die Rechtsordnung — hätte sie sie zum strafbewehrten Verbot gemacht — den normalen Motivationsdruck beurteilt und in einem Strafrahmen ausgedrückt hätte.

Die Schwierigkeiten einer solchen Schuld- und Strafmaßermittlung angesichts einer eingebildeten Norm werden nicht verkannt.

Aber einmal wird die Vorstellung nichtexistierender Normen in praxi selten sein, da der einzelne in aller Regel auf Normen zurückgreift, die er in seinem Gedächtnis als existierende vorfindet.

Zum andern stehen häufig in vergleichbaren Normen, die etwa auf den Schutz der gleichen Rechtsgüter bezogen sind oder ähnliche Tatmodalitäten aufweisen, brauchbare Orientierungsmerkmale zur Verfügung[16].

Selbst wenn die Rechtsordnung ein solches vorgestelltes Unrecht überhaupt nicht kennt oder es wenigstens nicht für strafwürdig hält, verschlägt das nichts. Denn der Täter wird ja nicht um des irrig vorgestellten, sondern des *realiter verwirklichten* Unrechts bestraft — unter der Voraussetzung, daß er fähig war, eben das realiter verwirklichte Unrecht zu vermeiden. Diese Fähigkeit war — intellektuell — vorhanden; er hatte das zutreffende Bewußtsein „eines" Unrechts, und um deswillen konnte er die rechtswidrige Handlung unterlassen. *Die vorgestellte Unrechtsqualifikation dient nur zur Ausfällung eines Strafmaßes.* Und dies ist nur möglich über die quantenmäßige Bestimmung des „normalen" Motivationsdrucks.

ad (2)

Diese Fälle sind uns schon einmal im Rahmen der Erörterung des Unrechtsbewußtseins begegnet[17]. Es wurden in den abstrakten Gefährdungsdelikten und im Nebenstrafrecht Verbote ausgemacht, die ein sinnvoll differenzierbares Unrechtsquantum nicht aufweisen. Und es wurde gesagt, daß dann auch zum Unrechtsbewußtsein nicht eine Quantitätsvorstellung verlangt werden könne, daß vielmehr das Bewußtsein der spezifischen „Gesetzwidrigkeit" für das „Unrechtsbewußtsein" ausreiche. Bewegt sich der Täter in einer Materie, deren rechtliches Geregeltsein er kennt (verhält er sich also bewußt „jagdgesetz- usw. -widrig"), so hat er Unrechtsbewußtsein, gleichgültig, welche Handlung er im einzelnen vornimmt.

In den hier behandelten Fällen kann es aber sein, daß sich der Täter im „Kernbereich" bewegt, ohne diesen als solchen zu qualifizieren; er kennt nur das „Geregeltsein" seiner Handlung.

Welches „Unrechtsbewußtsein" hat der Täter, der weiß, daß seine (Blutschande-)Handlung verboten ist, sich aber über das „Wie" und „Warum" des Verbots keine Gedanken macht?

Hier bricht das Problem auf, das die Praxis im Nebenstrafrecht großzügig behandelt: Gesetzwidrig ist nicht gleich gesetzwidrig; es gibt keinen allgemeinen Tatbestand der bewußten Übertretung eines schlichten Verbots, denn es gibt kein „schlichtes Verbot", das nicht

---

[16] Vgl. zu den einzelnen Varianten des oben (S. 155) diskutierten Falles:
ad 1) § 366 Ziff. 1 StGB
ad 2) § 22 Abs. 4 BJagdG
ad 3) § 222 StGB, u. U. auch § 212 StGB
ad 4) § 360 Nr. 11 StGB
ad 5) § 303 StGB

[17] s. o. S. 25 ff.

wenigstens abstrakt irgendwelche Wert-, und zwar Rechtsgutsbezüge aufwiese.

Aber ist denn überhaupt das Phänomen denkbar, daß sich der einzelne nur eben die rechtliche Relation „Rechtswidrigkeit“ vorstellt — und nichts weiter?

Der Fall wurde oben[18] so gestellt, daß es in A zu *arbeiten* beginne, als er vom Verbotensein erfährt, daß er nach dem Grund *forsche*. So muß es nun in der Tat nicht sein. Andererseits erfährt der Täter von dem Verbot nicht irgendwie als einem abstrakten, sondern er weiß um das Verbotensein *gerade der Handlung,* die er nunmehr zu unternehmen gedenkt. Die Handlung wird aber auch nicht isoliert gesehen, sondern sie ist eingebettet in eine Handlungssituation, deren sich der Täter „mitbewußt“ ist. Schießt er auf ein Wildschwein, so bedeutet für ihn „verboten“: *jagd*gesetzwidrig; bewegt er sich im Straßenverkehr, so ist „verboten“ = „*straßenverkehrs*-rechtswidrig“. Auch das *muß* nicht so sein: Hat er am Sonntag vor, ein Wildschwein zu schießen, so heißt „verboten“ vielleicht für ihn: „Verletzung der gesetzlichen Sonntagsruhe“.

Aber *was* er sich vorstellt, ist hier gleichgültig. An dieser Stelle geht es darum, ob es vorkommen kann, daß er sich außer „verboten“ *nichts* vorstellt. Ich meine, dieser Fall sei nicht denkbar.

Wenn A hört, seine Handlung sei verboten, und darauf antwortet: „Sei's drum“, so geht doch etwas in ihm vor. Fragt man ihn nämlich, *was* verboten sei, so wird er irgendwo einen Akzent setzen, der die von A vorgestellte Verbotsqualifikation verrät: Er wird sagen: „Verboten ist, daß ich *sonntags* auf Wildschweine schieße“ oder: „... daß ich auf ein Wildschwein schieße, das noch Junge hat“ oder: „daß ich in der Nähe von Spaziergängern ...“ usw.

Der Einwand, daß diese Akzente von A nicht in actu gesetzt, sondern nachher aus ihm herausgefragt würden, läßt sich mit den Erkenntnissen *Schmidhäusers* zum „Sachdenken“ abwehren[19]. „Sachgedanklich“ ist — so lautet die These — immer irgendeine Unrechts*qualitäts*vorstellung bei demjenigen vorhanden, der das konkrete Verbotensein seiner Handlung kennt, und zwar auch dann, wenn er sich keine „ausdrücklichen“ Gedanken darüber macht.

Die Fälle (2) gibt es also nicht. Es bleibt dabei, daß bei demjenigen, der weiß, daß seine Handlung verboten ist, eine „Unrechtsvorstellung“ festgestellt werden kann. Die Ermittlung des normalen Motivationsdrucks zunächst und dann auch etwaiger Hindernisse auf der voluntativen Seite hat nach den oben unter 1. ausgeführten Regeln zu erfolgen.

---

[18] s. o. S. 154.
[19] Vgl. dazu oben S. 41 ff.

6. Abschnitt

Zusammenfassung und Ergebnisse

Es ist wohl kaum damit zu rechnen, daß die Ausführungen im vorigen Abschnitt spontanen Beifall erhalten werden. Sie sind denn auch lediglich als Versuch gedacht, das vielleicht in kriminalpolitischer Hinsicht unerträglich erscheinende Vakuum zu füllen, welches durch die Kritik der vorangehenden Abschnitte entstanden sein mag.

Man mag nachweisen, daß dieser Versuch mißlungen sei — jedenfalls würde damit auf gar keinen Fall die Rückkehr zum gegenwärtigen System begründet werden können. Denn das System bleibt auch dann fehlerhaft, wenn die vorgeschlagenen Auswege nicht gangbar wären.

Korrekturen sind selbstverständlich von anderen Seiten her prinzipiell möglich, ja: ein Nachdenken darüber wird durch die Ergebnisse dieser Arbeit geradezu notwendig. Es ist denkbar, daß bestimmte *Straftheorien*, daß ein bestimmtes und neu systematisiertes *Maßnahmerecht*, ja auch: daß vielleicht ein anderes *Schuldverständnis* wiederum entweder die ganze Kritik mitsamt ihren Konsequenzen ad absurdum führen oder wenigstens die Kritik akzeptieren und trotzdem eine staatliche Reaktion zulassen könnten. Die vorliegende Untersuchung will also in Kritik und Lösungsvorschlägen nur *ceteris paribus* verstanden werden. Die Ausfüllung des entstandenen Strafvakuums sollte lediglich systemgerecht und im Rahmen des Schuldprinzips geschehen — und nicht unter dessen bewußter Verletzung, wie *Arthur Kaufmann* es hinnehmen zu müssen glaubt.

Die entscheidenden Schritte in dieser Richtung sind von *Armin Kaufmann* bereits vorgezeichnet worden. Indem er fordert, daß sich etwas im Täter „regt", wenn Vermeidbarkeit des Verbotsirrtums festgestellt werden soll, setzt er sich — ungeachtet aller systematischer Unterschiede — derselben *Ergebnis*kritik aus wie die vorliegende Arbeit: Hatte der Täter nicht einmal einen leisen Zweifel, daß sein Handlungsprojekt rechtswidrig sein könne, dann (ist sein Verbotsirrtum unvermeidbar, jedenfalls) muß er — mangels Schuld — straflos bleiben.

Die herrschende Schuldtheorie fordert diese psychische Voraussetzung nicht. Der Verbotsirrtum ist vermeidbar und Strafe ist möglich, wenn der Täter einen Anlaß hatte, sich nach der spezifischen Pflicht zu erkundigen. Der Anlaß aber wird objektiv begriffen.

Auf der anderen Seite kommt *Armin Kaufmann* auch dann zur Straflosigkeit, wenn sich herausstellt, daß der Täter trotz Vorhandenseins dieser Bewußtseinslage (also des „leisen Zweifels“) nicht zur spezifischen Unrechtseinsicht gelangen konnte. Insoweit unterscheidet sich *Armin Kaufmann* — und darin geht er mit der h. L. einig — von der vorliegenden Untersuchung *auch in den Ergebnissen*. Da das Erlangenkönnen der spezifischen Unrechtseinsicht nicht als tauglicher Prüfungsgegenstand anerkannt wird, entscheidet allein das Vorhandensein der Bewußtseinslage, die ausgereicht hätte, daß der Täter sich zum Unterlassen des als möglicherweise rechtswidrig erkannten Handlungsprojekts hatte motivieren können. Dabei kann Schuld und Strafbarkeit auch da möglich sein, wo *Armin Kaufmann* und die h. L. sie verneinen würden.

Daß die Kritik im wesentlichen auf die moderne Schuldsystematik der Schuldtheorie zugeschnitten wurde, bedeutet nicht, daß die Vorsatztheorie nicht auch und erst recht getroffen werden sollte. Die „Rechtsfahrlässigkeit“ der Vorsatztheorie (soweit sie als „unbewußte“ mit dem vermeidbaren Verbotsirrtum vergleichbar ist) ist noch weniger systematisch begründet worden als die Vermeidbarkeit des Verbotsirrtums bei der Schuldtheorie und steht nicht erst seit *Kohlrausch* in Frage. Wer die Vorsatztheorie für richtig hält, wäre deshalb falsch beraten, in dieser Arbeit auch nur die kleinste Lanze für die Vorsatztheorie gebrochen zu sehen. Denn wenn hinsichtlich der systematisch richtigen Behandlung des Verbotsirrtums bei der *Schuldtheorie* Zweifel bestehen, so wird die Unhaltbarkeit einer *„vorsatztheoretischen“* Fahrlässigkeitskonzeption (soweit im Fahrlässigkeitsbereich überhaupt der Versuch einer Systematik gemacht wird) zur Gewißheit.

Im einzelnen ist folgendes festgestellt worden:

1. Wer das spezifische Unrecht seines Handlungsprojekts nicht kennt, kann es nur unter der Voraussetzung *erkunden* (nicht zwangsläufig *erkennen*[1]), daß er zumindest für möglich hält, Unrecht zu tun, und sich bewußt macht, daß er die (mögliche) Unrechts*qualität* seines Projekts nicht kennt. Fehlt es an dieser Voraussetzung, so ist Unrechtserkennbarkeit *psychologisch* ausgeschlossen[2].
2. Die Unrechtserkennbarkeit wird heute normativ begründet[3]. Aber es fehlt an Normen, die den einzelnen zur Rechtserkundung und

[1] S. 110 ff.
[2] S. 87 ff., 94 ff., 99 ff., 105 ff.
[3] S. 60 ff., 65 ff., 78 ff., 135 ff.

-beachtung verpflichten. Soweit es sie geben mag, stellt sich das Problem aber erneut für denjenigen, der diese Pflichten unbewußt verletzt[4]. Andererseits ist eine *Schuld*haftung desjenigen, der die Pflichten unbewußt verletzt, mit dem Schuldprinzip unvereinbar. Das wird auch nur von einigen Objektivisten in Abrede gestellt, die mit der generellen Haftung den Knoten durchhauen[5].

3. Das Problem der Vermeidbarkeit läßt sich auch nicht mit dem Regreß auf eine „Täterschuld" lösen, wie dies *Welzel* für die unbewußte Fahrlässigkeit vorgeschlagen hat[6]. Täterschuld setzt Täterunrecht voraus. Ob es ein solches gibt, ist schon zweifelhaft[7]; zudem ist ein Bezug zwischen dem Täter und seinem Lebensführungsunrecht so gut wie nie verifizierbar. Wäre er es aber, und gäbe es ein solches Lebensführungsunrecht, so wäre eine Bestrafung des „verschuldeten" Lebensführungsunrechts aus Anlaß und im Strafrahmen des Tatunrechtstatbestandes noch immer illegitim. Vielmehr bedürfte es einer normativen Verbindung zwischen dem Unrecht der Lebensführung und dem jetzt verwirklichten Unrecht der „Tat", ferner einer entsprechenden Schuldbeziehung. Damit erweist sich das Problem der Täterschuld aber systematisch nur als verkürzte Sonderform des Tatschuldgedankens[8].

4. Die Frage nach der Unrechtserkennbarkeit bzw. nach der Vermeidbarkeit des Verbotsirrtums führt aber überhaupt in die Irre. Nicht darum geht es, sondern um die Fähigkeit, das Unrechtsprojekt zu unterlassen[9]. Sich zur Unterlassung der Unrechtshandlung motivieren kann aber nicht nur, wer die Unrechts*qualität* seines Projekts *richtig* einschätzt, sondern schon, wer sich *überhaupt* das *Verbotensein* seiner Handlung als möglich vorstellt[10]. Weist das Bewußtsein diesen Inhalt auf, so ist Fähigkeit zur Unterlassung der Unrechtshandlung festgestellt und „Schuld überhaupt" begründet[11]. Das Schuld*quantum* wird — intellektuell — ausgerichtet danach, wie beschaffen dieser Bewußtseinsinhalt ist, ob m. a. W. die Unrechtsvorstellung mit der Wirklichkeit übereinstimmt (dann: intellektuell „volle Schuld") oder ob das fälschlich vorgestellte Unrechtsquantum geringer wiegt als das objektiv verwirklichte Unrecht (dann: intellektuell „verminderte Schuld")[12].

---

[4] S. 69 f., 137.
[5] S. 78 ff.
[6] S. 141 f.
[7] S. 144 f.
[8] S. 146 ff.
[9] S. 118 ff.
[10] S. 122.
[11] S. 152 ff.
[12] S. 159 ff.

„Wohl weiß ich, daß ich nicht alles, was zu sagen war gesagt, nicht alles, was zu sehen war gesehen habe. Ein Schriftsteller, welcher tiefer als ich in das Innere der Menschheit blickt, wird früh oder spät meine mangelhaften Entdeckungen prüfen, von Irrthümern reinigen und den Horizont völlig aufklären“ (v. Almendingen).

Literaturverzeichnis

Almendingen, L. Hascher von: Untersuchungen über das kulpose Verbrechen, Gießen 1804.

Bar, Ludwig von: Gesetz und Schuld im Strafrecht, Band II, Berlin 1907.

Baumann, Jürgen: Zur Teilbarkeit des Unrechtsbewußtseins, in: JZ 1961 Seite 564 ff.

Bertel, Christian: Begehungs- oder Unterlassungsdelikt? in: JZ 1965 S. 53 ff.

Bindokat, Heinz: Irrungen und Wirrungen in der Rechtsprechung über den Verbotsirrtum, in: JZ 1953 Seite 748 ff.

Cramer, Peter: Der Vollrauschtatbestand als abstraktes Gefährdungsdelikt, Tübingen 1962.

— Anmerkung zu BGH JZ 1968 Seite 272, in: JZ 1968 Seite 273 ff.

Dohna, Alexander Graf zu: Ein unausrottbares Mißverständnis, in: ZStW 66 Seite 505 ff.

Engelmann, Woldemar: Rechtsbeachtungspflicht und rechtliche Schuld, Berlin 1926.

Engisch, Karl: Untersuchungen über Vorsatz und Fahrlässigkeit im Strafrecht, Berlin 1930.

— Tatbestands- und Verbotsirrtum bei Rechtfertigungsgründen, in: ZStW 70 Seite 566 ff.

— Der Unrechtstatbestand im Strafrecht, in: Hundert Jahre deutsches Rechtsleben, Festschrift zum hundertjährigen Bestehen des Deutschen Juristentages 1860—1960, Karlsruhe 1960, Band 1, Seite 401 ff.

— Besprechung von Armin Kaufmann, Die Dogmatik der Unterlassungsdelikte, in: JZ 1962 Seite 189 f.

— Die Lehre von der Willensfreiheit in der strafrechtsphilosophischen Doktrin der Gegenwart, 2. Aufl., Berlin 1965.

Exner, Franz: Das Wesen der Fahrlässigkeit, Leipzig, Wien 1910.

Fischer, Hans Albrecht: Die Rechtswidrigkeit, München 1911.

Fischer, Sigrid: Das Vergessen als Fahrlässigkeit, Breslau 1934.

Frank, Reinhard von: Das Strafgesetzbuch für das Deutsche Reich, 18. Aufl., Tübingen 1931.

Gallas, Wilhelm: Zum gegenwärtigen Stand der Lehre vom Verbrechen, in: ZStW 67 Seite 1 ff.

Goldschmidt, James: Normativer Schuldbegriff, in: Festgabe für R. v. Frank, Band I, Tübingen 1930, Seite 428 ff.

Grünwald, Gerald: Der Vorsatz des Unterlassungsdelikts, in: Beiträge zur gesamten Strafrechtswissenschaft, Festschrift für Hellmuth Mayer, Berlin 1966, Seite 281 ff.

Hardwig, Werner: Pflichtirrtum, Vorsatz und Fahrlässigkeit, in: ZStW 78 Seite 1 ff.

Heinitz, Ernst: Anmerkung zu BGHSt 10, 259 ff., in: JZ 1958 Seite 175 f.

Henkel, Heinrich: Zumutbarkeit und Unzumutbarkeit als regulatives Rechtsprinzip, in: Festschrift für Edmund Mezger, München 1954, Seite 249 ff.

Hirsch, Hans-Joachim: Die Lehre von den negativen Tatbestandsmerkmalen, Bonn 1960.

Hold von Ferneck, Alexander: Die Idee der Schuld, Leipzig 1911.

Horn, Eckhard: Actio libera in causa — eine notwendige, eine zulässige Rechtsfigur? in: Goltdammer's Archiv 1969, Seite 289 ff.

Hruschka, Joachim: Der Begriff der actio libera in causa und die Begründung ihrer Strafbarkeit, in: JuS 1968 Seite 554 ff.

Jescheck, Hans-Heinrich: Das deutsche Wirtschaftsstrafrecht, in: JZ 1959 Seite 457 ff.

— Lehrbuch des Strafrechts, Allg. Teil, Berlin 1969.

Katzenstein, Richard: Die Straflosigkeit der actio libera in causa, Diss. Berlin 1901.

Kaufmann, Armin: Lebendiges und Totes in Bindings Normentheorie, Göttingen 1954, zit.: „Normentheorie".

— Die Dogmatik der Unterlassungsdelikte, Göttingen 1959, zit.: „Unterlassungsdelikte".

— Der dolus eventualis im Deliktsaufbau, in: ZStW 70 Seite 64 ff.

— Probleme rechtswissenschaftlichen Erkennens am Beispiel des Strafrechts, in: Universitätstage, Berlin 1962, Seite 145 ff., zit.: „Berliner Vortrag".

— Unterlassung und Vorsatz, in: Festschrift für Hellmuth v. Weber, Bonn 1963, Seite 207 ff.

— Das fahrlässige Delikt, in: Zeitschrift für Rechtsvergleichung, Wien, 1964, Seite 41 ff., zit.: „Wiener Vortrag".

— Die Dogmatik im Alternativ-Entwurf, in: ZStW 80 Seite 34 ff.

Kaufmann, Arthur: Das Unrechtsbewußtsein in der Schuldlehre des Strafrechts, Mainz 1949.

— Das Schuldprinzip, Heidelberg 1961.

— Bemerkungen zum Irrtum beim unechten Unterlassungsdelikt, in: JZ 1963 Seite 504 ff.

— Unrecht und Schuld beim Delikt der Volltrunkenheit, in: JZ 1963 S. 425 ff.

Kern, Eduard: Grade der Rechtswidrigkeit, in: ZStW 64 Seite 255 ff.

Kohlrausch, Eduard: Sollen und Können als Grundlage der strafrechtlichen Zurechnung, in: Festschrift für Karl Güterbock, Berlin 1910, Seite 1 ff.

— Die Schuld (Vorsatz, Fahrlässigkeit, Rechtsirrtum, Erfolgshaftung), in: Die Reform des RStGB, Band I, Berlin 1910, Seite 179 ff.

Kohlrausch, Eduard — *Lange,* Richard: Strafgesetzbuch mit Erläuterungen und Nebengesetzen, 43. Aufl., Berlin 1961.

Krause, Friedrich W.: Betrachtungen zur actio libera in causa, insbesondere in der Form vorsätzlicher Begehung, in: Beiträge zur gesamten Strafrechtswissenschaft, Festschrift für Hellmuth Mayer, Berlin 1966, S. 305 ff.

Krauß, Detlef: Erfolgsunwert und Handlungsunwert im Unrecht, in: ZStW 76 Seite 19 ff.

Lang-Hinrichsen, Dietrich: Besprechung von Arthur Kaufmann, Das Schuldprinzip, in: Civitas, Mannheim 1963, Seite 210 ff.

Lange, Richard: Der gemeingefährliche Rausch, in: ZStW 59 Seite 574 ff.

— Der Strafgesetzgeber und die Schuldlehre, in: JZ 1956 Seite 71 ff.

— Die Magna Charta der anständigen Leute, in: JZ 1956 Seite 519 ff.

— Nur eine Ordnungswidrigkeit?, in: JZ 1957 Seite 233 ff.

— Grundfragen der deutschen Strafrechtsreform, in: Schweizer Zeitschrift für Strafrecht, 70. Jahrg., Seite 373 ff.

Lenckner, Theodor: Provokation einer Notwehrlage, in: Goltdammer's Archiv 1961, Seite 299 ff.

Liepmann, Moritz: Einleitung in das Strafrecht, Berlin 1900.

Liszt, Franz von — *Schmidt,* Eberhard: Lehrbuch des Deutschen Strafrechts, 1. Band Einleitung und Allgemeiner Teil, 26. Aufl., Berlin 1932.

Mannheim, Hermann: Der Maßstab der Fahrlässigkeit im Strafrecht, Breslau 1912.

Mattil, Friedrich: Gewissensanspannung, in: ZStW 74 Seite 201 ff.

Maurach, Reinhart: Deutsches Strafrecht, Allgemeiner Teil, 3. Aufl., Karlsruhe 1965.

— Fragen der actio libera in causa, in: JuS 1961 Seite 373 ff.

Mayer, Hellmuth: Strafrecht Allgemeiner Teil, Stuttgart 1953.

Mayer, Max Ernst: Der allgemeine Teil des deutschen Strafrechts, Lehrbuch, Heidelberg 1915.

— Glossen zur Schuldlehre, in: ZStW 32 Seite 492 ff.

Mezger, Edmund: Strafrecht, Ein Lehrbuch, 2. Aufl., München 1933.

— Die subjektiven Unrechtselemente, in: Gerichtssaal 89, Seite 207 ff.

Mittermaier, Wolfgang: Zur Frage des Schuldcharakters der Fahrlässigkeit, in: ZStW 32 Seite 415 ff.

Müller-Dietz, Heinz: Grenzen des Schuldgedankens im Strafrecht, Karlsruhe 1967.

Naka, Yoshikatsu: Die Appellfunktion des Tatbestandsvorsatzes, in: JZ 1961 Seite 210 f.

Niese, Werner: Finalität, Vorsatz und Fahrlässigkeit, Tübingen 1951.

Nowakowski, Friedrich: Das österreichische Strafrecht in seinen Grundzügen, Graz, Köln 1955.

Oehler, Dietrich: Zum Eintritt eines hochgradigen Affekts während der Ausführungshandlung, in: Goltdammer's Archiv 1956, Seite 1 ff.

Platzgummer, Winfried: Die Bewußtseinsform des Vorsatzes, Wien 1964.

Rabl, Kurt Otto: Der Gefährdungsvorsatz, Diss., Leipzig 1933, (Strafrechtliche Abhandlungen Heft 312).

Roxin, Claus: Besprechung von Platzgummer, Die Bewußtseinsform des Vorsatzes, in: ZStW 78 Seite 248 ff.

— Die provozierte Notwehrlage, in: ZStW 75 Seite 541 ff.

Schewe, Günter: Bewußtsein und Vorsatz, Neuwied 1967.

Schmidhäuser, Eberhard: Gesinnungsmerkmale im Strafrecht, Tübingen 1958.

— Über Aktualität und Potentialität des Unrechtsbewußtseins, in: Beiträge zur gesamten Strafrechtswissenschaft, Festschrift für Hellmuth Mayer, Berlin 1966, Seite 317 ff.

Schneider, Werner: Die Vermeidbarkeit des Verbotsirrtums, Diss., Bonn 1964.

Schönke, Adolf — *Schröder,* Horst: Strafgesetzbuch, Kommentar, 14. Aufl., München 1969.

Schröder, Horst: Abstrakt-konkrete Gefährdungsdelikte?, in: JZ 1967 Seite 522 ff.

Schwinghammer, Helmut: Die Rechtsfigur der actio libera in causa und ihr Anwendungsbereich über den Rahmen des § 51 StGB hinaus, Diss., München 1966.

Seelig, Ernst: Zum Problem der Neufassung des § 51 StGB, in: Festschrift für Edmund Mezger, München 1954, Seite 213 ff.

Stratenwerth, Günter: Handlungs- und Erfolgsunwert im Strafrecht, in: Schweizerische Zeitschrift für Strafrecht, Band 79 (1963), Seite 233 ff.

Strauß, Dieter: Verbotsirrtum und Erkundigungspflicht, in: NJW 1969, 1418 ff.

Stübel, Christoph Carl: Über gefährliche Handlungen, als für sich bestehende Verbrechen, zur Berichtigung der Lehre von verschuldeten Verbrechen, in: Neues Archiv des Criminalrechts, 8. Band, Halle 1825, Seite 236 ff.

Weber, Hellmuth von: Grundriß des deutschen Strafrechts, 2. Aufl., Bonn 1948.

Welzel, Hans: Persönlichkeit und Schuld, in: ZStW 60 Seite 428 ff.

— Der Irrtum über die Rechtswidrigkeit des Handelns, in: SJZ 1948 Seite 367 ff.

— Arten des Verbotsirrtums, in: JZ 1953 Seite 266 ff.

— Der Verbotsirrtum im Nebenstrafrecht, in: JZ 1956 Seite 238 ff.

— Anmerkung zu BGHSt 9, 358, in: JZ 1957 Seite 129 ff.

— Das neue Bild des Strafrechtssystems, 3. Aufl., Göttingen 1957.

— Das Deutsche Strafrecht, Berlin, 7. Aufl. 1960, 10. Aufl. 1967.

— Gedanken zur „Willensfreiheit", in: Festschrift für Karl Engisch zum 70. Geburtstag, Frankfurt am Main 1969, Seite 91 ff.

Wimmer, August: Die Fahrlässigkeit beim Verletzungsdelikt, in: ZStW 70 Seite 196 ff.

Kolibri 360 GmbH
Ferdinand-Jühlke-Straße 7
99095 Erfurt, Deutschland
produktsicherheit@kolibri360.de

Druck:
CPI Druckdienstleistungen GmbH
im Auftrag der
Kolibri 360 GmbH
Ferdinand-Jühlke-Str. 7
99095 Erfurt